Vorwort

Weit mehr als andere Reden im Bundestag stehen Regierungserklärungen über dem vom tagespolitischen Geschehen bedingten Interesse, denn in ihnen werden wesentliche Aussagen gemacht über die Amtsführung einer Regierung, ihre politischen Prioritäten und über die von ihr gemachten Lösungsvorschläge. Insofern gibt eine Zusammenstellung von Regierungserklärungen die Möglichkeit, die geschichtliche Entwicklung eines Staates über längere Zeit hinweg zu verfolgen. Nicht zuletzt können daran die Richtungen der einzelnen Regierungen analysiert werden, ihre unterschiedlichen Standpunkte, aber auch ihre Gemeinsamkeiten.

Diese Dokumentation umfaßt die Regierungserklärungen vor dem Deutschen Bundestag in den Jahren von 1949 bis 1973. Sie sind jeweils im vollen Wortlaut nach den stenographischen Berichten des Deutschen Bundestages wiedergegeben. Auf Zwischenrufe, Beifalls- und Mißfallensäußerungen sowie auf etwaige Antworten wurde verzichtet, um den Charakter der Erklärungen zu wahren. Nicht aufgenommen in diese Sammlung wurden Erklärungen anläßlich von Kabinettsumbildungen, da diese im wesentlichen keine neuen politischen Inhalte bringen und schließlich den Rahmen dieser Dokumentation sprengen würden.

Gerade auf den Hintergrund der Bundestagswahlen 1972 wurde deutlich, daß mit der allgemeinen Politisierung auch das Interesse an Regierungserklärungen wächst, da der mündige Bürger Versprochenes und Geleistetes einer Kontrolle unterziehen möchte. Hierzu einen Teil der notwendigen Unterlagen zu liefern, ist Aufgabe dieser Sammlung.

Essen, im Januar 1973 *P. P.*

Inhalt

Regierungserklärung vom 20. September 1949
Bundeskanzler Dr. Adenauer

Meine Damen und meine Herren! Das Werden des neuen Deutschlands hat sich nach den langen Verhandlungen im Parlamentarischen Rat und den Wahlen zum Bundestag am 14. August mit großer Schnelligkeit vollzogen. Am 7. September haben sich der Bundestag und der Bundesrat konstituiert; am 12. September hat der Bundestag den Bundespräsidenten gewählt, am 15. September den Bundeskanzler. Der Bundespräsident hat mich daraufhin am gleichen Tage zum Bundeskanzler ernannt. Heute, am 20. September, hat er auf meinen Vorschlag die Bundesminister ernannt.

Mit der Konstituierung der Bundesregierung, die am heutigen Tage erfolgt ist, ist auch das Besatzungsstatut in Kraft getreten. Wenn auch die Zuständigkeit des Bundestags und der Bundesregierung durch das Besatzungsstatut beschränkt ist, so darf uns doch diese Entwicklung, dieses Werden des deutschen Kernstaates mit Freude erfüllen.

Der Fortschritt gegenüber den Verhältnissen, die seit 1945 bei uns bestanden, auch gegenüber den Zuständen des nationalsozialistischen Reichs, ist groß. Zwar müssen wir uns immer bewußt sein, daß Deutschland und das deutsche Volk noch nicht frei sind, daß es noch nicht gleichberechtigt neben den anderen Völkern steht, daß es — und das ist besonders schmerzlich — in zwei Teile zerrissen ist. Aber wir erfreuen uns doch einer wenigstens relativen staatlichen Freiheit. Unsere Wirtschaft ist im Aufstieg. Wir haben vor allem aber wieder den Schutz der Persönlichkeitsrechte. Niemand kann bei uns, wie das im nationalsozialistischen Reich der Fall war und wie es jetzt noch in weiten Teilen Deutschlands, in der Ostzone, zu unserem Bedauern der Fall ist, durch Geheime Staatspolizei oder ähnliche Einrichtungen der Freiheit und des Lebens beraubt werden.

Diese Güter: Rechtsschutz, Schutz der persönlichen Freiheit, die wir lange Jahre nicht besaßen, sind so kostbar, daß wir trotz allem, was uns noch fehlt, uns darüber freuen müssen, daß wir diese Persönlichkeitsrechte wieder besitzen.

Meine Wahl zum Bundeskanzler, meine Damen und Herren, und die Regierungsbildung sind eine logische Konsequenz der politischen Verhältnisse, wie sie sich in der Bizone infolge der Politik des Frankfurter Wirtschaftsrats herausgebildet hatten. Die Politik des Frankfurter Wirtschaftsrats, die Frage „Soziale Marktwirtschaft“ oder „Planwirtschaft“ hat so stark unsere ganzen Verhältnisse beherrscht, daß eine Abkehr von dem Programm der Mehrheit des Frankfurter Wirtschaftsrats unmöglich war. Die Frage: „Planwirtschaft“ oder „Soziale Marktwirtschaft“ hat im Wahlkampf eine überragende Rolle gespielt. Das deutsche Volk hat sich mit großer Mehrheit gegen die Planwirtschaft ausgesprochen. Eine Koalition zwischen den Parteien, die die Planwirtschaft verworfen, und denjenigen, die sie bejaht haben, würde dem Willen der Mehrheit der Wähler geradezu entgegengerichtet gewesen sein. Der Wähler hätte mit Recht im Falle einer Koalition zwischen diesen Parteien gefragt, ob denn dann Wahlen überhaupt nötig gewesen wären. Der demokratische Gedanke, die Überzeugung von der Notwendigkeit der parlamentarischen Demokratie, hätte in den weitesten Kreisen der Wähler, namentlich auch der Wähler der jüngeren Generation, schwersten Schaden gelitten, wenn eine Regierungsbildung erfolgt wäre, die dem Sinn und dem Ergebnis dieser Wahl nicht entsprochen hätte. Es ist darum abwegig und undemokratisch, diejenigen Parteien, die sich hier im Hause zur Bildung einer Regierung und zu gemeinsamer Arbeit zusammengeschlossen haben, deshalb mit irgendwelchen tadelnden Worten zu belegen. Ebenso abwegig ist es, der Sozialdemokratischen Partei Vorwürfe zu machen, weil sie sich nicht bereit gefunden hat zu einer sogenannten großen Koalition. Man konnte weder von der einen noch von der andern Seite verlangen, daß sie, nachdem sie fast zwei Jahre in Frankfurt ihre Prinzipien verfochten hatten, nachdem die Wähler, zum Schiedsrichter aufgerufen, ihr Urteil gesprochen hatten, nunmehr alles das mehr oder weniger verleugneten, was sie bisher dem Volk als richtig dargestellt hatten.

Ich halte daher aus allgemeinen staatspolitischen Erwägungen heraus diese Entwicklung für richtig. Ich bin nicht der Auffassung, daß es den Interessen der Gesamtbevölkerung, den Interessen Deutschlands besser gedient hätte, wenn man etwa eine Koalition zwischen CDU/CSU und der Sozialdemokratischen Partei eingegangen wäre. Ich bin der Auffassung, daß die Opposition eine Staatsnotwendigkeit ist, daß sie eine staatspolitische Aufgabe zu erfüllen hat, daß nur dadurch, daß Regierungsmehrheit und Opposition einander gegenüberstehen, ein wirklicher Fortschritt und eine Gewöhnung an demokratisches Denken zu erzielen ist. Ich bin weiter der Auffassung: bei den labilen Verhältnissen, wie sie in Deutschland herrschen, ist es viel richtiger, wenn die immer vorhandene Opposition sich klar im Parlament selbst zeigt, als wenn sie, da infolge einer großen Koalition im Parlament keine wesentliche Opposition hätte ausgeübt werden können, außerhalb des Parlaments in nicht kontrollierbarer Weise um sich greift.

Ich habe dem Herrn Bundespräsidenten die Ernennung von 13 Bundesministern vorgeschlagen. Ich bin mir bewußt, daß manchem diese Zahl auf den ersten Blick groß erscheinen wird. Demgegenüber weise ich darauf hin, daß in unsern Zeiten Aufgaben, die der staatlichen Arbeit bedürfen, entweder ganz neu entstanden sind — ich weise hier auf die Frage der Vertriebenen hin — oder daß staatliche Aufgaben einen solchen Umfang angenommen haben, daß sie den Rahmen der üblichen Ministerien sprengen würden. Ich nenne hier die Frage der Wohnungswirtschaft und des Wohnungsbaus. So sind mehrere der Bundesministerien zeitbedingt, das heißt: wenn sie ihre Aufgabe erfüllt oder aber wenn ihre Aufgaben wieder einen normalen Umfang angenommen haben, werden sie wieder verschwinden, während die sogenannten klassischen Ministerien, wie das Ministerium des Innern, der Finanzen, der Justiz, der Arbeit usw., ständig bleiben werden.

Wenn man die Zahl der Bundesministerien unter Würdigung dieser Gesichtspunkte betrachtet, wird man berechtigterweise nicht die Behauptung aufstellen können, daß ihre Zahl zu groß sei. Die Hauptsache ist, daß der ministerielle Apparat im ganzen möglichst klein gehalten wird, daß die Ministerien von all den Verwaltungsaufgaben befreit bleiben, die nicht in die ministerielle Instanz gehören. Dadurch werden die nötige Übersicht, die Arbeitsfähigkeit der Ministerien gewährleistet, Verwaltungskosten gespart, und die Bundesminister werden vor allem Zeit haben, ihre wichtigsten Aufgaben, die Koordinierung der verschiedenen von ihnen wahrzunehmenden Interessen und die Wahrung der großen politischen Linien zu erfüllen.

Unter den Bundesministerien befindet sich ein Ministerium, das die besondere Aufgabe hat, für die Wahrung der engen Verbindung mit dem Bundesrat Sorge zu tragen. Ich bitte, in der Errichtung dieses Ministeriums den ernsten Willen der Bundesregierung zu sehen, den föderativen Charakter des Grundgesetzes sicherzustellen, die Rechte der Länder zu wahren und die Arbeit des Bunderats so mit der Tätigkeit des Bundestags und der Bundesregierung in Einklang zu bringen, daß ein harmonisches Zusammenarbeiten gewährleistet ist.

Unter den Bundesministerien fehlt ein Außenministerium. Ich habe auch nicht den an mich herangetragenen Wünschen stattgegeben, ein Ministerium für zwischenstaatliche Beziehungen einzurichten. Ich habe das deshalb nicht getan, weil nach dem Besatzungsstatut die auswärtigen Angelegenheiten unter Einschluß internationaler Abkommen, die von Deutschland oder im Namen Deutschlands abgeschlossen werden, Sache der Alliierten Hohen Kommission für die drei Zonen sind. Wenn wir demnach auch kein Ministerium des Auswärtigen haben, so bedeutet das keineswegs, daß wir damit auf jede Betätigung auf diesem Gebiete Verzicht leisten. Das Paradoxe unserer Lage ist ja, daß, obgleich die auswärtigen Angelegenheiten Deutschlands von der Hohen Alliierten Kommission wahrgenommen werden, jede Tätigkeit der Bundesregierung oder des Bundesparlaments auch in inneren Angelegenheiten Deutschlands irgendwie eine ausländische Beziehung in sich schließt. Deutschland ist infolge Besatzung, Ruhrstatut, Marshall-Plan usw. enger mit dem Ausland verflochten als jemals zuvor. Diese Angelegenheiten werden in einem im Bundeskanzleramt zu errichtenden Staatssekretariat zusammengefaßt werden. Davon abgesehen glaube ich, daß die Hohen Kommissare infolge der großen Verantwortung die sie tragen, keine wichtige Entscheidung in deutschen ausländischen Angelegenheiten treffen werden, ohne mit der Bundesregierung vorher Fühlung genommen zu haben. Die Erfahrung, die ich in den wenigen Tagen meiner Amtstätigkeit gemacht habe, berechtigt mich durchaus zu dieser Annahme.

Auf die Bundesregierung und den Bundestag meine Damen und Herren, wartet eine außerordentlich große und umfangreiche gesetzgeberische Arbeit. Auf dem Zuständigkeitsgebiet des Bundes müssen die in den elf Ländern ergangenen Gesetze daraufhin nachgeprüft werden, ob in ihnen gleiches Recht auf diesen Gebieten besteht. Weiter werden Gesetze und Verordnungen, die bisher nur in der Bizone galten, auf die bisherige französische Zone ausgedehnt werden müssen; es werden weiter die bisher von seiten der verschiedenen Militärregierungen ergangenen Gesetze und Verordnungen auf den Gebieten, die jetzt der Zuständigkeit des Bundes unterstehen, überprüft und eventuell mit Zustimmung der Hohen Kommission den heutigen staatlichen Zuständen, wie sie sich aus Grundgesetz und Besatzungsstatut ergeben, angepaßt werden. Es werden schließlich die Gesetze erlassen werden müssen, deren Erlaß das Grundgesetz vorsieht; es werden die Gesetze die der Wirtschaftsrat nicht mehr völlig erledigt hat, verabschiedet werden müssen. Diese Arbeit, die namentlich auch deshalb schwierig und umfangreich ist, weil bisher bei Erlaß von Gesetzen infolge der Eilbedürftigkeit der Angelegenheiten oft nicht mit besonderer Genauigkeit gearbeitet worden ist, darf nicht übereilt werden, damit wir endlich wieder zu dem kommen, was uns sowohl in der nationalsozialistischen Zeit wie später verlorengegangen ist: zur Klarheit, zur Sicherheit und zur Einheit des Rechts.

Es wartet aber eine weitere sehr große Zahl von Aufgaben der Inangriffnahme durch den Bund. Eines darf ich hier mit allem Nachdruck an die Spitze meiner Ausführungen stellen:

die Koalitionspartner sind sich völlig einig darin, daß sie sich bei ihrer ganzen Arbeit von dem Bestreben leiten lassen werden, so sozial im wahrsten und besten Sinne des Wortes zu handeln wie irgend möglich. Das Streben nach Linderung der Not, nach sozialer Gerechtigkeit, wird der oberste Leitstern bei unserer gesamten Arbeit sein.

Aus der Fülle der Aufgaben, die des Bundes harren, lassen Sie mich einige besonders dringende und große hervorheben.

Die Vertriebenen werden gleichmäßiger als bisher auf die verschiedenen Länder verteilt werden müssen. Das liegt sowohl im Interesse der jetzt besonders stark belasteten Länder, vor allem aber auch im Interesse der Vertriebenen selbst.

Die Verhältnisse auf dem Wohnungsgebiet, die die soziale und ethische Gesundung und auch die politische Gesundung des deutschen Volkes unmöglich und die auch das Leben der Vertriebenen und Ausgebombten so unendlich schwer machen, werden von uns mit ganzer Kraft einer Besserung entgegengeführt werden. Wir wollen mit allen Mitteln den Wohnungsbau energisch fördern, nicht indem der Bund selbst baut, sondern indem er Mittel zur Verfügung stellt und darauf dringt, daß von den Ländern alle Möglichkeiten auf dem Gebiete des Wohnungsbaus erschöpft werden.

Wir werden weiterhin dazu übergehen, durch entsprechende, in vorsichtiger und nicht überstürzter Weise durchgeführte Lockerungsvorschriften der Raumbewirtschaftung und der Mietfestsetzung das Privatkapital für den Bau von Wohnungen wieder zu interessieren. Wenn es nicht gelingt, das Privatkapital für den Wohnungsbau zu interessieren, ist eine Lösung des Wohnungsproblems unmöglich. Die Bedeutung, die wir gerade diesen Fragen beilegen, zeigt sich auch darin, daß wir ein besonderes Ministerium für sie geschaffen haben, dessen enge Koordinierung mit dem Wirtschaftsministerium gesichert ist. Wir werden durch diese energische Förderung der Bautätigkeit auch eine allgemeine Belebung des Arbeitsmarktes herbeiführen.

Auf dem Gebiete der Wirtschaftspolitik werden wir die in Frankfurt so erfolgreich eingeschlagene Richtung weiter verfolgen. Ich darf in diesem Zusammenhang den leitenden Herren der bizonalen Wirtschaftsverwaltung wie allen Beamten und Angestellten, insbesondere aber auch den Direktoren der einzelnen Ämter den Dank der Bundesregierung für die geleistete Arbeit aussprechen. Mein besonderer Dank gilt den leitenden Persönlichkeiten, die zur Zeit bei dem Aufbau der Bundesregierung nicht haben eingegliedert werden können.

Bei der Durchführung des Prinzips der sozialen Marktwirtschaft wird man sich selbstverständlich wie auch bisher davor hüten müssen, einem starren Doktrinarismus zu verfallen. Man wird sich, auch wie bisher, den jeweils sich ändernden Verhältnissen anpassen müssen. Die Zwangswirtschaft werden wir überall dort, wo wir es irgendwie verantworten können, beseitigen. Es ist in Aussicht genommen, vom 1. Januar 1950 an die Brennstoffbewirtschaftung aufzuheben und die Zuteilung von Hausbrand für das vierte Vierteljahr 1949, die ersten Wintermonate, zu erhöhen.

Wir werden auf dem Gebiete der Wirtschaft durch die Mittel des Wettbewerbs und durch die immer stärkere Einordnung der deutschen Wirtschaft in die Weltwirtschaft systematisch die durch 15 Jahre Zwangswirtschaft und Kriegswirtschaft entstandenen Strukturfehler der deutschen Wirtschaft beseitigen. Unser ganzes Bestreben wird sein, möglichst wenig Hände und Köpfe in der Verteilung und der Verwertung der wirtschaftlichen Produktion und möglichst viele Hände und Köpfe in der gütererzeugenden Sphäre zu beschäftigen.

Der Mangel an fachlicher Ausbildung, wie er durch die nationalsozialistische Zeit und die Kriegszeit verursacht worden ist, wird dadurch ausgeglichen werden müssen, daß Gelegenheit geboten wird, die fachliche Ausbildung zu verbessern. Die deutsche Wirtschaft ist in der Vergangenheit groß und stark geworden durch ihre Facharbeiter und nicht zuletzt durch angewandte Wissenschaft. Die Summen, die zur Zeit in Amerika und auch in England für wissenschaftliche Zwecke zum Nutzen der wirtschaftlichen Produktion und des Wettbewerbes ausgegeben werden, sind ungeheuer groß. Die Bundesregierung wird, soweit ihre finanziellen Kräfte es erlauben, dafür eintreten, daß die wissenschaftliche Forschung in Deutschland gefördert wird. Sie wird auch die deutsche Wirtschaft dazu veranlassen, das gleiche zu tun. Nur wenn es uns gelingt, uns durch Leistungen auf dem Weltmarkt auszuzeichnen, wird es uns möglich sein, auf ihm zu bestehen. Denn ein schwaches Volk, ein politisches schwaches Volk läuft immer Gefahr, im wirtschaftlichen Wettbewerb mit andern Völkern hintangesetzt zu werden, wenn es nicht etwas Besonderes leistet.

Der Pflege und der Freiheit des Außenhandels gilt unsere besondere Aufmerksamkeit. Lassen Sie mich in diesem Zusammenhang einige Ausführungen über die Herabsetzung des Umrechnungskurses des englischen Pfundes und die Folgen machen, die dadurch für uns eintreten. Die Änderung des Pfundwertes wird voraussichtlich auch eine Änderung des Umrechnungskurses der D-Mark gegenüber dem Dollar mit sich bringen. Wir bedauern diese uns durch die internationalen Ereignisse aufgezwungene Maßnahme um so mehr, als die innere Stabilität der D-Mark zu irgendwelchen Manipulationen dieser Art keinerlei Anlaß bieten konnte. Die Wirtschafts- und die Geldpolitik der letzten 15 Monate haben unsere Währung auch im Ansehen und in der Wertung des Auslands von Tag zu Tag mehr gefestigt, so daß die jetzt notwendig werdende Anpassung — genau wie das in anderen europäischen Ländern der Fall sein wird — lediglich eine Folgewirkung der englischen Maßnahme ist. Ohne eine derartige gleichgerichtete Maßnahme würde die deutsche Exportwirtschaft ihre Wettbewerbsfähigkeit auf den Weltmärkten verlieren und damit unserem wirtschaftlichen und sozialen Leben die Grundlage entzogen werden. Die Bundesregierung ist entschlossen, mit den für das deutsche Geldwesen verantwortlichen Stellen bei den zu treffenden Maßnahmen die wirtschaftlichen und sozialen Folgewirkungen zu einem gerechten organischen Ausgleich zu bringen.

Die allenthalben angestellten Mutmaßungen über die möglichen Auswirkungen der bevorstehenden geldpolitischen Maßnahmen gehen weit über das sachlich berechtigte Maß hinaus. Es besteht keinerlei Grund zur Beunruhigung, da die zu erwartenden Veränderungen auf dem Gebiete von Preisen und Löhnen im ganzen nur zu relativ geringfügigen Verschiebungen führen werden. Gerade in dieser Beziehung aber wird es die Regierung als vornehmste Pflicht ansehen, soziale Ungerechtigkeiten und Spannungen zu verhüten und spekulativen Einflüssen keinen Raum zu geben.

Die Frage der Demontage unserer industriellen Anlagen bewegt das gesamte deutsche Volk. Es gibt wohl kaum jemanden in Deutschland, der sich gegen die Demontage wirklich kriegswichtiger Industrien irgendwie wendet. Aber die Vernichtung großer wirtschaftlicher Werte ist eine Angelegenheit, die man im Ausland nicht damit abtun sollte, daß es einmal so beschlossen ist. Die letzte Änderung der Liste der zu demontierenden Werke war zwar, rein äußerlich betrachtet, ein großes Entgegenkommen gegenüber den deutschen Wünschen; sachlich, der Produktionskapazität und dem Werte nach gesehen, sind aber die deutschen Wünsche nur zu etwa 10% erfüllt worden. Die Demontagefrage ist auch eine Frage von großer psychologischer Bedeutung. Man versteht in den weitesten Kreisen des deutschen Volkes nicht, daß man mit der einen Hand ihm wirtschaftliche Hilfe gibt und mit der anderen Hand wirtschaftliche Werte zerstört. Man glaubt im deutschen Volke, daß damit die auch von ausländischen Staatsmännern wiederholt abgegebene Erklärung schwer zu vereinbaren ist, daß Deutschland zum Wiederaufbau Europas notwendig ist. Zur Zeit sind die maßgebenden Staatsmänner der Vereinigten Staaten, Englands und Frankreichs in Washington versammelt. Das deutsche Volk würde sich herzlich freuen, wenn diese Zusammenkunft dazu benützt würde, um das deutsche Demontageproblem einer Nachprüfung im Sinne einer Berücksichtigung der deutschen Wünsche zu unterziehen. Ich glaube, wenn auch mit aller Vorsicht, sagen zu können, daß man die Hoffnung hegen darf, daß dies in Washington geschieht.

Die Bundesregierung wird es sich besonders am Herzen liegen lassen, den Mittelstand in allen seinen Erscheinungsformen zu festigen und ihm zu helfen. Wir sind durchdrungen von der Überzeugung, daß dasjenige Volk das sicherste, ruhigste und beste Leben führen wird, das möglichst viele mittlere und kleinere unabhängige Existenzen in sich birgt.

Die Aufgaben des Ministeriums für Landwirtschaft und Ernährung werden in Zukunft einen andern Charakter tragen müssen als bisher. In stärkerem Maße, als es bisher möglich war, wird die landwirtschaftliche Produktion zu verbessern und zu veredeln sein. Wenn die deutsche Wirtschaft bis zum Jahre 1952 eine ausgeglichene Handelsbilanz erreicht haben soll, ist es notwendig, die landwirtschaftliche Produktion sehr erheblich zu steigern, um den Verbrauch von Devisen für die Ernährung soweit als möglich einzuschränken. Voraussetzung für eine rasche und anhaltende Steigerung der landwirtschaftlichen Erzeugung ist ein weiterer Abbau der staatlichen Zwangswirtschaft und Schaffung gesicherter und ausgeglichener Produktions- und Absatzverhältnisse für landwirtschaftliche Erzeugnisse zu Preisen, die die Produktionskosten gut arbeitender Durchschnittsbetriebe decken und gleichzeitig auch den Minderbemittelten den Kauf dieser Produkte gestatten. Eine Umstellung der Landwirtschaft zum Zwecke der Einsparung von Devisen wird, wie ich eben ausführte, eine absolute Notwendigkeit für uns sein. Um sie herbeizuführen, ist Aufklärung und Belehrung der landwirtschaftlichen Bevölkerung dringend erforderlich.

Die Forstwirtschaft, meine Damen und Herren, die eine der wichtigsten Rohstofflieferanten für die deutsche Wirtschaft ist, muß möglichst rasch wieder zu normalen Wirtschaftsverhältnissen zurückgeführt werden. Es ist für schnellste Aufforstung der Kahlflächen und Förderung der Holzerzeugung in bäuerlichen Betrieben zu sorgen.

Die Finanzpolitik muß einen Teil der allgemeinen Staatspolitik, insbesondere der Wirtschaftspolitik bilden. Die Förderung der Kapitalbildung, und zwar sowohl der Bildung von Sparkapital wie von Betriebskapital, wird unser vordringlichstes Ziel sein. Nur wenn wir nach Kräften die innerdeutsche Kapitalbildung steigern, können wir erwarten, daß durch Freigabe von Gegenwertfonds und auf andere Weise das dringend benötigte ausländische Kapital zum Wiederaufbau unserer Wirtschaft zur Verfügung steht.

Der Wiederaufbau unserer Wirtschaft ist die vornehmste, ja einzige Grundlage für jede Sozialpolitik und für die Eingliederung der Vertriebenen. Nur eine blühende Wirtschaft kann die Belastungen aus dem Lastenausgleich auf die Dauer tragen. Nur sie kann auf die Dauer das Steueraufkommen bringen, das die Haushalte des Bundes, der Länder und der Gemeinden, die immer aus der Gesamtschau heraus betrachtet werden müssen, zur Erfüllung ihrer Aufgaben benötigen.

Eine verstärkte Kapitalbildung hängt von der Erfüllung zweier Voraussetzungen ab: von einer Herabsetzung der Steuertarife und der Wiedergewinnung des Vertrauens der Sparer.

Eine Herabsetzung der Einkommensteuersätze wird nach unserer Überzeugung das Gesamtaufkommen nicht vermindern. Die jetzigen überhöhten Steuersätze führen in der Wirtschaft zu unwirtschaftlichem Verhalten; sie hindern die Rationalisierung der Betriebe und damit die Preissenkung für die erzeugten Waren. Eine Senkung der Einkommensteuersätze ist nicht nur steuerpolitisch, sondern auch wirtschaftspolitisch absolut notwendig, und zwar mindestens auf die im Juni 1948 vom Wirtschaftsrat fast einstimmig und vom Länderrat einstimmig angenommenen Steuersätze. Wir sind sicher, daß schon nach wenigen Übergangsmonaten das Steueraufkommen die frühere Höhe, ja sogar eine noch größere Höhe erreichen wird. Diese Maßnahmen sollten bereits zum 1. Januar 1950 in Kraft gesetzt werden. Im Laufe des Jahres 1950 muß dann eine umfassende Steuerreform in die Wege geleitet werden.

Wenn durch diese Steuersenkung die Möglichkeit einer größeren Kapitalbildung geschaffen wird, so muß ein Anreiz dafür gegeben werden, daß nicht der Konsum in unnötiger Weise gesteigert, sondern wirklich Kapital gebildet wird. Dazu ist notwendig, den Altsparern das Vertrauen zur staatlichen Gesetzgebung wiederzugeben. Das scheint mir eine staatspolitische Forderung ersten Ranges zu sein. Die von den Alliierten erlassene Währungsreform enthält vermeidbare soziale Härten, insbesondere in der Behandlung der Altsparer aller Art. Die

Frage, in welchem Umfange diese Mängel beseitigt werden können, bedarf einer beschleunigten Prüfung und Erledigung.

Um das Vertrauen auch des ausländischen Kapitals wiederzugewinnen, sollte die Blockierung des ausländischen Vermögens in Deutschland bald aufgehoben werden. Wir werden bereit sein, alles in unseren Kräften Stehende zu tun, um mit den seit langer Zeit schwer geschädigten ausländischen Gläubigern ein beiderseitig tragbares Einvernehmen zu finden.

Wir hoffen, meine Damen und Herren, daß die zugesagte Herabsetzung der Besatzungskosten erheblich sein wird. Diese Herabsetzung würde vom gesamten deutschen Volk dankbar begrüßt werden. Sie wird die Grundlage geben, den Wohnungsbau und die Eingliederung der Vertriebenen tatkräftig vorwärtszutreiben, und so die politische, soziale und wirtschaftliche Konsolidierung Deutschlands sichern.

Wir werden bemüht sein, den endgültigen Lastenausgleich baldigst zu verabschieden, um die Ungewißheit zu beseitigen, die seit so langer Zeit sowohl auf den Geschädigten wie auf der zu belastenden Wirtschaft liegt. Die gesetzliche Regelung muß sich in die allgemeine Steuer- und Finanzreform sinnvoll einordnen. Die Kleinst- und Kleingeschädigten müssen dabei besonders pfleglich behandelt werden.

Es wird notwendig sein, sobald wie möglich auch die Frage der Pensionen der vertriebenen Beamten und der ehemaligen Militärpersonen durch Bundesgesetz zu regeln. Diese Regelung kann zwar an den namentlich in der Kriegszeit ungewöhnlich rasch erfolgten Beförderungen der Militärpersonen nicht achtlos vorbeigehen, sie wird aber doch die Wehrmachtbeamten und Militärpersonen so behandeln müssen, wie es recht und billig ist.

Die Gefahren einer Deflation sind ebensogroß wie die einer Inflation. Im jetzigen Stadium unserer Wirtschaftsentwicklung ist eine aktive Konjunkturpolitik nötig, die sich, ohne damit irgendwie die Währung zu gefährden, des Instrumentes der Vorfinanzierung solcher Aufgaben bedient, deren Finanzierung, sei es aus inländischen Quellen, sei es aus Gegenwert-Fonds in absehbarer Zeit gesichert ist.

Unsere besondere Fürsorge auf wirtschaftlichem Gebiet gilt der Stadt Berlin. Seit der Währungsreform sind bis zum 10. September 1949, also in rund 15 Monaten, aus dem Haushalt des Vereinigten Wirtschaftsgebiets 414 Millionen DM an den Magistrat der Stadt Berlin geflossen. Dazu hat Berlin aus dem GARIOA-Fonds bis zum 13. September 1949 688 Millionen DM erhalten. Die im Haushalt der bizonalen Verwaltung 1949 für die Zeit bis zum 31. Dezember 1949 eingesetzten Mittel werden schon im Oktober erschöpft sein. Es ist unbedingt notwendig, da wir unter keinen Umständen Berlin im Stiche lassen dürfen, beschleunigt über den Fortgang und Umfang der Hilfsmaßnahmen für Berlin, und zwar nicht ausschließlich durch Gewährung von finanziellen Zuschüssen, zu beraten und zu beschließen.

Ich habe schon vorher erwähnt, daß diejenigen Fraktionen, die sich hier zu gemeinsamer Regierungsbildung und Arbeit zusammengefunden haben, es als ihre vornehmste Pflicht betrachten, auf allen Gebieten sozial zu handeln. Auf dem engeren Gebiet der Sozialpolitik gilt das im besonderen Maße. Die Bundesregierung wird sich bemühen, ihre Sozialpolitik den jetzigen Zeitverhältnissen entsprechend umzugestalten und auszugestalten. Wenn auch, wie ich ausgeführt habe, die beste Sozialpolitik eine gesunde Wirtschaftspolitik ist, die möglichst vielen Arbeit und Brot gibt, so wird es doch nach diesem Kriege und dieser Not in Deutschland immer einen sehr großen Prozentsatz von Menschen geben, denen anders und besonders geholfen werden muß. Das gilt insbesondere auch von den Schwerkriegsbeschädigten. Das Gesetz über ihre Unterbringung ist den jetzigen Verhältnissen entsprechend abzuändern. Den erwerbsunfähigen Kriegsbeschädigten und den Kriegshinterbliebenen ist ein ausreichender Unterhalt zu gewähren. Die Schaffung einer einheitlichen Versorgungsgesetzgebung für das gesamte Bundesgebiet ist nötig.

Die Rechtsbeziehungen zwischen Arbeitnehmern und Arbeitgebern müssen zeitgemäß neu geordnet werden. Die Selbstverwaltung der Sozialpartner muß an die Stelle der staatlichen Bevormundung treten. Die Bundesregierung steht auf dem Boden der Koalitionsfreiheit. Sie wird es den Verbänden überlassen, alles das in freier Selbstverwaltung zu tun, was den wirtschaftlichen und sozialen Interessen förderlich ist und was einer weiteren Verständigung zwischen Arbeitgebern und Arbeitnehmern dient. Ein verständiger Ausgleich sozialer Gegensätze ist eine unumgängliche Voraussetzung für den Aufstieg unseres Volks. Dieser Ausgleich muß durch die Sozialpartner selbst herbeigeführt werden. Die sozial- und gesellschaftspolitische Anerkennung der Arbeitnehmerschaft macht eine Neuordnung der Besitzverhältnisse in den Grundindustrien notwendig. Es scheint mir aber auch eine der wesentlichsten Grundbedingungen einer verständigen Sozialpolitik zu sein, dem Fleißigen und Tüchtigen jede Aufstiegsmöglichkeit zu geben. Auf die Betonung dieser Aufstiegsmöglichkeiten legen wir den größten Wert.

Der als Folge des Krieges und der Verschleppung von Männern eingetretene Frauenüberschuß ist ein Problem, das unsere besondere Beachtung verdient. Es bedarf wohl keiner Versicherung, daß wir fest und entschieden gegenüber allen entgegengesetzten Tendenzen auf dem Boden des Artikels 6 des Grundgesetzes stehen, in dem es heißt: „Ehe und Familie stehen unter dem besonderen Schutz der staatlichen Ordnung." Das Problem des Frauenüberschusses erschöpft sich aber nicht in der Frage der notgedrungenen Ehelosigkeit eines großen Teiles der Frauen; es ist umfassender und weitreichender. Wir müssen den Frauen neue Berufe und Ausbildungsmöglichkeiten zu erschließen versuchen. Es wird — wenn es vielleicht zunächst auch nicht so wichtig aussieht — auch beim Wohnungsbau darauf geachtet werden müssen, daß den unverheiratet gebliebenen Frauen wenigstens in etwa ein Ersatz für die fehlende häusliche Behaglichkeit geboten wird. Wir werden alle diese Fragen, deren Wichtigkeit ich unterstreichen möchte, durch ein einer Frau anzuvertrauendes Referat im Ministerium des Innern einer möglichst guten Lösung zuzuführen versuchen.

Den Jugendlichen, namentlich denjenigen, denen die Erziehung durch Familie und Schule während der Kriegszeit und der wirren Zeit nach dem Kriege und eine gute Ausbildung gefehlt hat, werden wir zu Hilfe kommen müssen. Wir werden überhaupt versuchen, unsere Pflicht gegenüber der jungen Generation anders zu betrachten, als das früher geschehen ist. Die junge Generation, dessen wollen wir uns immer bewußt bleiben, trägt die Zukunft Deutschlands in ihren Händen.

Wir werden das Beamtenrecht neu ordnen müssen. Wir stehen grundsätzlich und entschlossen auf dem Boden des Berufsbeamtentums.

Durch die Denazifizierung ist viel Unglück und viel Unheil angerichtet worden. Die wirklich Schuldigen an den Verbrechen, die in der nationalsozialistischen Zeit und im Kriege begangen worden sind, sollen mit aller Strenge bestraft werden. Aber im übrigen dürften wir nicht mehr zwei Klassen von Menschen in Deutschland unterscheiden: die politisch Einwandfreien und die Nichteinwandfreien. Diese Unterscheidung muß baldigst verschwinden.

Der Krieg und auch die Wirren der Nachkriegszeit haben eine so harte Prüfung für viele gebracht und solche Versuchungen, daß man für manche Verfehlungen und Vergehen Verständnis aufbringen muß. Es wird daher die Frage einer Amnestie von der Bundesregierung geprüft werden, und es wird weiter die Frage geprüft werden, auch bei den Hohen Kommissaren dahin vorstellig zu werden, daß entsprechend für von alliierten Militärgerichten verhängte Strafen Amnestie gewährt wird.

Wenn die Bundesregierung so entschlossen ist, dort, wo es ihr vertretbar erscheint, Vergangenes vergangen sein zu lassen, in der Überzeugung, daß viele für subjektiv nicht schwerwiegende Schuld gebüßt haben, so ist sie andererseits doch unbedingt entschlossen, aus der Vergangenheit die nötigen Lehren gegenüber allen denjenigen zu ziehen, die an der Existenz unseres Staates rütteln, mögen sie nun zum Rechtsradikalismus oder zum Linksradikalismus zu rechnen sein.

Die Befürchtungen, meine Damen und Herren, die namentlich in der ausländischen Presse über rechtsradikale Umtriebe in Deutschland laut geworden sind, sind ganz bestimmt weit übertrieben. Ich bedaure außerordentlich, daß durch Berichte deutscher und ausländischer Zeitungen Persönlichkeiten, indem man ihre ungezogenen Reden verbreitet hat, eine Bedeutung beigelegt worden ist, die sie in Deutschland niemals gehabt haben. Aber, meine Damen und Herren, ich betone nochmals: wenn wir auch glauben, daß diese Berichte übertrieben sind, so sind wir uns völlig darüber einig, daß wir dem Auftreten rechts- und linksradikaler, den Staat gefährdender Bestrebungen unsere vollste Aufmerksamkeit widmen müssen; und ich wiederhole nochmals: wir werden nötigenfalls von den Rechten die die Gesetze uns geben, entschlossen Gebrauch machen.

Meine Damen und Herren! Lassen Sie mich in diesem Zusammenhang ein Wort zu hier und da anscheinend hervorgetretenen antisemitischen Bestrebungen sagen. Wir verurteilen diese Bestrebungen auf das schärfste. Wir halten es für unwürdig und für an sich unglaublich, daß nach all dem, was sich in nationalsozialistischer Zeit begeben hat, in Deutschland noch Leute sein sollten, die Juden deswegen verfolgen oder verachten, weil sie Juden sind.

Meine Damen und Herren! Ich komme zu einem besonders ernsten und wichtigen Kapitel. Deutschland wird nunmehr durch seine staatliche Neugestaltung in die Lage versetzt, sich der Frage der deutschen Kriegsgefangenen und Verschleppten mit größerer Stärke anzunehmen als bisher. In Rußland werden noch Millionen von Kriegsgefangenen zurückgehalten. Wir wissen nicht, wohin die 1,5 bis 2 Millionen deutscher Kriegsgefangener gekommen sind, die aus den russischen Heeresberichten über die jetzt von Rußland angegebene Zahl der Kriegsgefangenen hinaus errechnet werden konnten. Das gleiche gilt in ähnlicher Weise für Jugoslawien. Das Geschick dieser Millionen Deutscher, die jetzt schon seit Jahren das bittere Los der Gefangenschaft getragen haben, ist so schwer, das Leid ihrer Angehörigen in Deutschland so groß, daß alle Völker mithelfen müssen, diese Gefangenen und Verschleppten endlich ihrer Heimat und ihrer Familie zurückzugeben.

Es ist mir eine liebe Pflicht, für die weitreichende Hilfe, die unseren Kriegsgefangenen zuteil geworden ist, zu danken, in erster Linie dem Internationalen Komitee vom Roten Kreuz in

Genf, das unseren deutschen Kriegsgefangenen unendlich viel Gutes getan hat. Wir danken auch dem Vatikan und dem gegenwärtigen Papst, der nach dem Kriege der erste war, der den Ruf nach baldiger Entlassung der deutschen Kriegsgefangenen erhob und der das Schicksal der deutschen Gefangenen durch großzügige Schenkungen und Gaben, zu denen er die Welt veranlaßte, zu mildern versuchte. Der Arbeit der Ökumene in Genf danken wir in gleicher Weise von ganzem Herzen. Sie hat insbesondere in der angelsächsischen Welt die Kräfte der Liebe evangelischen Glaubens mobilisiert. Ich hebe auch die internationale Organisation der Christlichen Vereine junger Männer hervor, die durch ihren hervorragenden Gefangenendienst unsern Brüdern in allen Ländern große Hilfe gewährt haben. Auch dem Evangelischen Hilfswerk unter der Führung von Dr. Gerstenmaier und der Caritas-Kriegsgefangenenhilfe unter der Leitung des verstorbenen Prälaten Kreutz danken wir herzlichst.

Die Arbeit der Bundesregierung wird weiter den etwa 200 000 Deutschen gelten müssen, die sich in dem ehemaligen Ostpreußen und Schlesien sowie in der Tschechoslowakei befinden, die als Facharbeiter oder als politisch mehr oder minder Belastete zurückgehalten werden. Darunter befinden sich viele Frauen, die in der ersten Schockwirkung der Niederlage und in der Hoffnung auf Rückkehr ihrer noch in Gefangenschaft befindlichen Männer für Polen optiert haben, deren Männer aber in der Zwischenzeit nach Westdeutschland entlassen worden sind. Das Internationale Rote Kreuz hat es übernommen, mit den Westalliierten einerseits und mit Warschau und Prag andererseits über die Umsiedlung dieser bedeutenden Restbevölkerung zu verhandeln. Die Verhandlungen sind später überraschend — soviel den deutschen Stellen bekanntgeworden ist, durch die britische Militärregierung — abgebrochen worden mit der damals gegebenen Begründung, man müsse erst die Bundesregierung abwarten.

Die Bundesregierung wird sich auch um die 300 000 freien Arbeiter bemühen müssen, die, um aus der Kriegsgefangenschaft herauszukommen, in Frankreich, Belgien und England

Verträge als freie Arbeiter geschlossen haben. Endlich werden wir die Forderung erheben müssen, daß gegen diejenigen Deutschen, die in den alliierten Ländern wegen behaupteter Kriegsverbrechen zurückgehalten werden, die Gerichtsverhandlungen unter Wahrung aller rechtlichen Formen schnell zu Ende geführt werden.

Das Los der Vertriebenen, meine Damen und Herren, ist besonders hart. Die Frage ihres zukünftigen Schicksals kann nicht von Deutschland allein gelöst werden. Es handelt sich um eine Frage, die nur auf internationalem Wege ihrer Lösung nähergebracht werden kann. Man muß sie aber lösen, wenn man nicht Westdeutschland für lange Zeit hinaus zu einem Herd politischer und wirtschaftlicher Unruhe werden lassen will.

Lassen Sie mich nun zu Fragen übergehen, die uns in Deutschland außerordentlich am Herzen liegen und die für unser gesamtes Volk Lebensfragen sind. Es handelt sich um die Abkommen von Jalta und Potsdam und die Oder-Neiße-Linie. Im Potsdamer Abkommen heißt es ausdrücklich:

> Die Chefs der drei Regierungen

— das sind die Vereinigten Staaten, England und Sowjetrußland —

> haben ihre Ansicht bekräftigt, daß die endgültige Bestimmung der polnischen Westgrenze bis zur Friedenskonferenz vertagt werden muß.

Wir können uns daher unter keinen Umständen mit einer von Sowjetrußland und Polen später einseitig vorgenommenen Abtrennung dieser Gebiete abfinden. Diese Abtrennung widerspricht nicht nur dem Potsdamer Abkommen, sie widerspricht auch der Atlantik-Charta vom Jahre 1941, der sich die Sowjetunion ausdrücklich angeschlossen hat. Die Bestimmungen der Atlantik-Charta sind ganz eindeutig und klar. Die Generalversammlung der Vereinten Nationen hat durch Beschluß vom 3. November 1948 die Großmächte aufgefordert, nach diesen Prinzipien baldmöglichst Friedensverträge abzuschließen.

Wir werden nicht aufhören, in einem geordneten Rechtsgang unsere Ansprüche auf diese Gebiete weiter zu verfolgen.

Ich weise darauf hin, daß die Austreibung der Vertriebenen in vollem Gegensatz zu den Bestimmungen des Potsdamer Abkommens vorgenommen worden ist. In diesem Potsdamer Abkommen ist nur von einer Umsiedlung der in Polen, der Tschechoslowakei und Ungarn verbliebenen deutschen Bevölkerung die Rede, und es war vereinbart worden, daß jede stattfindende Umsiedlung auf organisierte und humane Weise vorgenommen werden sollte. Es fällt mir sehr schwer, meine Damen und Herren, wenn ich an das Schicksal der Vertriebenen denke, die zu Millionen umgekommen sind, mit der notwendigen leidenschaftslosen Zurückhaltung zu sprechen. Ich darf aber darauf hinweisen, daß kein Geringerer als Winston Churchill bereits im August 1945 im britischen Unterhaus öffentlich und feierlich nicht nur gegen das Ausmaß der von Polen angestrebten Gebietserweiterung, sondern auch gegen die Praxis der Massenaustreibung Protest eingelegt hat. Die Massenaustreibung nannte Churchill eine „Tragödie unvorstellbaren Ausmaßes", und er deutete an, daß eine unerhört große Zahl von diesen Vertriebenen einfach verschwunden sei. Am 10. Oktober 1945 stellte der britische Außenminister Bevin fest, daß Großbritannien in keiner Weise verpflichtet sei, die Ansprüche Polens auf die Oder-Neiße-Linie zu unterstützen. Die gleiche Feststellung traf der frühere amerikanische Außenminister Byrnes am 6. September 1946 in seiner bekannten Rede in Stuttgart. Die Bundesregierung wird allen diesen Fragen die größte Aufmerksamkeit widmen und sich dafür einsetzen, daß auch das uns zustehende Recht geachtet wird. Sie wird das ganze Rechts- und Tatsachenmaterial in einer Denkschrift, die veröffentlicht und den alliierten Regierungen überreicht werden wird, zusammenfassen.

Meine Damen und Herren! Wenn ich eingangs gesagt habe, daß unsere auswärtigen Beziehungen von den Hohen Kommissaren wahrgenommen werden, so habe ich doch gleichzeitig festgestellt, daß wir zu allen uns umgebenden Staaten in engen Zusammenhängen — seien es gute, seien es weniger gute —

stehen. Ich würde daher eine Lücke in dieser Regierungserklärung lassen, wenn ich nicht auf unser Verhältnis zu diesen Ländern einginge.

Meine Damen und Herren! Wir sind durchaus bereit, mit unsern östlichen Nachbarn, insbesondere mit Sowjet-Rußland und mit Polen, in Frieden zu leben. Wir haben den dringendsten Wunsch, daß die gegenwärtig bestehenden Spannungen zwischen Sowjet-Rußland und den Westalliierten ihre Lösung im Laufe der Zeit auf friedlichem Wege finden. Aber wenn ich ausspreche, daß wir den Wunsch haben, in Frieden mit Sowjet-Rußland zu leben, so gehen wir davon aus, daß auch Sowjet-Rußland und Polen uns unser Recht lassen und unsere deutschen Landsleute auch in der Ostzone und in dem ihnen unterstehenden Teil von Berlin das Leben in Freiheit führen lassen, das deutschem Herkommen, deutscher Erziehung und deutscher Überzeugung entspricht.

Ich habe an einer anderen Stelle schon ausgeführt, daß das Besatzungsstatut zwar ein Fortschritt, sogar ein erheblicher Fortschritt gegenüber dem bisherigen Zustand ist. Es wird aber ganz darauf ankommen, ob es in dem Geist gehandhabt wird, der aus dem Begleitschreiben der Außenminister von England, Frankreich und den Vereinigten Staaten vom April dieses Jahres an den Präsidenten des Parlamentarischen Rats sprach. „Die Außenminister betonen", so heißt es in der Note, „daß es das höchste Ziel der drei Alliierten Regierungen ist, den festen Einbau des deutschen Volkes in einem demokratischen Bundesstaat in den Rahmen eines europäischen Zusammenschlusses zum beiderseitigen Besten zu ermutigen und zu fördern." Wir sind überzeugt davon, daß, wenn das Besatzungsstatut in diesem Sinne gehandhabt wird, es uns ein eigenes starkes Leben und weitere Fortschritte ermöglichen wird. Ich bin überzeugt: wenn, wie es in dem Besatzungsstatut vorgesehen ist, nach 12 Monaten und auf jeden Fall innerhalb von 18 Monaten nach Inkrafttreten des Statuts die Besatzungsmächte seine Bestimmungen im Lichte der Erfahrungen prüfen, die sie inzwischen gemacht haben, werden die Mächte sicher zu dem Ergebnis kommen, daß es möglich sein wird, die Zuständigkeit der deutschen Behörden auf den Gebieten der Legislative, der Exekutive und der Justiz weiter auszudehnen.

Und nun, meine Damen und Herren, lassen Sie mich ein Wort über unsere Stellung zum Besatzungsstatut sagen! Das Besatzungsstatut ist alles andere als ein Ideal. Es ist ein Fortschritt gegenüber dem rechtlosen Zustand, in dem wir bis zum Inkrafttreten des Besatzungsstatuts gelebt haben. Es gibt aber keinen andern Weg für das deutsche Volk, wieder zur Freiheit und Gleichberechtigung zu kommen, als indem es dafür sorgt, daß wir nach dem völligen Zusammenbruch, den uns der Nationalsozialismus beschert hat, mit den Alliierten zusammen wieder den Weg in die Höhe gehen. Der einzige Weg zur Freiheit ist der, daß wir im Einvernehmen mit der Hohen Kommission unsere Freiheiten und unsere Zuständigkeiten Stück für Stück zu erweitern versuchen.

Es besteht für uns kein Zweifel, daß wir nach unserer Herkunft und nach unserer Gesinnung zur westeuropäischen Welt gehören. Wir wollen zu allen Ländern gute Beziehungen, auch solche persönlicher Art, unterhalten, insbesondere aber zu unsern Nachbarländern, den Benelux-Staaten, Frankreich, Italien, England und den nordischen Staaten. Der deutsch-französische Gegensatz, der Hunderte von Jahren die europäische Politik beherrscht und zu manchen Kriegen, zu Zerstörungen und Blutvergießen Anlaß gegeben hat, muß endgültig aus der Welt geschafft werden. Ich hoffe, ja ich sage: ich glaube, daß das Saargebiet nicht zu einem Hindernis auf diesem Weg werden wird. Am Saargebiet hat Frankreich — das ist ohne weiteres anzuerkennen — wirtschaftliche Interessen. Deutschland hat dort wirtschaftliche und nationale Interessen. Schließlich aber haben die Saarbewohner selbst den begründeten Wunsch, daß ihre eigenen wirtschaftlichen und nationalen Interessen berücksichtigt werden. Alle diese Interessen sollen in eine Ordnung und Übereinstimmung gebracht werden, die sich im Rahmen der Europäischen Union, deren Mitglied wir möglichst bald zu werden wünschen, finden lassen wird.

Mit aufrichtiger Genugtuung und Freude, meine Damen und Herren, denke ich daran, daß Außenminister Bevin mir in einer persönlichen Unterredung im Sommer dieses Jahres erklärt hat: der Krieg zwischen unseren beiden Völkern ist zu Ende, unsere beiden Völker müssen Freunde sein.

Ich habe eben gesagt, wir wünschen möglichst bald in die Europäische Union aufgenommen zu werden. Wir werden gerne und freudig an dem großen Ziel dieser Union mitarbeiten. Ich weise darauf hin, daß wir in unserer Bonner Verfassung im Artikel 24 für den Bund die Möglichkeit vorgesehen haben, Hoheitsrechte auf zwischenstaatliche Einrichtungen zu übertragen und sich zur Wahrung des Friedens im System gegenseitiger kollektiver Sicherheit einzuordnen. Es heißt dann in diesem Artikel weiter:

> Der Bund wird hierbei in die Beschränkungen seiner Hoheitsrechte einwilligen, die eine friedliche und dauerhafte Ordnung in Europa und zwischen den Völkern der Welt herbeiführen und sichern.

Ich glaube, daß unser Grundgesetz damit die fortschrittlichste aller Verfassungen ist. Wir sind entschlossen, alles zu tun, was in unserer Kraft steht, um den in diesem Artikel vorgezeichneten Weg zur Sicherung des Friedens in Europa und in der Welt zu gehen.

Wenn ich vom Frieden in der Welt und in Europa spreche, dann, meine Damen und Herren, muß ich auf die Teilung Deutschlands zurückkommen. Die Teilung Deutschlands wird eines Tages — das ist unsere feste Überzeugung — wieder verschwinden. Ich fürchte, daß, wenn sie nicht verschwindet, in Europa keine Ruhe eintreten wird. Diese Teilung Deutschlands ist durch Spannungen herbeigeführt worden, die zwischen den Siegermächten entstanden sind. Auch diese Spannungen werden vorübergehen. Wir hoffen, daß dann der Wiedervereinigung mit unseren Brüdern und Schwestern in der Ostzone und in Berlin nichts mehr im Wege steht.

Die Vertreter Groß-Berlins nehmen einstweilen nur mit beratender Stimme an den Arbeiten dieses Hauses und des Bundesrats teil. Ihre Stimmen haben aber deswegen nicht weniger Gewicht, weil sie kein Stimmrecht haben. Wenn auch der Eiserne Vorhang, der quer durch Deutschland geht, noch so dicht ist, — er kann nichts an der geistigen Verbundenheit zwischen den deutschen Menschen diesseits und jenseits des Eisernen Vorhangs ändern.

Lassen Sie mich, meine Damen und Herren, in dieser Stunde mit besonderem Dank der Vereinigten Staaten von Nordamerika gedenken. Ich glaube nicht, daß jemals in der Geschichte ein siegreiches Land es versucht hat, dem besiegten Land in der Weise zu helfen und zu seinem Wiederaufbau und seiner Erholung beizutragen, wie das die Vereinigten Staaten gegenüber Deutschland getan haben und tun. Wir glauben, meine Damen und Herren, daß eine spätere Geschichtsschreibung dieses Verhalten der Vereinigten Staaten als eine größere Tat bezeichnen wird als seine Anstrengungen im Kriege. Ich weiß, daß unzählige Amerikaner aus echter, persönlicher Teilnahme und Nächstenliebe uns Deutschen in unserer schwersten Not, als hier Hunger und Mangel herrschten, in rührender Weise geholfen haben. Das deutsche Volk wird das dem amerikanischen Volk niemals vergessen dürfen, und es wird das auch nicht vergessen.

Meine Damen und Herren! Die kulturellen Angelegenheiten gehören nach dem Grundgesetz zu der Zuständigkeit der Länder. Aber im Namen der gesamten Bundesregierung kann ich folgendes sagen: unsere ganze Arbeit wird getragen sein von dem Geist christlich-abendländischer Kultur und von der Achtung vor dem Recht und vor der Würde des Menschen. Wir hoffen — das ist unser Ziel —, daß es uns mit Gottes Hilfe gelingen wird, das deutsche Volk aufwärtszuführen und beizutragen zum Frieden in Europa und in der Welt.

Regierungserklärung vom 20. Oktober 1953
Bundeskanzler Dr. Adenauer

Herr Präsident! Meine Damen und meine Herren! Im Namen der Bundesregierung habe ich folgende Erklärung abzugeben:

Die Bundestagswahlen haben eine klare und eindeutige Entscheidung der deutschen Wähler gebracht. Ihren unmittelbaren Niederschlag hat diese Entscheidung in der Zusammensetzung des Bundestags gefunden, die sich erheblich von der Zusammensetzung des alten Bundestages unterscheidet. Während dem 1. Deutschen Bundestag die Vertreter von zwölf Parteien und eine Reihe parteiloser Abgeordneter angehörten, ist es bei diesen Wahlen trotz des nicht unbedeutenden Anstiegs der wahlberechtigten Bevölkerung gegenüber 1949 nur noch sechs Parteien gelungen, Mandate zu erringen. Parteilose Kandidaten haben sich überhaupt nicht durchzusetzen vermocht. Es ist also eine starke Konzentration des politischen Willens des deutschen Volkes zu verzeichnen.

Ein besonders hervorstechendes Merkmal der Bundestagswahlen ist die Niederlage der links- und rechtsradikalen Parteien. Sie sind in diesen Bundestag nicht mehr zurückgekehrt. Bei den Wahlen zum 1. Deutschen Bundestag 1949 hatte die Kommunistische Partei noch 1 361 706 Stimmen erhalten. Das entsprach einem prozentualen Stimmenanteil von 5,7 %. 1953 dagegen hat es die Kommunistische Partei nur noch auf 607 413 Stimmen, das sind 2,2%, gebracht. Auf die DRP und die mit ihr verbündete Deutsche Konservative Partei waren 1949 429 031 Stimmen gleich 1,8% entfallen. Jetzt ist sie auf 295 618 Stimmen gleich 1,1% zurückgegangen. Eine zweite rechtsradikale Gruppe, die Nationale Sammlung, hat lediglich 71 032 Stimmen gleich 0,3% auf sich vereinigen können.

Auf dieses Ergebnis, meine Damen und Herren, kann das deutsche Volk stolz sein. Es hat damit die in gewissen Kreisen vertretene Auffassung, Deutschland neige zu extremen politischen Anschauungen nachdrücklich widerlegt. Der weitere sehr erhebliche Rückgang der kommunistischen Stimmen hat sich seit langem angekündigt. Die Erfahrungen, die das deutsche Volk mit der kommunistischen Wirklichkeit gemacht hat, haben ihre Wirkung getan. Besonders erfreulich ist es aber, daß auch die rechtsradikalen, mehr oder weniger auf die Wiederbelebung der nationalsozialistischen Ideologie gerichteten Parteien keine Erfolge beim deutschen Volk gehabt haben. Die Erfolgsaussichten dieser Gruppen sind vor den Wahlen von verschiedenen Seiten, namentlich im Ausland, nicht gering veranschlagt worden. Das Wahlergebnis zeigt jedoch, daß das zahlenmäßige Gewicht der nationalsozialistischen Rückstände im deutschen Volk bei weitem überschätzt worden ist. Auch auf diejenigen, die 1949 wegen ihrer früheren Zugehörigkeit zur nationalsozialistischen Partei noch nicht zur Wahl zugelassen waren, haben die Parolen der Vergangenheit offensichtlich keine Anziehungskraft mehr ausgeübt. Das unberechtigte Aufsehen, das das Auftreten des ehemaligen Staatssekretärs im Propagandaministerium Naumann in der Öffentlichkeit erregt hatte, läßt die Niederlage des Rechtsradikalismus nur noch deutlicher in Erscheinung treten. Nach dem Wahlausgang ist kein Zweifel daran erlaubt, daß die Zeit des Rechtsradikalismus in Deutschland endgültig vorbei ist. Das deutsche Volk hat sich mit seiner überwältigenden Mehrheit gegen jedes totalitäre System und für solche Parteien entschieden, die sich uneingeschränkt zur demokratischen Staatsordnung bekennen.

Dieses Ergebnis ist nicht die Folge eines diese Parteien begünstigenden Wahlgesetzes, sondern ein Beweis nüchterner Besonnenheit des deutschen Volkes. Das Wahlgesetz war dem Wahlgesetz zum ersten Bundestag weitgehend nachgebildet. Auch 1949 gab es eine Sperrklausel, die zwar geringere Anforderungen als die 1953 gültige Klausel stellte. Aber auch diese frühere Sperrklausel würde von keiner der erfolglos gebliebenen Parteien übersprungen worden sein.

Das deutsche Volk hat bei den Wahlen ein hohes Maß an politischer Reife und politischer Urteilskraft bewiesen. Es ist dadurch zum Ausdruck gekommen, welche Fortschritte in der inneren Konsolidierung und der Gesundung Deutschlands gemacht worden sind. Die Formung und Gestaltung des Staates, seine Aufgaben und Probleme sind heute eine Angelegenheit des ganzen Volkes. Dies zeigt sich in der außerordentlich hohen Wahlbeteiligung von durchschnittlich 86%.

Mit größter Genugtuung kann ich feststellen, daß die Politik und Tätigkeit der Bundesregierung und der sie tragenden Parteien in den vergangenen vier Jahren die Anerkennung und die Bestätigung aller Schichten des deutschen Volkes erhalten hat. Diese Wahlen waren ein Volksentscheid, insbesondere auch für die in den vergangenen vier Jahren verfolgte Außenpolitik.

Besonderes Gewicht, meine Damen und Herren, lege ich der Tatsache bei, daß die Bestätigung dieses politischen Kurses von der Zustimmung des größten Teiles der jungen Wähler getragen wird, vornehmlich auch derjenigen, die zum erstenmal ihr Wahlrecht ausgeübt haben. Die jungen Wähler haben gezeigt, daß sie sich nicht von inhaltlosen Phrasen und auch nicht von unrealistischen Bekenntnissen einfangen lassen, sondern durchaus die positiven Leistungen zu erkennen und zu schätzen wissen. Man hat bisher häufig die Ansicht gehört, daß die jüngere Generation dem politischen Leben interessenlos gegenüberstehe. Die Bundestagswahlen 1953 beweisen, daß diese Teilnahmslosigkeit, falls sie jemals tatsächlich bestanden haben sollte, der Vergangenheit angehört. Daß die Wahlbeteiligung und das politische Interesse der Frauen denen der Männer nicht nachstehen, hat sich auch bei diesen Wahlen wieder gezeigt.

Der Ablauf der politischen Ereignisse hat es mit sich gebracht, daß bei den Wahlen die deutsch-alliierten Verträge, der Vertrag über die Europäische Verteidigungsgemeinschaft und der Deutschland-Vertrag, noch nicht in volle Wirksamkeit erwachsen waren. Diese Verträge und die mit ihnen getroffenen Entscheidungen, namentlich die erklärte Bereitschaft zur Leistung eines deutschen Verteidigungsbeitrags im Rahmen einer europäischen Gemeinschaft, haben die Gesamtheit des deutschen Volkes besonders aufgewühlt und beschäftigt. Die Opposition hatte früher vorzeitig Neuwahlen verlangt und behauptet, daß dem ersten Deutschen Bundestag die Legitimation zur Entscheidung in diesen Fragen fehle, da sie bei den Wahlen 1949 nicht im Bereich der politischen Möglichkeiten gelegen hätten. Diesem oppositionellen Verlangen konnte nicht entsprochen werden, weil das Grundgesetz eine vorzeitige Auflösung des Bundestages und die Ausschreibung von Neuwahlen in solchen Fällen nicht zuläßt. Es kommt hinzu, daß die Behauptung unzutreffend ist, der Bundestag habe nur ein begrenztes Mandat gehabt. Jeder Bundestag hat den Auftrag und die Pflicht, die Aufgaben zu lösen, die im Laufe seiner Legislaturperiode an ihn herantreten.

Im Wahlkampf haben die Auseinandersetzungen um die deutsch-alliierten Verträge, insbesondere um den das Kernstück einer europäischen Integration bildenden Verteidigungsbeitrag, einen breiten Raum eingenommen. Die Problematik lag für den deutschen Wähler klar zutage. Es wird nicht gesagt werden können, daß er plötzlich und ohne ausreichende Vorbereitung vor die Entscheidung gestellt worden sei. Das Votum der Wähler ist völlig klar. Niemand wird heute noch behaupten können, daß das deutsche Volk den Verträgen und einem deutschen Verteidigungsbeitrag ablehnend gegenüberstehe. Der Ohne-mich-Standpunkt, der vor rund zwei Jahren eine Rolle spielte und den sich die gesamte Opposition von der KPD bis zu den Kreisen um Dr. Heinemann zunutze machte, ist überwunden und hat einer realistischen Beurteilung der deutschen Situation Platz gemacht. Der 6. September 1953 ist zu einem Bekenntnis des deutschen Volkes für die Verträge geworden. Er ist ein Bekenntnis der Freiheit, Humanität und der europäischen Gemeinschaft im Geiste abendländischen Christentums.

Das Grundgesetz sagt in Art. 20: „Alle Staatsgewalt geht vom Volke aus". Die Entscheidung des Volkes, die im Wahlergebnis ihren Ausdruck findet, wird von jedermann, dem einzelnen sowohl wie auch den gesellschaftlichen und politischen Gruppen und Verbänden respektiert werden müssen. Wir wünschen auch, meine Damen und Herren, daß die Staaten, mit denen wir in engerer Verbindung stehen, das Ergebnis dieser Wahl erkennen und respektieren. Wir hoffen, daß das Bild eines Wiederentstehens des Nationalsozialismus, eines aggressiven Deutschlands nun nicht mehr in der öffentlichen Meinung der anderen Staaten erscheint.

Wir hoffen, daß das Ergebnis dieser Wahl die summarische Nachprüfung der Kriegsverbrecherprozesse beschleunigt und beeinflußt, daß alle Verurteilten, die nicht wirkliche Verbrechen begangen haben, baldigst in Freiheit gesetzt werden und daß sie unverzüglich alle Milderungen ihrer Haft erfahren. Außerdem hat sich die Bundesregierung bei der Alliierten Hohen Kommission immer wieder dafür eingesetzt, daß auch für die Gefangenen in Spandau gewisse Erleichterungen und Maßnahmen getroffen werden, wie es z. B. im Hinblick auf das hohe Alter und den Gesundheitszustand einiger Gefangener dringend wünschenswert erscheint. Die Bundesregierung hofft, daß ihre fortgesetzten Bemühungen in dieser Frage schließlich Erfolg haben werden.

Nach dem Wahltag sind im Ausland verschiedentlich Besorgnisse laut geworden, daß e i n e Partei im Bundestag über die absolute Mehrheit verfügt. Es ist auf die Vorgänge im Jahre 1933 hingewiesen worden. Eine solche Betrachtungsweise ist völlig abwegig. Will man im Ausland wirklich nicht den Unterschied zwischen einer totalitären Partei, die nach der Erringung der Macht im Staate unter Ausschaltung der übrigen Parteien strebt, und einer demokratischen Partei erkennen? Niemand hat es sich bisher auch einfallen lassen, in einem demokratischen Staat mit einem Zweiparteiensystem wie in Großbritannien und den Vereinigten Staaten die in einer Wahl siegreiche Partei, die notwendigerweise ein Übergewicht über die unterlegene Partei besitzen muß, undemokratischer Tendenzen zu verdächtigen.

Die Befürchtung, daß die CDU/CSU von ihrer Stärke einen nicht maßvollen Gebrauch machen werde, ist auch schon deshalb unberechtigt, weil diese Partei die Zusammenarbeit mit ihren bisherigen Koalitionspartnern im Parlament und in der Bundesregierung fortsetzen wird. Sie wird noch verstärkt durch den Hinzutritt der Fraktion des BHE. Danach stehen von

487 stimmberechtigten Abgeordneten 336 im Lager der Regierung, während 151 der Opposition angehören. Ich möchte aber hier der Hoffnung Ausdruck geben, daß in wichtigen außenpolitischen Fragen auch ein Zusammengehen zwischen Regierungskoalition und Opposition stattfindet.

Auch die Zusammensetzung und die Vergrößerung des Kabinetts, meine Damen und Herren, beruht auf dem Bestreben, möglichst viele Gruppen wirksam an der Verantwortung teilnehmen zu lassen. Sie ist aber auch von mir für notwendig gehalten worden. Ich habe um die Bewilligung dieser Stellen gebeten auf Grund der Erfahrungen der vergangenen vier Jahre. Es erscheint mir notwendig, das politische Element im Kabinett stärker zur Geltung kommen zu lassen und dadurch auch eine engere Verbindung mit den hinter dem Kabinett stehenden Fraktionen des Bundestags und mit diesem selbst herbeizuführen.

Weiter hat es sich als notwendig herausgestellt, durch Mitglieder des Kabinetts dessen Politik auf Versammlungen von Organisationen und überhaupt in der Öffentlichkeit in stärkerem Umfange als bisher darzulegen. Ich bin davon überzeugt, daß durch diese stärkere Verbindung mit den Fraktionen, dem Bundestag und der Öffentlichkeit das Werk der Gesetzgebung sich besser, schneller und reibungsloser vollziehen wird und daß dadurch die durch die Vergrößerung des Kabinetts entstehenden Mehrkosten im Endergebnis um ein Vielfaches wieder eingebracht werden.

Die Anzahl der unserer Arbeit harrenden Aufgaben, meine Damen und Herren, ist so groß, daß ich mich auf die Hervorhebung einiger der wichtigsten beschränken muß. Ich werde dabei die Richtigkeit des von uns einzuschlagenden Weges durch Belege aus den vergangenen vier Jahren nachweisen. Dabei benutze ich die Gelegenheit, dem ersten Bundeskabinett, insbesondere auch den jetzt ausscheidenden Ministern den Dank für ihre vielfältige, erfolg- und opferreiche Tätigkeit auszusprechen. Die Bundesregierung wünscht die vor ihr stehenden Aufgaben auch in vertrauensvoller Zusammenarbeit mit dem

Bundesrat zu lösen. Sie bekennt sich zu dem föderativen Aufbau der Bundesrepublik, der durch das Grundgesetz gewährleistet ist.

Die Probleme und die Aufgaben der Sozialpolitik, Wirtschaft und Finanzen hängen eng miteinander zusammen. Die Lösungen können nur gemeinsam gefunden werden. Sozialpolitik ist nur möglich, wenn die Wirtschaft gedeiht, Beschäftigung gibt und Steuern liefert. Es ist weder Sozialpolitik noch ein Gedeihen der Wirtschaft möglich, wenn wir keine gesunde und feste Währung haben, für die die Finanzpolitik sorgen muß. Zur Zeit, meine Damen und Herren, bezieht jeder dritte Einwohner in der Bundesrepublik von der Sozialversicherung, von der Arbeitslosenversicherung oder Arbeitslosenfürsorge, vom Lastenausgleich, von der Fürsorge oder als verdrängter Beamter, als Kriegsbeschädigter oder Kriegshinterbliebener, als ehemaliger Berufssoldat oder als Witwe oder Waise eine Rente. Es ist der ersten Bundesregierung gelungen, die jährlichen Aufwendungen für die soziale Sicherheit der Bevölkerung von 1949 bis 1953 nahezu zu verdoppeln. Das ist in hohem Maße ein Erfolg der sozialen Marktwirtschaft und einer guten Finanzpolitik. Das laufend steigende Sozialprodukt hat eine entsprechend höhere Beteiligung der Sozialleistungsempfänger gestattet.

An dem wirtschaftlichen Aufstieg in der Bundesrepublik haben jedoch nicht alle Bevölkerungskreise gleichmäßig teilgenommen. Es waren bisher in erster Linie die im Arbeitsprozeß Tätigen, die sichtbaren Nutzen aus den Erfolgen der sozialen Marktwirtschaft zogen. Es wird das besondere Anliegen der Bundesregierung sein müssen, die Arbeitslosen einzugliedern und dem Bundestag Maßnahmen vorzuschlagen, durch die die wirtschaftliche Lage der Rentner, Invaliden, Waisen und Hinterbliebenen weiter verbessert wird. Dieses Ziel muß auf zwei Wegen erreicht werden; erstens durch eine weitere Erhöhung des Sozialprodukts, zweitens durch eine umfassende Sozialreform.

Die Erhöhung des Sozialprodukts ist nicht nur eine wirtschaftspolitische, sondern zugleich auch eine sehr wichtige sozialpolitische Aufgabe. Jedes weitere Ansteigen des Sozialprodukts gestattet auch eine entsprechend höhere Berücksichtigung der Sozialleistungsempfänger. Es liegt im eigensten Interesse der sozial Schwachen, daß hierbei nicht die produktiven Elemente des Wirtschaftslebens geschwächt werden, weil sie davon durch Rückgang der sozialen Leistungen getroffen würden. Eine Umschichtung innerhalb des Sozialhaushalts ist nicht nur vertretbar, sondern notwendig, um manchen Schichten mehr helfen zu können, als das bisher möglich war. Diesem Ziele dienen die von der ersten Bundesregierung bereits eingeleiteten Vorarbeiten für die Durchführung einer Sozialreform. Die neue Bundesregierung wird diese Vorarbeiten energisch fördern und ein umfassendes Sozialprogramm vorlegen.

Ich hatte bereits an anderer Stelle von den Erfolgen der sozialen Marktwirtschaft gesprochen. Sie spiegeln sich in der Erhöhung des Lebensstandards nahezu aller Arbeitnehmer wider. Ich erblicke darin auch eine der Voraussetzungen für eine günstige Entwicklung der Beziehungen der Sozialpartner zueinander. Die Bundesregierung ist der Auffassung, daß sich das Prinzip der sozialen Selbstverwaltung in den vergangenen Jahren bewährt hat. Sie vertraut darauf, daß die Sozialpartner in verantwortungsbewußter Zusammenarbeit auch in Zukunft einen Ausgleich der Interessen ohne Erschütterung der Wirtschaft und ohne Störung der Allgemeinheit durch größere Arbeitskämpfe finden werden.

Es ist der dringende Wunsch und die Hoffnung der Bundesregierung, daß die Gewerkschaften im Interesse von Arbeiterschaft und Volk einen unabhängigen und positiven Weg gewerkschaftlicher Arbeit gehen. Die Bundesregierung denkt nicht daran, die Unabhängigkeit der Gewerkschaften anzutasten. Sie erwartet aber auch, daß die Gewerkschaften selbst parteipolitische Unabhängigkeit und Toleranz als ihre Grundlage achten. Deshalb wünscht die Bundesregierung, daß die im Gange befindlichen Bemühungen verantwortungsbewußter Gewerkschaftler zur Überwindung bestimmter Krisenerscheinungen der letzten Zeit führen werden.

Das Ergebnis der Bundestagswahl, meine Damen und Herren, läßt den Schluß zu, daß die Vertriebenen sich in immer stärkerem Maße als in das Leben der Bundesrepublik eingegliedert betrachten. Diese Entwicklung verpflichtet die Bundesregierung um so mehr, alles daran zu setzen, diese Eingliederung der Vertriebenen und Flüchtlinge in verstärktem Maße fortzuführen und vorhandene oder sich noch ergebende Unvollkommenheiten möglichst zu beseitigen. Das Bundesvertriebenengesetz, die Magna Charta der Vertriebenen und Flüchtlinge, wurde noch von dem ersten Bundestag verabschiedet. Nunmehr gilt es, die mit diesem Gesetz geschaffenen rechtlichen und finanziellen Möglichkeiten auszuschöpfen.

Die besondere Aufmerksamkeit der Bundesregierung wird weiterhin der Schaffung selbständiger Existenzen in Handwerk, Gewerbe, Industrie und Landwirtschaft gelten müssen. Die Erhaltung der Lebenskraft der mittel- und ostdeutschen Bauern ist eine Voraussetzung des Erfolges der auf die Wiederherstellung Deutschlands in Einheit und Freiheit gerichteten Politik der Bundesregierung! Die Bundesregierung wird daher gemeinsam mit den Ländern bestrebt sein, die aus der Landwirtschaft kommenden Vertriebenen und Flüchtlinge seßhaft zu machen. Hier liegen große Aufgaben vor uns. Alle Bemühungen, auf dem Wege der inneren Kolonisation neuen Siedlungsraum zu gewinnen, sollten die größtmögliche Unterstützung des Bundes finden.

Neben den Heimatvertriebenen und Flüchtlingen darf nicht die Vielzahl der Heimkehrer, der Kriegssachgeschädigten und der Evakuierten vergessen werden. Die Bundesregierung wird ihre Bemühungen fortsetzen, diesen Opfern des Krieges unter Ausschöpfung aller ihr zur Verfügung stehenden Möglichkeiten eine weitgehende Förderung zu sichern.

Von der Entwicklung der Verhältnisse sind aber nicht nur bestimmte Gruppen der Bevölkerung, sondern auch bestimmte Teile des Bundesgebietes besonders stark betroffen. Die Bundesregierung wird diesen Notstandsgebieten, die sich besonders an der östlichen Grenze des Bundesgebietes, der Zonengrenze sowohl wie der Landesgrenze befinden, ihre besondere Aufmerksamkeit zuwenden.

Die Förderung des Wohnungsbaus wird von der Bundesregierung wie schon bisher als eine Aufgabe von ganz besonderer Bedeutung und Dringlichkeit angesehen und entsprechend behandelt werden. In den vergangenen vier Jahren sind annähernd sieben Millionen Deutsche in der Bundesrepublik wieder zu einer eigenen Wohnung und zu einem eigenen Heim gekommen, zu einem großen Teil Vertriebene, Ausgebombte und Evakuierte. Die Leistungen im Wohnungsbau waren sehr viel höher, als im Jahre 1949 angenommen wurde. Dennoch ist die Wohnungsnot noch sehr groß. Die Bundesregierung wird daher weiter bestrebt sein, die Menschen aus den noch vorhandenen Notunterkünften herauszunehmen und neben den unmittelbar von den Kriegsfolgen Betroffenen in steigendem Umfang auch den Hunderttausenden übrigen Wohnungssuchenden, insbesondere den jungen Ehepaaren, zu einer eigenen Wohnung zu verhelfen. Auch die Qualität der Wohnungen muß gehoben und der Bau von familiengerechten Wohnungen stärker gefördert werden. Um ein gesundes Familienleben zu stärken und seine ideellen Werte unserer heranwachsenden Jugend zu geben, wird die Bundesregierung in den nächsten Jahren in erster Linie den Bau von Eigenheimen, Kleinsiedlungen und Eigentumswohnungen fördern.

Die umfassenden Aufgaben auf dem Gebiete des Wohnungsbaues und der Wohnungswirtschaft können Bund und Länder allein nicht lösen. Dem Einsatz öffentlicher Mittel aus dem Steueraufkommen sind Grenzen gesetzt. Es muß daher das Privatkapital noch mehr als bisher für den Wohnungsbau interessiert werden. Schon aus diesem Grunde und zur Erhaltung des durch den Krieg verschonten Wohnungsbestandes müssen auch im Wohnungsbau die Grundsätze der sozialen Marktwirtschaft Schritt für Schritt immer mehr zur Geltung kommen.

Finanz- und Wirtschaftspolitik, meine Damen und Herren, lassen sich in ihren Grundzügen nicht voneinander trennen. Ohne eine gesunde Finanzpolitik, die die Währung stabil hält, den Sparwillen ermutigt, so zur Kapitalbildung beiträgt und das Vertrauen zur Übernahme wirtschaftlicher Risiken, die mit jeder wirtschaftlichen Betätigung verbunden sind, schafft, ist ein Gedeihen der Wirtschaft nicht möglich. Umgekehrt ist ohne Gedeihen der Wirtschaft, die für die öffentlichen Kassen die steuerliche Einnahmen bringt, eine gesunde Finanzpolitik nicht möglich. Beide Bereiche der staatlichen Tätigkeit sind so miteinander auf Gedeih und Verderb verbunden, daß, wenn irgendwo, dann hier enge und verständnisvolle Zusammenarbeit nötig ist.

Auf beiden Gebieten waren die entscheidenden Tatsachen die Schaffung der Deutschen Mark im Jahre 1948 und das entschlossene Bekenntnis der Bundesregierung zur sozialen Marktwirtschaft im Jahre 1949. Da bei der Bildung der Bundesregierung im Jahre 1949 außenpolitische Fragen, die verschiedener Auffassung hätten unterliegen können, noch nicht akut waren, war die Entscheidung, ob soziale Marktwirtschaft oder Planwirtschaft, gleichzeitig die Entscheidung der Frage, ob eine Regierung unter Einschluß der Sozialdemokratie zu bilden sei oder nicht. Nun, die Erfolge, die wir seit 1949 auf wirtschaftlichem und finanziellem Gebiet erzielt haben, sind ein überzeugender Beweis dafür, daß es richtig war, eine Regierung, eine Koalition zu bilden, der die Sozialdemokratie nicht angehörte. Die Wähler haben gesehen und am eigenen Leibe erfahren, wie sich bei den meisten Menschen die wirtschaftliche Lage in der sozialen Marktwirtschaft ständig gebessert hat. Die Steigerung der deutschen Industrieproduktion von 55,5% im zweiten Vierteljahr 1948 auf 156,5% im zweiten Vierteljahr 1953, gemessen an den Zahlen von 1936, kennzeichnet einen Aufbau, der viele neue Arbeitsplätze geschaffen und die Versorgung aller Schichten wesentlich verbessert hat. Der deutsche Außenhandel hat seit der Währungsreform mit einer Vervierfachung seiner Umsätze einen Stand erreicht, der nach Jahren völliger Lähmung unsere Ernährung und Rohstoffversorgung von den Weltmärkten sichert. Der deutsche Export konnte in der gleichen Zeit um das Siebenfache gesteigert werden.

Die Bundesregierung wird nicht auf den errungenen Lorbeeren ausruhen. Sie wird sich nicht darauf beschränken, das Erreichte zu stabilisieren, sondern sie wird auf dem von ihr beschrittenen und vom deutschen Volke gebilligten Weg fortschreiten. Ihr Ziel ist die weitere Ausdehnung und Intensivierung unserer Wirtschaft in einem maßvollen und gesunden Wachstumstempo.

Die soziale Marktwirtschaft, meine Damen und Herren, ist ein Torso, solange sie auf das Inland beschränkt bleibt. Wie bei uns der Abbau der Zwangswirtschaft ungeahnte Kräfte frei gemacht hat, so wird auch die internationale Wirtschaft einen bedeutsamen Aufschwung nehmen, wenn die vielen Fesseln und Hemmnisse, die heute noch bestehen, beseitigt werden. Die Bundesregierung wird deshalb alles tun, um in Zusammenarbeit mit anderen Ländern die Umtauschbarkeit der Zahlungsmittel zu erreichen, den zwischenstaatlichen Waren- und Dienstleistungsverkehr zu erleichtern und die Exportsubventionen, die den Wettbewerb zwischen den Völkern verfälschen, einzuschränken.

In erster Linie ist die europäische wirtschaftliche Integration unerläßlich. Die Bundesregierung ist von der Notwendigkeit, die Arbeiten des Europäischen Wirtschaftsrats fortzusetzen, überzeugt. Sie ist der Ansicht, daß insbesondere in Europa die Befreiung der gegenseitigen Wirtschaftsbeziehungen von allen kleinlichen Beschränkungen die Integration fördern und die Voraussetzung für die Hebung des allgemeinen Lebensstandards schaffen wird. Die Europäische Zahlungsunion muß fortgesetzt werden, bis ihr eigentliches Ziel, die Konvertibilität der Währungen, erreicht ist. Die Bundesregierung wird auch weiterhin die Bestrebungen des Europäischen Wirtschaftsrats unterstützen, die Produktion unter Beibehaltung der inneren finanziellen Stabilität auszuweiten. Wie bisher werden die Mittel des Sondervermögens, das aus der amerikanischen Hilfeleistung vor allem hervorgegangen ist, in erster Linie dort zu verwenden sein, wo der freie Kapitalmarkt in Westdeutschland und West-Berlin noch nicht in der Lage ist, die insbesondere für die Investitionen erforderlichen Mittel aufzubringen.

Wenn sich auch der deutsche Außenhandel auf 33,1 Milliarden D-Mark Umsatz im Jahre 1952 erweitert hat, so darf doch nicht vergessen werden, daß wir damit noch nicht wieder den Anteil am Welthandel erreicht haben, den Deutschland früher besessen hat. Die weitere Entwicklung unseres Außenhandels stößt allenthalben auf Grenzen, und wir sind uns bewußt, daß wir auf die Schwierigkeiten und unterschiedlichen Verhältnisse in anderen Ländern Rücksicht nehmen müssen. Wenn wir uns bemühen, unsere Handelsbeziehungen zu dem Ausland weiter zu vertiefen und die binnenwirtschaftliche Entwicklung auszudehnen, werden wir darauf achten, daß in stärkerem Maße als bisher auch die mittleren und kleinen Unternehmungen sich daran beteiligen können.

Die Bundesregierung will diese ihre Ziele nicht so sehr durch neue Gesetze und Verordnungen erreichen als durch den verstärkten Appell an den persönlichen Wagemut, an die Willenskraft und die Schaffensfreude, an die Tüchtigkeit des deutschen Unternehmers, des Arbeiters und des Bauern. Es sind nicht in erster Linie die materiellen, sondern es sind die moralischen und ethischen Kräfte, die unsere Welt zum Höheren entwickeln. Es hat deshalb für uns eine entscheidende Bedeutung, daß wir uns auf die Pflichtauffassung und Arbeitswilligkeit des deutschen Arbeiters verlassen können, und wir müssen alles tun, um die guten Anlagen und die Tüchtigkeit des deutschen Facharbeiters zu stärken. Dies gilt nicht nur für den Facharbeiter in der Industrie, sondern besonders auch im Handwerk und in der Landwirtschaft. Der Ausbildung und der Förderung des Facharbeiters und der Schulung zusätzlicher Arbeitskräfte muß in Zukunft das größte Gewicht beigemessen werden, weil wir sonst sehr bald vor einem empfindlichen Mangel an ausgebildeten Kräften stehen werden.

Für den Einsatz aller wirtschaftlichen Kräfte muß ein gesunder Wettbewerb gewährleistet sein. Die Freiheit in der sozialen Marktwirtschaft erstreckt sich nach zwei Seiten: sie bedeutet Freiheit vor der Übermacht des Staates, aber auch Freiheit vor den Gruppeninteressenten. Das Interesse nur einer Gruppe von Wirtschaftenden hat hinter dem Gesamtinteresse zurückzustehen. Der Schutz, den der Staat einer bestimmten Wirtschaftsgruppe zuerkennt, darf nicht dazu führen, daß sie sich dem allgemeinen Wettbewerb völlig entzieht. In diesem Sinne sind auch die Bestrebungen zu prüfen, einzelne Wirtschafts- und Berufskreise schärfer abzugrenzen und voneinander abzuschnüren. Gerade durch eine immer engere Verflechtung der lebendigen Kräfte in der Wirtschaft wird die Aufwärtsentwicklung gefördert.

Nach der Sorge für den Menschen wird es das wichtigste Ziel unserer Wirtschaftspolitik sein, die industriellen Werke zu modernisieren und die Erzeugung zu rationalisieren, damit wir zu einer Verbilligung kommen. Es handelt sich hierbei, meine Damen und meine Herren, um ein sehr ernstes und dringendes Problem. Erneuerung und Modernisierung, Rationalisierung, Ausbildung von hochqualifizierten Facharbeitern sind vordringlich, schon um unseren jetzigen Stand zu halten, geschweige ihn zu steigern. Die Bestrebungen zur Vereinfachung und Verbilligung dürfen sich nicht auf die Produktion beschränken; sie müssen sich auf das Verkehrswesen und auf die Verteilung der produzierten Güter erstrecken. Schließlich wird mehr als bisher ein besonderes Gewicht auf die Erfordernisse der Märkte zu legen sein. Denn die Gewinnung neuer Käuferschichten und die Pflege des Absatzes muß mit der Erhöhung der Produktion Schritt halten. Vor allem aber muß sichergestellt werden, daß Kosten- und Preissenkungen auch in vollem Umfang dem Verbraucher zugute kommen. Darin muß sich der soziale Charakter der Marktwirtschaft erweisen.

Es wäre ein Fehler, all die erwähnten Maßnahmen etwa nur in den Großunternehmungen durchzuführen. Die Bundesregierung faßt den Auftrag ihrer Wähler so auf, daß sie in besonderem Maße auch den mittleren und kleineren Unternehmungen Möglichkeiten geben muß, durch Rationalisierung ihrer Betriebe und Förderung ihres Absatzes im Wettbewerb mit den großen zu bestehen. Die Bundesregierung mißt der Entwicklung dieser Betriebe deshalb eine besondere Bedeutung bei, weil sie eine gesunde Mischung zwischen den Betriebsgrößen für erforderlich hält und weil gerade in den kleineren Betrieben der schöpferischen Phantasie und dem Vorwärtsstreben des einzelnen Gelegenheit zur Entwicklung gegeben ist.

Auf die Notwendigkeit einer gesunden Finanzpolitik habe ich schon hingewiesen; ich füge folgendes hinzu. Die Bundesregierung hat in den Jahren 1949 bis 1953 finanzpolitisch sich zur Aufgabe gesetzt, die Mittel für die notwendigen Ausgaben des Staates — Wiederaufbau, Erfüllung der Verpflichtungen gegenüber dem Ausland, Erfüllung der sozialpolitisch notwendigen Leistungen — aufzubringen, die Lasten hierbei so abzuwägen, daß das Erstarken der deutschen Wirtschaft nicht gestört wird, bei allem aber den Grundsatz aufrechtzuerhalten, daß die junge deutsche Währung nicht durch eine ungesunde Finanzpolitik gefährdet wird und daß deshalb grundsätzlich die laufenden Ausgaben durch laufende Einnahmen zu decken sind.

Der deutsche Wähler hat diese Finanzpolitik in den Wahlen vom September 1953 in seiner großen Mehrheit gebilligt. Die Bundesregierung wird diese Finanzpolitik fortführen. Die Bundesregierung ist sich dabei bewußt, daß die Steuerlast des deutschen Volkes sehr hoch ist und daß es Ziel der Finanzpolitik sein muß, die Voraussetzungen dafür zu schaffen, daß diese Steuerlast gemindert werden kann. Ein erster Schritt auf diesem Weg ist die Gesetzgebung des Jahres 1952/53 gewesen. Die Bundesregierung ist gewillt, diesen Weg weiterzugehen. Sie muß allerdings betonen, daß jede Steuerreform, die eine Minderung der Steuerlasten zum Ziel hat, nur unter der Voraussetzung durchgeführt werden kann, daß die finanzielle Ordnung im Staatshaushalt trotzdem aufrechterhalten bleibt und jede Gefährdung der Währung durch steigende schwebende Verschuldung unterbleibt. Voraussetzung einer Steuerreform, die gleichzeitig eine Steuerminderung sein will, ist daher eine vorsichtige Ausgabenpolitik, Beschränkung auf die notwendigen Ausgaben.

Eine organische Steuerreform setzt gleichzeitig Klarheit über die Finanzverfassung des Bundes voraus. Die Bundesregierung hat die Vorarbeiten für eine Gesetzgebung auf Grund des Art. 107 des Grundgesetzes bereits seit langem in Angriff genommen. Sie hat eine Studienkommission, zusammengesetzt aus Vertretern des Bundes und der Länder, gebildet, die sich gutachtlich zu allen grundsätzlichen Fragen äußern soll, die eine Finanzreform aufwirft. Es sind dies die Fragen einer Neuverteilung der Steuerquellen, einer Umgestaltung des Finanzausgleichs unter den Ländern, einer klaren Scheidung der Aufgabenkreise von Bund und Ländern. Die Bundesregierung hofft, daß die eingesetzte Kommission noch in den nächsten Wochen ihre Arbeit beendet hat und daß dann die entscheidenden Besprechungen mit den Ländern beginnen können.

Die Finanzpolitik der letzten Jahre hat die Voraussetzung dafür geschaffen, daß der Sparer damit rechnen kann, daß er etwa erworbene langfristige Wertpapiere aller Art jederzeit auf einem kauffreudigen Markt ohne Kursverlust wieder absetzen kann. Die Bundesregierung hat sich durch steuerpolitische Maßnahmen darum bemüht, die Wirtschaft in die Lage zu versetzen, dem Erwerber von Dividendenpapieren angemessene Erträgnisse zu gewähren. Ob und inwieweit diese Maßnahmen zu verstärken sind, unterliegt zur Zeit der Prüfung. Die Entwicklung des letzten Jahres hat bewiesen, daß das Vertrauen des deutschen Sparers gewonnen ist, daß sich Sparkapital bildet. Der Absatz der Wertpapiere — und unter diesen vor allem der festverzinslichen — hat sich erheblich gebessert. Es darf gehofft werden, daß die Voraussetzungen für die Entwicklung eines leistungsfähigen Kapitalmarktes geschaffen sind und mit dem Anwachsen eines solchen Kapitalmarktes mehr und mehr gerechnet werden kann. Die Bundesregierung prüft die Gesetzgebung zur Förderung des Kapitalmarktes dahin, ob nicht steuerliche Maßnahmen, die diese Entwicklung beschleunigen, getroffen werden können. Ist dieses Ziel, einen Kapitalmarkt zu schaffen, erreicht, dann wird die Bundesregierung bemüht sein, an Stelle der öffentlichen Investitionen, die zum Teil aus steuerlichen Einnahmen getragen werden müssen, wieder den natürlichen Weg der Investitionen durch den privaten Kapitalmarkt zu gehen. Das würde eine Entlastung des Steuerzahlers zur Folge haben und die Voraussetzungen für eine Minderung der Steuerlast schaffen. Die Bundesregierung erwartet, daß damit auch die Voraussetzungen geschaffen werden, um neue vor ihr stehende finanzpolitische Aufgaben zu bewältigen.

Die Bundesregierung muß sich gleichzeitig bemühen, die Mittel aufzubringen, um die Aufgaben, die im außerordentlichen Haushalt jeweils enthalten sind, erfüllen zu können. Bisher war die Bundesregierung gezwungen, die Mittel hierzu durch Aufnahme kurzfristiger Anleihen, also durch schwebende Schulden zu decken. Zur Gesundung der inneren finanziellen Verhältnisse gehört es, daß sich die Bundesregierung bemüht, ein Ansteigen der schwebenden Schuld zu vermeiden und die zur Erfüllung der Aufgaben des außerordentlichen Haushalts notwendigen Mittel durch langfristige Anleihen zu decken.

Über allem steht die absolute Notwendigkeit einer unbedingten Festigkeit unserer Währung. Die Goldreserve der Bank deutscher Länder wächst ständig. Sie hat am 31. August 1953 den Betrag von einer Milliarde DM überschritten. Der Notenumlauf in der Bundesrepublik ist bereits wieder zu 60% durch Gold und Devisen gedeckt.

Ich komme nunmehr zu den Leistungen und der Lage unserer Landwirtschaft. In den vergangenen vier Jahren ist es gelungen, die Ernährung des deutschen Volkes wieder in normale Bahnen zu bringen. Die Landwirtschaft hat ihre Produktionsleistung so gesteigert, daß die Lebensmittelversorgung in der dicht bevölkerten Bundesrepublik zu zwei Dritteln aus der Inlandserzeugung gedeckt wird. Dabei kann unsere Bevölkerung ihre Lebensmittel zu Preisen einkaufen, die unter dem europäischen Niveau liegen. Auf Grund der Leistungen unserer Exportindustrie konnten in steigendem Maße die noch fehlenden Nahrungsmittel im Ausland gekauft werden, so daß der einheimischen Bevölkerung erfreulicherweise gesunde und preiswerte Lebensmittel zur Verfügung standen.

In ruhigen Zeiten werden sich diese ausländischen Nahrungsmittel immer von selbst anbieten. In Krisenzeiten — wir haben das zu unserem Schaden in der Koreakrise erlebt — erkennt man, daß die sicherste Ernährungsquelle das eigene Land ist.

Es muß rühmlich hervorgehoben werden, daß sich die landwirtschaftliche Erzeugung trotz der aus Kriegs- und Nachkriegszeit herrührenden Schwierigkeiten beachtlich gehoben hat. Sie übertrifft die Vorkriegsproduktion heute um 12%. Dabei ist sowohl die Flächenleistung wie die Arbeitsproduktivität gestiegen, und der Wiederaufbau des Produktionsapparats kann als beendet angesehen werden. Diese großen Leistungen sind erzielt worden im Rahmen der Gesetze sowie durch den Ausbau entsprechender handelspolitischer Sicherungen, die auf Grund der Richtlinien erarbeitet wurden, die ich in der ersten Regierungserklärung vor vier Jahren niedergelegt habe. Sie behalten auch heute ihre Gültigkeit.

Daß die Landwirtschaft in den letzten anderthalb Jahren nicht mehr voll an dem allgemeinen Aufstieg teilnehmen konnte, liegt daran, daß zur Zeit der Index der Produktionsmittelpreise, insbesondere für Maschinen und Geräte, beachtlich höher liegt als der Index der Preise für landwirtschaftliche Produkte, beides berechnet auf der Basis von 1938. Hier ist also in Zusammenarbeit mit der Industrie zunächst der Hebel anzusetzen. Es wird Sie freuen zu hören, daß aussichtsreiche Verhandlungen zwischen den beiden Wirtschaftspartnern bereits im Gange sind. Ich möchte dringend wünschen, daß hier bald positive Ergebnisse erzielt werden.

Eine Quelle grundlegender Schwierigkeiten ist die augenblicklich bestehende Agrarstruktur. Von insgesamt 14 Millionen ha landwirtschaftlicher Grundfläche sind noch 7 Millionen ha umlegungsbedürftig; d. h. die Hälfte unserer landwirtschaftlichen Nutzfläche ist so zersplittert, daß eine Mechanisierung zur Steigerung der Arbeitsproduktivität erfolglos bleiben muß. Zahlreiche kleine und mittelbäuerliche Höfe liegen in dicht bebauten Dörfern so eingeengt, daß die Anwendung neuzeitlicher Wirtschaftsmethoden und arbeitsparender Maschinen und Geräte für sie unmöglich ist. Wegen des Mangels an Krediten zu tragbaren Bedingungen können zahlreiche nicht lebensfähige Kleinbetriebe eine Vergrößerung, die sie lebensfähig machen würde, nicht vornehmen. Eine Regelung produktionsstörender wasserwirtschaftlicher Verhältnisse ist dringend nötig. Es müssen rechtzeitige Erbauseinandersetzungen möglich gemacht werden, weil heute die Betriebsleiter in hohem Maße überaltert sind.

Die Änderung dieser Zustände liegt nur in seltenen Fällen in den Händen der Betriebsinhaber selbst. Hier versagen auch meist Schulung und Beratung. Rationalisierung und Mechanisierung bleiben theoretische Forderungen. Die Zahl der Betriebe, die unter diesen Verhältnissen leiden, geht in die Hunderttausende. Es ist deshalb schon aus rein wirtschaftlichen und menschlichen Gründen dringend notwendig, eine Verbesserung der Agrarstruktur zu bewirken, die vor allem auch gesunde Arbeitsverhältnisse schafft.

Aber auch noch aus einem andern sehr wichtigen Grunde müssen diese Aufgaben in Angriff genommen werden. Ich glaube daran, daß wir uns in einer stetigen Entwicklung zu einem vereinigten Europa befinden. Die politische Union ist nicht denkbar ohne die entsprechende wirtschaftliche Integration. Unsere Landwirtschaft wird also genau wie unsere übrige Wirtschaft in gemessener Zeit vor der Tatsache des gemeinsamen europäischen Marktes stehen. Durch Maßnahmen der Selbsthilfe und Staatshilfe muß die Leistungsfähigkeit der deutschen Landwirtschaft in einer entsprechenden Übergangszeit so entwickelt sein, daß sie im europäischen Markt konkurrenzfähig ist. Hier stehen wir vor der größten und schwierigsten agrarpolitischen Aufgabe der nächsten Jahre. Eine richtige und durchgreifende Lösung dieses Problems zu finden, ist geradezu eine Schicksalsfrage für unser Volk und insbesondere unsere Landwirtschaft. Die von seiten des Staates einzuleitenden Maßnahmen werden unsere volle Unterstützung finden.

Besonders möchte ich mich noch an die vertriebenen Bauern wenden. Unsere Hilfsmöglichkeiten sind infolge der dichten Besiedlung und der starken Aufsplitterung des landwirtschaftlichen Besitzes sehr beschränkt. Aber es soll und muß auch hier alles versucht werden — ich habe das eben schon kurz erwähnt —, um auf dem Wege über Kolonisation, Siedlung, Ankauf oder Pacht ihre schwierige Lage zu erleichtern und dafür zu sorgen, daß für den Tag der Wiedervereinigung Deutschlands arbeitsfähige und arbeitswillige Bauern vorhanden sind, die die Landwirtschaft im Osten wiederaufzubauen vermögen.

Ich darf in diesem Zusammenhang darauf hinweisen, daß die landwirtschaftliche Nutzfläche ständig abnimmt. In der Zeit von 1938 bis 1951 einschließlich ist im Bundesgebiet eine landwirtschaftliche Nutzfläche von 74 000 ha und ein Forstareal von 22 000 ha durch Wohnungs-, Industrie- und Verkehrsbauten, militärische Zwecke usw. der Lebensmittelversorgung und den landwirtschaftlichen Betrieben verlorengegangen. Gegenüber dieser Entwicklung hebe ich hervor, daß eine zwangsweise Inanspruchnahme von Land nur auf Grund der in der Verfassung verankerten Rechte möglich ist. Der Art. 14 des Grundgesetzes, der das Eigentum garantiert, wird voll beachtet.

Auf dem Gebiet der Forst- und Holzwirtschaft ist erreicht, daß der Einschlag auf die Höhe des normalen Zuwachses zurückgeführt ist. Die durch den Raubbau der Kriegs- und Nachkriegsjahre entstandenen Kahlschläge sind wiederaufgeforstet. Die Gefahr für den Bestand des Waldes ist damit beseitigt. Es gilt nun, die inländische Holzerzeugung innerhalb und außerhalb des Waldes durch entsprechende Förderungsmaßnahmen zu steigern.

Nachdem in den vergangenen Jahren die wichtigsten gesetzlichen Grundlagen auf dem Gebiete des Verkehrswesens geschaffen worden sind, wird es nunmehr die vordringlichste verkehrspolitische Aufgabe der Bundesregierung sein, die Bereiche der einzelnen Verkehrsträger aufeinander abzustimmen. Das Ziel wird sein müssen, Eisenbahn- und Straßenverkehr, Binnen- und Seeschiffahrt und künftigen Luftverkehr so zu ordnen, daß bestehende Werte erhalten bleiben und zugleich der höchste Nutzen mit dem geringsten Kostenaufwand erreicht wird. Vor allen wirtschaftlichen Erwägungen steht aber für die Bundesregierung die Frage der Sicherheit für den Menschen in dem ständig wachsenden Verkehr. Die steigenden Unfallziffern des Straßenverkehrs werden uns eine ernste Mahnung sein müssen, dem Zustand der Straßen unsere besondere Aufmerksamkeit zuzuwenden sowie die getroffenen Sicherungsmaßnahmen immer wieder auf ihre Richtigkeit zu überprüfen und weiter auszubauen.

Meine Damen und Herren! Zwar hat die Bundesregierung — ich komme zu einem anderen Gebiet — in den vergangenen vier Jahren im Zusammenwirken mit den Ländern ihre Aufmerksamkeit der Förderung der wissenschaftlichen Forschung gewidmet. Zunächst die Länder, dann — nach 1949 — Bund und Länder haben, so gut es ging, versucht, die zerstörten Forschungsstätten wiederherzustellen und wissenschaftliche Arbeiten in gemeinsamem Handeln mit den Vertretern der Wissenschaft zu fördern. Es handelt sich hierbei um Fragen von größter wirtschaftlicher Bedeutung; denn die moderne Wirtschaft beruht auf wissenschaftlicher Forschung. Wir sind trotz aller Mühe, auch trotz der Förderung, die die Wirtschaft der Wissenschaft angedeihen ließ, auf großen Gebieten im Rückstand. Einzelne, für die Zukunft entscheidende Gebiete sind noch kaum bei uns in Angriff genommen. Zur wissenschaftlichen Forschung und Arbeit gehören Menschen, gehört Nachwuchs. Diesen Nachwuchs erhalten wir nur dann, wenn er ausreichende Verdienst- und Lebensmöglichkeiten hat. Ich bezweifle, ob das zur Zeit der Fall ist. Hier werden nicht unerhebliche Verbesserungen nötig sein im Interesse der Wirtschaft und damit des gesamten Volkes.

Die wachsende Überalterung des deutschen Volkes steigt andauernd. Die Verluste während der beiden Kriege sind nur einer der Gründe dieser erschreckenden Erscheinung. Heute stehen 67% der Bevölkerung im produktiven Alter, 9% zählen zu den Alten, 24% stehen im jugendlichen Alter und sind noch nicht arbeitsfähig. Diese Zusammensetzung der Bevölkerung ändert sich stetig zuungunsten des Prozentsatzes der im produktiven Alter Stehenden, weil die Langlebigkeit wächst und die Geburtenzahl abnimmt. Wenn diese Zusammensetzung sich nicht ändert, wenn nicht durch konstante Zunahme der Geburten der Prozentsatz der im produktiven Alter stehenden Personen wächst, werden zunächst die Alten von der geringeren Sozialproduktion, die dann notwendigerweise eintreten muß, betroffen werden. Durch Technisierung und Rationalisierung der Wirtschaft wird man den für unser ganzes Volk im Verlauf einiger Generationen vernichtenden Prozeß nicht aufhalten können. Helfen kann nur eines: Stärkung der Familie und dadurch des Willens zum Kind.

Die ganze Entwicklung unserer Zeit ist der Gründung einer gesunden Familie abträglich. Es handelt sich dabei nicht nur um ein moralisches Problem; es wirken viele Umstände zusammen. Dieser Entwicklung durch eine zielbewußte Familienpolitik entgegenzuwirken, ist ein wesentliches Anliegen der Bundesregierung. Sie wird alles dazu tun, um die Familie zu fördern, denn nur so kann auf natürliche Weise den Gefahren gesteuert werden, die sich aus der jetzigen Lage für das Volksganze ergeben. Das Gewicht, das die Bundesregierung den bezeichneten Aufgaben beimißt, kommt darin zum Ausdruck, daß ein Ministerium gebildet wird, das sich eigens nur ihrer annimmt.

Der Rahmen für die Entfaltung eines gesunden Familienlebens ist das Heim. Ich wiederhole, was ich schon vorhin gesagt habe: Die Bundesregierung wird es sich besonders angelegen sein lassen, familiengerechte Wohnungen durch Erstellung von Eigenheimen, Kleinsiedlungen und Eigentumswohnungen zu schaffen. Dabei wird sie großen Wert darauf legen, gerade auch kinderreiche Familien zu Wohnungen kommen zu lassen, die ihrem erhöhten Raumbedarf entsprechen.

Das schon in Angriff genommene, bisher aber offen gebliebene Problem, in welcher Weise den Familien durch Gewährung von Kinderbeihilfen ein gewisser Ausgleich für die besonderen finanziellen Lasten zu gewähren ist, die die Bildung und Vergrößerung der Familie mit sich bringt, soll möglichst bald einer Lösung zugeführt werden. Es handelt sich nicht um eine Frage, die lediglich die in der gewerblichen Wirtschaft tätigen Menschen betrifft; sie erstreckt sich auch auf den Bereich der freien Berufe, der Beamten, Angestellten und der landwirtschaftlichen Bevölkerung.

Mit großem Nachdruck wird sich die Bundesregierung wie bisher der Betreuung der heranwachsenden Jugend widmen, insbesondere durch Maßnahmen, die der Bereitstellung der für den Eintritt aller Jugendlichen in das Berufsleben erforderlichen Arbeitsplätze dienen und die die Ausbildung und Ertüchtigung der Jugendlichen in sonstiger Weise fördern. Die heranwachsenden Kinder der Vertriebenen, die in Gegenden wohnen, in denen es nur begrenzte Ausbildungsmöglichkeiten gibt, werden hier besonders berücksichtigt werden müssen.

In den Rahmen einer solchen Bevölkerungspolitik gehört auch die Förderung der Bildung eines neuen Mittelstandes. Der Begriff Mittelstand, meine Damen und Herren, ist weiter zu fassen als das in der Vergangenheit geschehen ist. Man kann ihn noch nicht abgrenzen; das wird bei dem ständigen Fluß der Entwicklung vielleicht einmal möglich werden. Keinesfalls ist er dem Umfang und dem Inhalt nach mit dem früher so genannten gewerblichen Mittelstand vergleichbar.

Auch die Probleme, die es hier zu lösen gilt, sind nur zum Teil dieselben wie früher. Es handelt sich nicht nur um wirtschaftliche Probleme. Wir müssen unter allen Umständen dafür sorgen, daß eines vermieden wird: das Auseinanderfallen des Volkes in zwei Schichten, in die Schicht der in der Wirtschaft führenden und die Schicht der in Großbetrieben tätigen oder in ihrer Existenz abhängigen Menschen.

Es ist unmöglich, im Rahmen dieser Erklärung auf alle Fragen einzugehen, die in den einzelnen Bundesministerien bearbeitet und sicher im Laufe der nächsten vier Jahre die Bundesregierung, den Bundestag und den Bundesrat beschäftigen werden. Die Bevölkerung der Bundesrepublik kann jedenfalls darauf vertrauen, daß die Bundesregierung in enger Zusammenarbeit mit den Ländern im Rahmen des durch das Grundgesetz geregelten Aufgabenbereiches alles tun wird, um ihren Lebensstand zu heben und ihr ein freies und sicheres Leben zu gewährleisten.

Eine Aufgabe aber, die wir haben, lassen Sie mich, ehe ich zu außenpolitischen Ausführungen übergehe, mit besonderem Nachdruck hervorheben: das ist die Erfüllung der Verpflichtungen, die wir gegenüber Berlin haben. Wir werden diese

Verpflichtungen in vollem Umfange erfüllen. Wir wissen, welche Opfer die Berliner Bevölkerung für Deutschland, für die freie Welt bringt. Berlin kann sich auf die Bundesrepublik verlassen.

Nun, meine Damen und Herren, lassen Sie mich zu außenpolitischen Ausführungen übergehen. Die Außenpolitik der Bundesrepublik wird sich auch weiterhin mit den folgenden zentralen Problemen zu beschäftigen haben: der Herstellung ihrer eigenen Unabhängigkeit, der Wiedervereinigung Deutschlands, dem Zusammenschluß des freien Europas und der Integration Deutschlands in die europäische Gemeinschaft. Voraussetzung für die Herstellung der völkerrechtlichen Unabhängigkeit der Bundesrepublik ist das Inkrafttreten des Deutschland-Vertrages. Die Bedeutung dieses Vertrages liegt in der Beendigung des Besatzungsregimes, der grundsätzlichen Wiedererlangung der deutschen Souveränität, der vertraglichen Verpflichtung der Westmächte, an der Wiedervereinigung Deutschlands mitzuwirken unter Ausschaltung der Möglichkeit einer Einigung der Westalliierten mit der Sowjetunion auf Kosten Deutschlands.

Mit Befriedigung darf ich feststellen, daß unser Verhältnis zur Alliierten Hohen Kommission schon jetzt nicht mehr unter dem Zeichen der Kontrolle und der Bevormundung steht, sondern durch eine vertrauensvolle positive Zusammenarbeit gekennzeichnet ist. Des deutschen Volkes, das in den Bundestagswahlen vom 6. September ein so eindeutiges und unumschränktes Bekenntnis zur bisherigen Außenpolitik der Bundesregierung insbesondere zu den europäischen Integrationsverträgen abgelegt hat, würde sich aber eine tiefe Enttäuschung bemächtigen, wenn das Zustandekommen des gesamten Vertragswerks, zu dem ja auch der Deutschland-Vertrag gehört, immer weiter hinausgezögert würde. Nachdem das deutsche Volk alles getan hat, um den Weg für die Ratifizierung freizumachen, würde es es nicht verstehen, wenn es nicht endlich auch in den Genuß des Status der Unabhängigkeit kommen würde. Ich hoffe, daß man im Ausland für diese Empfindungen des deutschen Volkes Verständnis aufbringt und ihnen Rechnung trägt.

Das oberste Ziel der Bundesregierung bleibt weiterhin die Wiedervereinigung Deutschlands in Frieden und Freiheit. Sie hat deshalb auch das in ihren Kräften Stehende dazu beigetragen, daß eine Viererkonferenz zustande kommt und uns diesem Ziel näher bringt. Dabei ist sich die Bundesregierung durchaus bewußt, daß die deutsche Frage nur ein Teilprogramm der großen Spannung zwischen dem Ostblock und den Staaten der freien Welt ist. Die Sowjetnote vom 28. September muß uns mit tiefer Enttäuschung erfüllen; denn sie läßt nicht erkennen, daß die Sowjetregierung an einer baldigen Lösung der Deutschland-Frage interessiert ist. Wir wollen trotzdem die Hoffnung nicht verlieren, daß sich Sowjetrußland doch noch bereit finden wird, auf einer Viererkonferenz die Frage freier gesamtdeutscher Wahlen und den Status einer gesamtdeutschen Regierung zu erörtern. Mit der Erörterung dieser beiden Fragen muß begonnen werden; denn nur wenn hierüber eine Einigung erzielt wird, die die demokratischen Grund- und Freiheitsrechte des gesamten deutschen Volkes garantiert, ist der Weg zur Wiedervereinigung in Frieden und Freiheit freigegeben.

Unsere Sorge muß unterdessen weiterhin der Bevölkerung der sowjetischen Besatzungszone gelten, die am 17. Juni so überzeugend bewiesen hat, daß ihr Freiheitsbegriff mit dem unsrigen und nicht mit dem der dortigen Machthaber identisch ist. Die materielle Hilfe für unsere Brüder im Osten bleibt eine vordringliche Aufgabe. Durch die Anfang Oktober abgeschlossene Spendenaktion, bei der über fünf Millionen Pakete zur Verteilung gelangten, konnte die dort herrschende Not wesentlich gemildert werden. Es gilt aber, im Hinblick auf den bevorstehenden Winter den mit der alltäglichen Not nach wie vor schwer ringenden Deutschen in der Sowjetzone weiter zu helfen. Die Bundesregierung richtet daher an die Bevölkerung der Bundesrepublik den dringenden Appell, in ihrer Hilfsbereitschaft für die Sowjetzone nicht zu erlahmen und besonders die Liebeswerke der Kirchen und der karitativen Organisationen zu unterstützen. Die Bundesregierung wird von sich aus alles tun, um diese Hilfe des deutschen Volkes so wirksam wie möglich zu gestalten.

Entsprechend den zahlreichen Erklärungen des Bundestags und der Bundesregierung wird das deutsche Volk die sogenannte Oder-Neiße-Grenze niemals anerkennen. Lassen Sie mich aber eines hier mit allem Nachdruck betonen: Die mit der Oder-Neiße-Linie zusammenhängenden Probleme sollen nicht mit Gewalt, sondern ausschließlich auf friedlichem Wege gelöst werden.

Mit großer Genugtuung und mit Freude begrüßt die Bundesregierung die in letzter Zeit erfolgte Entlassung von 5371 deutschen Gefangenen aus der Sowjetunion. Sie weiß sich mit allen Deutschen in der Hoffnung einig, daß nun endlich auch die vielen Tausende noch in der Sowjetunion verbleibenden Gefangenen den Weg in die Freiheit finden und in ihre Heimat zurückkehren können.

Mit Ungeduld warten wir auch auf Regungen der Menschlichkeit in der Sowjetzone. Tausende und aber Tausende Unschuldiger werden zum Teil nun schon seit Jahren in Gefängnissen, Zuchthäusern und Lagern festgehalten. Wir appellieren an die Machthaber in der Zone, die Unschuldigen freizugeben.

In meinen Ausführungen habe ich wiederholt Fragen der europäischen Integration anklingen lassen. Die Politik der Bundesregierung bleibt weiter auf diese Integration ausgerichtet. Die schmerzlichen Erfahrungen, die wir aus der Geschichte Europas in den letzten Jahrhunderten gesammelt haben, haben uns die Gewißheit gebracht, daß der Nationalismus, der die Ursache so vieler Katastrophen gewesen ist, überwunden werden muß. Wir müssen das Leben der europäischen Völker auf wahrhaft neue Grundlagen der Zusammenarbeit an großen praktischen Aufgaben stellen, um den Frieden zu sichern, um Europa wieder zu einem Faktor in Politik und Wirtschaft zu machen. Auf dem Weg zum Zusammenschluß des freien Europas sind bereits wesentliche Schritte getan worden. Die Europäische Gemeinschaft für Kohle und Stahl lebt. Durch die Errichtung des gemeinsamen Marktes für Kohle und Stahl wurde ein wichtiger Schritt zur Beseitigung der Zollschranken und sonstiger nationalstaatlicher Beschränkungen der Wirtschaft getan. Die Hohe Behörde hat es verstanden, in kurzer Zeit die ihr übertragene Stellung einer ersten überstaatlichen Behörde mit Leben und Autorität zu erfüllen. Ein echter Fortschritt im Interesse Europas ist hier erzielt worden.

Die Vorarbeiten für die Schaffung einer europäischen politischen Gemeinschaft schreiten kräftig voran. Die Konferenz der Außenminister-Stellvertreter in Rom in der Zeit vom 22. September bis 10. Oktober hat in wichtigen Fragen eine große Annäherung der Standpunkte erzielt. In anderen bedeutsamen Fragen hat der Meinungsaustausch zu einer Klärung geführt, die, wie ich hoffe, die Beschlüsse der bevorstehenden Konferenz der Außenminister im Haag am 26. November beschleunigen und erleichtern wird. Die Europäische Verteidigungsgemeinschaft nimmt bei den europäischen Integrationsbestrebungen eine besondere Schlüsselstellung ein. Sie ist nicht nur die unerläßliche Voraussetzung für den Frieden in Europa, für den wirkungsvollen Schutz des werdenden Europas, sondern sie ist gleichzeitig auch ein Prüfstein für das Vertrauen der Partner dieser Gemeinschaft untereinander. Ich hege die feste Zuversicht, daß die Ratifizierung des Vertrages über die Europäische Verteidigungsgemeinschaft, der wegen seiner großen Bedeutung und seiner Auswirkungen auf das innerstaatliche Leben der einzelnen Partner des Vertrages naturgemäß eine umfassende Erörterung aller mit ihm zusammenhängenden Probleme erfordert hat, in den kommenden Monaten erfolgt. Das Inkrafttreten dieses Vertrages wird eine Phase engster Zusammenarbeit der Völker der sechs Vertragsstaaten an der lebensentscheidenden Aufgabe der gemeinsamen Verteidigung einleiten. Seien wir uns klar darüber, daß es sich hier nicht nur um den militärischen Schutz, sondern zugleich um ein hervorragendes Mittel der Erziehung zum Europäer handelt.

So wichtig der Bundesregierung auch in Zukunft der Schutz und die Sicherung der Freiheit des deutschen Volkes sein wird und so sehr sie entschlossen ist, den dafür erforderlichen und dem deutschen Volke gerechterweise zumutbaren Verteidigungsbeitrag zu leisten, so entschieden wird sie sich auch im Rahmen der europäischen Integration für die Sicherung der sozialen und wirtschaftlichen Existenz aller Schichten der Bevölkerung einsetzen. Sie wird deshalb der europäischen Zusammenarbeit nicht nur im allgemeinpolitischen, sondern auch im besonderen sozialen Bereich jede Unterstützung zuteil werden lassen, und sie wird auch bei der Entwicklung neuer Wege und Methoden zu diesem Ziel ihre Hilfe leihen; denn die Bundesregierung sieht in der europäischen Gemeinschaft nicht nur eine unerläßliche rechtsstaatliche Form des zukünftigen Zusammenlebens der europäischen Völker, sie erblickt darin auch nicht nur den Rahmen für ihre militärische Sicherheit und ihre allgemeine wirtschaftliche Entwicklung, sondern sie sieht in der europäischen Vereinigung auch die Voraussetzung für die Herstellung eines dauerhaften sozialen Niveaus, das die Existenzbedingungen von Millionen Menschen entscheidend verbessert.

Daß die Bestrebungen zur europäischen Integration, wie sie in der EVG und in der Montan-Union ihren Ausdruck finden, in keinem Widerspruch zur Politik der Wiedervereinigung Deutschlands stehen, habe ich schon wiederholt ausgeführt. Es ist eine Verkennung der realen Möglichkeiten und Gegebenheiten, wenn man einen Gegensatz zwischen der Politik der Wiedervereinigung in Frieden und Freiheit und der europäischen Integration konstruieren will.

Frieden und Freiheit sind nicht möglich ohne Sicherheit. Noch niemand, meine Damen und Herren, der behauptet, zwischen Wiedervereinigung in Frieden und Freiheit und europäischer Integration bestehe ein unlösbarer Widerspruch, hat sein Geheimnis verraten, auf welche Weise und wodurch die Wiedervereinigung in Frieden und Freiheit zustande kommen und gesichert werden soll, als auf dem Wege über die europäische Integration. Es gibt auch keinen anderen Weg zur Wiedervereinigung als diesen durch die europäische Integration, es sei denn, man wäre bereit, auf die Freiheit zu verzichten und ganz Deutschland in die Hände der Sowjetunion zu geben.

Meine Damen und Herren! Es kann kein Zweifel daran bestehen, daß erst der sich anbahnende Zusammenschluß der freien Völker auch die Voraussetzungen dafür geschaffen hat, daß die Sowjets sich überhaupt zu Verhandlungen über die Frage der Wiedervereinigung bereit finden. Gerade die Deutschen aus der sowjetisch besetzten Zone haben uns in dieser Auffassung der Sachlage immer wieder bestärkt. In der europäischen Integration sehen wir eine echte Garantie für die Erhaltung des Friedens. Der EVG-Vertrag schließt einseitige Angriffskriege aus, und zwar nicht nur der Partner untereinander, sondern auch gegenüber dritten, an dem Vertragssystem nicht unmittelbar beteiligten Staaten. Das Vertragssystem der Europäischen Verteidigungsgemeinschaft legt den Partnern eine Beschränkung ihrer Mannschaftsstärke, ihrer Rüstung und ihres Rüstungspotentials auf. Damit ist in diesem System der Ansatzpunkt für ein System der Rüstungsbeschränkung gegeben, wie es Präsident Eisenhower in seiner Rede vom 16. April dieses Jahres vorgeschlagen hat. Wenn die Sowjetregierung guten Willens ist und wirklich den Frieden will, dann können ihr auf der Grundlage dieses Vertragssystems Sicherheitsgarantien geboten werden, die sie etwa noch für nötig halten sollte. Die Bereitwilligkeit, an einem solchen Sicherheitssystem mitzuwirken, ist von der Bundesregierung mehrfach erklärt worden. Diese Bereitwilligkeit bleibt weiterhin bestehen.

Die europäische Integration wird zur Zeit getragen von den Vertragswerken, die die sechs Staaten der Montan-Union und der Europäischen Verteidigungsgemeinschaft verbinden. Das bedeutet nicht, meine Damen und Herren, daß wir die sogenannte kleineuropäische Lösung als Endziel anstreben. Es ist von allen Beteiligten wiederholt zum Ausdruck gebracht worden und in den Verträgen selbst ausdrücklich festgelegt, daß jeder europäische Staat beitreten kann. Wir sind uns klar darüber, daß Staaten, deren Beitritt wir sehnlich wünschen, durch andere Verpflichtungen vorläufig an diesem Schritt gehindert werden. Ich möchte aber hier nicht versäumen, die positive Haltung der britischen Regierung gegenüber dem europäischen Einigungswerk besonders hervorzuheben. Vor sieben Jahren hat Sir Winston Churchill in seiner historischen Züricher Rede Frankreich und Deutschland aufgefordert, sich als Mitglieder der europäischen Familie die Hand zu reichen. Der Glaube an ein vereintes Europa hat seitdem in vielen Herzen Wurzel geschlagen. Großbritannien selbst hat sich an der Arbeit verschiedener europäischer Organisationen intensiv beteiligt, und es besteht begründete Hoffnung, daß es über die bereits mit den EVG-Staaten abgeschlossenen Verteidigungsverträge hinaus durch weitgehende Assoziierung in ein noch engeres Verhältnis zum europäischen Integrationswerk treten wird.

Die Beziehungen der Bundesrepublik, meine Damen und Herren, zu allen freien Völkern der Welt haben sich fortlaufend normalisiert und verbessert. Der Kriegszustand ist auch formal mit fast allen Völkern der westlichen Welt beendet. Mit nahezu allen ihren Regierungen unterhalten wir heute diplomatische Beziehungen.

Ich brauche nicht zu betonen, daß die Beziehungen zu den einzelnen Partnerstaaten der Integrationsverträge, zu Frankreich, Italien, Belgien, Niederlande und Luxemburg sich in den letzten Jahren besonders intensiviert haben. Es mußten hierbei und es müssen noch schwere Hypotheken abgetragen werden, die uns die Vergangenheit auferlegt hat.

Das gilt besonders für unser Verhältnis zu Frankreich. Eine Gemeinschaft der europäischen Völker kann nur auf der Grundlage gesunder deutsch-französischer Beziehungen aufgebaut werden; ihnen wird die Bundesregierung weiterhin ihre besondere Aufmerksamkeit widmen. Die unmittelbare Aussprache mit der französischen Regierung in Verbindung mit einer gründlichen Vorbearbeitung der schwebenden Probleme auf diplomatischem Wege wird schon in Kürze aufgenommen werden. Die Bundesregierung hofft dabei zuversichtlich, daß es in nicht zu ferner Zeit gelingen wird, auch in der Saarfrage im Geiste der europäischen Zusammenarbeit eine annehmbare Regelung zu finden.

In ganz besonderem Maße haben sich unsere Beziehungen zu den Vereinigten Staaten intensiviert. Wie alle Völker der freien Welt schulden wir den Vereinigten Staaten Dank dafür, daß sie, ihrer großen Aufgabe bewußt, alles in ihren Kräften Stehende tun, um mit den großen Machtmitteln, die sie besitzen, unsere Freiheit zu schützen und überall in der Welt die Kräfte zu stärken, die mit unseren Auffassungen von Demokratie und Recht übereinstimmen. Wir schulden den Vereinigten Staaten aber auch Dank für die große Hilfsbereitschaft, die sie in Vergangenheit und Gegenwart dem deutschen Volk und nicht zuletzt unseren tapferen Brüdern und Schwestern in der Ostzone erwiesen haben.

Dieser Dank gilt auch der britischen Regierung, die in den letzten Jahren für die deutschen Probleme so viel Verständnis gezeigt hat und durch ihre positive Haltung einen wirksamen Beitrag zum Aufbau Europas leistet.

Ich komme zum Schluß, meine Damen und Herren. Die Außenpolitik der Bundesregierung ist in allen ihren Bestrebungen ausschließlich darauf gerichtet, für die vielen Probleme, die uns Gegenwart und Zukunft stellen, Lösungen zu suchen, die dem friedlichen Ausgleich dienen. Meines Erachtens gibt es kein Problem, und sei es noch so kompliziert und schwer, für das nicht mit den Mitteln der Verhandlung eine weitaus dauerhaftere Regelung erreicht werden könnte als mit den Mitteln der Gewalt, aus der, wie uns die Vergangenheit lehrt, nur immer neue Konflikte geboren werden. Dies gilt in erster Linie für den großen Ost-West-Konflikt. Deutschland wird alles in seinen Kräften Stehende tun, um zusammen mit allen denen, die guten Willens sind, an einer Entspannung und friedlichen Bereinigung mitzuwirken. Denn, meine Damen und Herren, ich glaube, ich kann sagen, wir alle sind fest davon überzeugt, daß die Menschen dieser Erde, seien es nun Deutsche, Amerikaner, Engländer, Franzosen oder Russen, nichts heißer ersehnen als einen dauerhaften Frieden.

Regierungserklärung vom 29. Oktober 1957
Bundeskanzler Dr. Adenauer

Herr Präsident! Meine Damen und meine Herren! Das deutsche Volk hat in der Bundestagswahl am 15. September dieses Jahres die Grundsätze, nach denen die damalige Mehrheit des Bundestages und die vom Vertrauen dieser Mehrheit getragene Bundesregierung die Politik geführt haben, mit klarer Mehrheit gebilligt. Den uns dadurch erteilten Auftrag werden wir durchführen, die Koalition im Bundestag und die neue Bundesregierung, die soeben den Eid auf das Grundgesetz abgelegt hat.

Ich hoffe, daß in entscheidenden Fragen, die das Wohl und Wehe des gesamten Volkes berühren, namentlich auch in Fragen der Außenpolitik, eine gemeinsame Arbeit mit den in Opposition stehenden Fraktionen sich ermöglichen läßt, weil doch nach unser aller Überzeugung das Wohl des gesamten Volkes über dem Wohle einer Partei steht.

Die kommenden vier Jahre, meine Damen und Herren, werden voraussichtlich auf politischem, insbesondere außenpolitischem wie auf wirtschaftlichem Gebiete schwierige Situationen bringen. Ich will nicht in schwarz malen und insbesondere ausdrücklich betonen, daß ich an die Erhaltung des Friedens glaube. Aber es wird Störungen geben, größeren oder geringeren Ausmaßes; und es wird der ganzen Einigkeit, Geschlossenheit und Stärke des Westens bedürfen, um diese Störungen sich nicht in gefährliche Differenzen auswachsen zu lassen.

Ein wohl für jeden erkennbares Symptom der Lage ist das Raketenwettrennen zwischen Sowjetrußland und den Vereinigten Staaten. Auch bei dem Entsenden des Erdsatelliten durch Sowjetrußland ist zunächst das Funktionieren der Rakete, die ihn in seine Höhe getragen hat, das Wichtige. Ich hoffe, daß bei dieser Entwicklung, bei diesen Vorgängen die Verpönung des Wortes von der Stärke des Westens, zu der auch wir beitragen müssen, verstummt.

Die klare Mehrheit der Wähler bei der Bundestagswahl vom 15. September, die, wie ich betonen möchte, sich durch alle Schichten und Berufe, durch alle Lebensalter hindurchzog, hat bewiesen, daß die Wähler, auch wenn sie nicht alle sogenannten Feinheiten der Politik beherrschen, doch eine klare Erkenntnis des Wesentlichen haben. Sie haben sich gegen die Allmacht des Staates, gegen Kollektivismus ausgesprochen. Sie haben sich ausgesprochen für das gesunde Prinzip, daß ein Volk, solange eine unmittelbare Bedrohung seiner Freiheit besteht, alle Vorkehrungen treffen muß, damit es seine Freiheit und Unabhängigkeit behält.

Die Mehrheit des 15. September wollte auch eine Politik des Maßhaltens in der Wirtschaftspolitik. Niemand in der Welt kann behaupten, daß es dem deutschen Arbeiter schlecht gehe. Im Gegenteil! In meiner Gegenwart hat ein Arbeitnehmer in Recklinghausen, der dort eine Versammlung leitete, unter großem Beifall der hauptsächlich aus Arbeitnehmern bestehenden Versammlung in seiner Ansprache erklärt, es sei den deutschen Arbeitern noch niemals so gut gegangen wie jetzt, sie wollten keine Störung der wirtschaftlichen Lage.

Ich hoffe, meine Damen und Herren, daß die gröbste, aber notwendige Arbeit nun hinter uns liegt, daß wir in den kommenden vier Jahren in einem vernünftigeren Tempo arbeiten können und daß wir den Perfektionismus aus unseren Räumen und Sälen verbannen.

Ich hoffe auch, daß der Andrang der Interessenten und mancher Interessentenverbände auf Sie, meine Damen und Herren, und auf uns nachläßt. Es wird das nur dem allgemeinen Besten dienen; es wird allen, auch den Interessenten selbst, zugute kommen.

Die neue Bundesregierung wird wie die vorangegangene getragen sein von der Koalition der CDU/CSU und der Deutschen Partei. Die CDU/CSU hat, eindrucksvoller noch als im vergangenen Bundestag, wieder die absolute Mehrheit erhalten.

Wir freuen uns aber, daß unsere Freunde und Partner aus der Deutschen Partei, mit denen wir schon seit acht Jahren zusammengearbeitet und mit denen wir uns über das Regierungsprogramm der kommenden vier Jahre voll verständigt haben, mit uns die Verantwortung teilen.

Die Bundesregierung weiß, daß ihr mit dem Vertrauensbeweis, den ihr die Mehrheit des deutschen Volkes auf Grund der bisherigen Politik gegeben hat, eine schwere Verantwortung auferlegt worden ist. Es ist daher nötig, daß wir uns, soweit das überhaupt möglich ist, zu Beginn unserer neuen Arbeit Rechenschaft darüber ablegen, wo die Schwerpunkte unserer künftigen Arbeit liegen müssen.

Ich möchte aber zuvor einige Ausführungen über Änderungen in der Organisation der Bundesregierung machen. Die Notwendigkeit der organisatorischen Änderungen ergab sich zwangsläufig aus Änderungen des Arbeitsstoffs. Sie ergab sich ferner aus den Erfahrungen, die wir in den vergangenen acht Jahren gemacht haben. Meines Erachtens muß ein Bundesministerium für den Bundesminister nicht nur klar überschaubar sein, er muß auch das Ministerium mit seiner Auffassung erfüllen. Er trägt gegenüber dem Bundeskanzler die Verantwortung. Er muß ferner die Zeit haben, seine Auffassungen nicht nur vor dem Kabinett, dem Parlament und dessen Ausschüssen, sondern auch vor der Öffentlichkeit zu vertreten. Es gehört nicht zu seinen Obliegenheiten, die Bundesregierung auf jeder Tagung von Verbänden — oft nur rein repräsentativ — zu vertreten. Hinzu kommt, daß er wegen der immer engeren Beziehung der europäischen und der nichteuropäischen Staaten untereinander häufiger als früher Auslandsreisen machen muß. Ich halte aber auch die nahezu regelmäßige Anwesenheit der Bundesminister in den Kabinettssitzungen für notwendig. Die Kabinettssitzungen müssen die zentrale Stätte für die Tätigkeit der Bundesregierung bleiben. Wenn Sie, meine Damen und Herren, mir in dieser Auffassung von der Stellung und den Pflichten eines Bundesministers folgen, so werden Sie mir darin beipflichten, daß die Bundesministerien einen bestimmten Umfang nicht überschreiten dürfen.

Ein weiteres Moment gehört in diese Ausführungen über die Organisation hinein. Die Zuständigkeiten eines Ministeriums berühren vielfach die Zuständigkeiten eines anderen. Das läßt sich nicht vermeiden; denn die zu ordnenden Tatbestände fragen nun einmal nicht nach der Zuständigkeit eines Ministeriums. Aber Überschneidungen der Zuständigkeit, die Doppelarbeit und Reibung verursachen, sollten bei der Organisation der Bundesregierung auf Grund der bisher gemachten Erfahrungen vermieden werden.

Erlauben Sie mir, hier eine vielleicht etwas freimütige allgemeine Bemerkung zu machen. Zu meinem Erstaunen habe ich noch nie einen Minister gefunden, der gern und freudig aus seinem Geschäftsbereich an einen anderen Minister etwas abgibt. Ich, meine Damen und Herren, gebe wirklich gern Arbeit ab. wenn ich annehmen kann, daß sie ein anderer verständig, wenn auch in anderer Weise als ich, macht, — meine Herren, verstehen Sie wohl: verständig, wenn auch in anderer Weise als ich, macht.

Aber nun ein etwas respektloser Vergleich! Ein Ministerium ist ähnlich wie ein Polyp, der sicher oft gegen die Absichten seines Ministers seine Polypenarme ausstreckt, um immer mehr zu bekommen.

Ich habe mir erlaubt, diese langen Ausführungen zu machen, weil eine gute Grundorganisation notwendig ist für eine gute, reibungslose und sparsame Arbeit. Ich habe nicht die Überzeugung, daß ich jetzt schon überall das Richtige getroffen habe, und ich muß mir vorbehalten, notfalls weitere organisatorische Änderungen vorzunehmen.

Einige der vorgenommenen organisatorischen Änderungen möchte ich Ihnen darlegen.

Zweifellos sind die überlastetsten Ministerien das Außenministerium, das Innenministerium, das Finanzministerium und das Wirtschaftsministerium. Es besteht auch nicht viel Aussicht, daß die Arbeit dieser Ministerien in den kommenden Jahren geringer wird. Beim Außenministerium kann man nur durch eine Vermehrung der leitenden Stellen im Amte selbst helfen.

Man kann es ferner dadurch, daß man den an sich verständlichen Grundsatz, der insbesondere von der Bürokratie des Auswärtigen Amts vertreten wird, alle Verhandlungen mit ausländischen Stellen müßten durch oder über das Auswärtige Amt gehen, nicht zu dogmatisch auffaßt.

Die Arbeitslast des Innenministeriums kann einem ernstlich Sorge machen. Obwohl es einen guten Minister und zwei gute Staatssekretäre hat, wird ihm in den kommenden vier Jahren eine so große Aufgabe gestellt werden, daß es schwer sein wird, sie zu bewältigen. Eine kleine Entlastung wird es dadurch erfahren, daß die Sorge für die Jugend von ihm auf das Ministerium für Fragen der Familie übertragen wird. Dieses Arbeitsgebiet gehört auch organisch zu diesem Ministerium.

Außerordentlich stark belastet sind das Finanzministerium und das Wirtschaftsministerium. Zu den großen laufenden Arbeiten des Finanzministeriums tritt diesmal noch eine echte Steuer- und Finanzreform hinzu. Unter einer echten Reform verstehe ich nicht das Einschieben des einen oder anderen Paragraphen, Litera x, y, z, in ein vorhandenes Gesetz; meines Erachtens muß auf Grund der Entwicklung seit 1949, auf Grund der gemachten Erfahrungen, auch auf Grund der Erfahrungen, die wir mit unseren Steuergesetzen auf wirtschaftlichem und soziologischem Gebiet gemacht haben, eine gründliche und in die Tiefe gehende Nachprüfung stattfinden, durch die der Finanzminister und sein Ministerium stark in Anspruch genommen werden.

Auch das Wirtschaftsministerium wird in einzelnen Teilen stark überlastet sein. Die Aufrechterhaltung der Höhe der Zahl der Beschäftigten, die durch unüberlegte Lohnforderungen beeinträchtigt werden kann, erfordert viel Kraft. Das gleiche gilt von dem Kampf um das Preisniveau, dessen Erhöhung für alle Beteiligten schwere Nachteile bringen kann.

Hinzu kommt eine neue Aufgabe, die für die Zukunft unseres Volkes entscheidend ist. Ich meine das Überführen und Hineinführen der deutschen Wirtschaft in die europäische Wirtschaft entsprechend den römischen Verträgen und die Schaffung einer Freihandelszone. Ich brauche Ihnen gegenüber wohl kein Wort darüber zu verlieren, wie schwer und wie verantwortungsvoll gerade diese Aufgabe ist. Man hat mir nahegelegt, für sie einen besonderen Europaminister zu bestellen. Der zuerst bestechende Gedanke ist nicht gut. Die deutsche Wirtschaft muß in die europäische Wirtschaft hineingeführt werden. Das kann nur der für das Geschick der deutschen Wirtschaft in erster Linie verantwortliche Mann, der Wirtschaftsminister, tun. Es handelt sich dabei gleichzeitig um eine Aufgabe der Europapolitik.

Wie sollten wir nun Luft schaffen für ein gutes Funktionieren des Finanzministeriums und des Wirtschaftsministeriums? Ich habe zuerst die Verwaltung des wirtschaftlichen Besitzes des Bundes, die zum Teil beim Finanzministerium, zum Teil beim Wirtschaftsministerium war, von diesen abgetrennt und dem zu einem Ministerium für den wirtschaftlichen Besitz des Bundes erweiterten ERP-Ministerium übertragen. Diese Übertragung erschien mir auch wegen der finanziellen und wirtschaftlichen Bedeutung des Bundesbesitzes notwendig. Das Finanzministerium wird ferner eine erhebliche Vereinfachung seiner Arbeit vorzunehmen haben. Sie wird das Verantwortungsgefühl des Ressortministers auch auf finanziellem Gebiet stärker zum Bewußtsein bringen und zu einer reibungslosen Abwicklung der Regierungsgeschäfte beitragen. Auch die Bauabteilung wird vom Finanzministerium auf dieses Ministerium übergehen.

Im Wirtschaftsministerium ist eine erhebliche Änderung der Organisation geplant, insbesondere damit es seiner europäischen Aufgabe gerecht werden kann.

Auf organisatorischem Gebiet möchte ich noch besonders darauf hinweisen, daß das Arbeitsministerium einen anderen Namen, „Ministerium für Arbeit und Sozialordnung", und damit eine erhebliche Erweiterung seines Aufgabenbereichs erhalten hat. Die soziologische Struktur unseres Volkes hat sich infolge des Verlusts zweier Kriege, der neueren Wirtschaftsmethoden und des technischen Fortschritts stark geändert. Weite Schichten der Bevölkerung, die der Mittelklasse angehören, bedürfen der Sorge des Staates. Sie sind hinter anderen Schichten zurückgeblieben. Wir brauchen aus staatspolitischen und aus kulturpolitischen Gründen unbedingt eine gesunde mittlere Schicht. Wir wollten nicht, daß schließlich bei immer größerer Konzentration der Wirtschaft zu Großbetrieben das Volk aus einer kleinen Schicht von Herrschern über die Wirtschaft und einer großen Klasse von Abhängigen besteht. Wir brauchen unabhängige, mittlere und kleine Existenzen im Handwerk, Handel und Gewerbe. Dafür soll das Wirtschaftsministerium sorgen. Wir brauchen das gleiche in der Landwirtschaft. Für sie soll der Landwirtschaftsminister Sorge tragen. Wir brauchen die anderen freien Berufe. Wir brauchen die Anerkennung und den Aufstieg von Angestellten in den Großbetrieben. Die Wahrung ihrer Interessen und die Sorge für sie fällt in den Bereich dieses erweiterten Ministeriums.

Die vor uns liegende Arbeit, meine Damen und Herren, ist sehr groß. Aus den einzelnen Ministerien, von Verbänden, von Einzelpersonen sind mir sehr zahlreiche Hinweise auf die Bedeutung der Lösung dieses oder jenes Problems zugegangen. Ich danke für das dadurch bekundete Interesse. Aber es ist mir unmöglich, alle uns drückenden Fragen und Probleme auch nur annähernd zu erwähnen. Ich muß mich vielmehr darauf beschränken, auf Schwerpunkte unserer kommenden Tätigkeit hinzuweisen.

Mit an erster Stelle nenne ich die Schaffung von Kapital und die Streuung des Besitzes. Schaffung von Kapital, meine Damen und Herren, ist notwendig, um die Produktivität unserer Wirtschaft zu steigern und sie krisenfest zu machen. Streuung von Besitz in weitem Umfang ist nötig, um einer möglichst großen Zahl von Staatsbürgern Selbstgefühl und das Gefühl der Zugehörigkeit zum Volksganzen zu geben. Ohne größere Spartätigkeit sind beide Ziele nicht zu erreichen. Nur Arbeit und Sparen schafft Kapital und begründet und vermehrt den Besitz. Sparen ist in gleicher Weise wirtschaftlich und ethisch notwendig. Wir wollen aber nicht nur zu einem Feldzug für das Sparen aufrufen, wir wollen das Sparen durch gesetzgeberische Maßnahmen auch lohnend machen. Die Durchführung des Familienheimgesetzes und die Einführung der Volksaktie, die sich nicht etwa nur auf Betriebe, die dem Bund gehören, erstrecken soll, sind einige der geeigneten Mittel, die Spartätigkeit anzuregen.

Die Bundesregierung erwartet von der Wirtschaft, daß sie den Wettbewerb bejaht und mit ihr gemeinsam bemüht ist, das Gesetz gegen Wettbewerbsbeschränkungen zu einer wirksamen Hilfe für den Verbraucher werden zu lassen. Wettbewerb und freie Preisbildung haben sich bisher stets als bester Schutz für den Verbraucher erwiesen. Für die Interessen der Verbraucher zu kämpfen, ist die Bundesregierung fest entschlossen. Sie schenkt deshalb der Entwicklung der Preise die größte Aufmerksamkeit. Das Preisniveau ist für die Stabilität unserer Währung, für unsere Möglichkeiten zum Export und damit nicht zuletzt für die Aufrechterhaltung unseres hohen Beschäftigungsstandes von entscheidender Bedeutung. Übersehen wir nicht die Warnzeichen, die sich in unserer Wirtschaft hier und da zeigen. Sie steht auf einer viel zu schwachen Kapitalgrundlage, um einem Sturm gewachsen zu sein. Kommt es einmal zu Zusammenbrüchen, dann werden beide Teile, meine Damen und Herren, Arbeitgeber und Arbeitnehmer, darunter leiden.

Die Freiheit der Sozialpartner bei der Gestaltung der Lohn- und Arbeitszeitfragen hat ihre Grenze in dem für das Allgemeinwohl wirtschaftlich Tragbaren. Die Sozialpartner dürfen sich weder bedenkenlos auf Kosten der Konsumenten verständigen noch dürfen sie in einem gutgehenden Wirtschaftszweig Vereinbarungen treffen, die schwächere Bereiche der Wirtschaft in ernste Schwierigkeiten oder gar zum Erliegen bringen. Das Gesamtwohl des deutschen Volkes muß immer oberstes Gesetz auch für Unternehmer und Arbeitnehmer sein. Lohnerhöhungen, Arbeitszeitverkürzungen und Erhöhung des Sozialprodukts müssen miteinander verbunden bleiben, wenn nicht alle, auch Unternehmer und Arbeitnehmer, Schaden leiden sollen. Auf diese Zusammenhänge hinzuweisen, auf ihre Beachtung hinzuwirken ist eine ernste Aufgabe der Bundesregierung. Arbeitszeitverkürzung und gleichzeitige Lohnerhöhung können eine untragbare Verminderung des Sozialprodukts bedeuten.

Es liegt mir besonders am Herzen, auch auf folgendes hinzuweisen. Der Sinn und die Erfüllung des Lebens liegen nicht im übersteigerten Lebensstandard und übertriebenen Luxus, nicht in Hast und Jagd nach Geld und materiellem Genuß.

Der Mensch, seine seelischen Werte, seine Gesundheit und seine Familie müssen in den Mittelpunkt der Betrachtungsweise gestellt werden. Es ist daher erforderlich, daß der Sonntag wieder ein Tag der Besinnung wird, ein Tag, an dem die geistigen und die körperlichen Kräfte wieder erneuert werden, ein Tag auch, an dem die Familie zusammenfindet. Die Bundesregierung wird Maßnahmen treffen, um jeder nicht zwingend notwendigen Sonntagsarbeit entgegenzuwirken.

Die Sozialreform wird fortgeführt werden. In erster Linie wird neben der Korrektur etwa zutage tretender Mängel in der bisherigen Gesetzgebung eine Neuordnung der Krankenversicherung und der Unfallversicherung in Frage kommen. Die Sozialreform wird sich jedoch nicht in einer Neuordnung der Rentenversicherung und im Ausbau solidarischer Sicherungseinrichtungen erschöpfen können. Es ist an der Zeit, Folgerungen aus der veränderten gesellschaftlichen Struktur unseres Volkes zu ziehen. Wir können zu unserer Freude feststellen, daß weite Teile der Bevölkerung, die bisher kaum das Existenzminimum erreichten, in höhere Einkommensschichten aufgestiegen sind und damit weitgehend für sich selbst sorgen können. Die Bundesregierung ist entschlossen, den Gedanken der Selbsthilfe und privaten Initiative in jeder Weise zu fördern und das Abgleiten in einen totalen Versorgungsstaat, der früher oder später den Wohlstand vernichten würde, zu verhindern.

Die Bundesregierung wird mithelfen bei einer sinnvollen Gestaltung der Freizeit. Es wird dabei auch daran zu denken sein, daß eine Ausdehnung der Freizeit den Begabten zu einer Ausdehnung ihrer Kenntnisse und zum sozialen Aufstieg verhelfen kann.

Die Bundesregierung wird ferner, wenn genügend Erfahrungen über die Auswirkungen des in der vergangenen Legislaturperiode verabschiedeten Gesetzes über Lohnfortzahlung im Krankheitsfall vorliegen, etwaige Mängel dieses Gesetzes beseitigen.

Auf dem Gebiet des Rechtswesens steht in der kommenden Legislaturperiode an erster Stelle der Abschluß der großen Strafrechtsreform. Sie soll das in seinem Kern hundert Jahre alte Strafgesetzbuch durch ein neues Strafrecht ablösen, das der seither eingetretenen Entwicklung und den Aufgaben unserer Zeit gerecht wird. Ferner ist, wie bereits erwähnt, eine Revision des Aktienrechts und des Urheberrechts in Aussicht genommen. Als vordringlich sieht die Bundesregierung auch die baldige Verabschiedung der einheitlichen Rechtsanwaltsordnung und der Notarordnung an. Dem Auftrag des Grundgesetzes folgend wird die Bundesregierung auch das Deutsche Richtergesetz demnächst vorlegen. Des weiteren scheint es dringend notwendig, den Schutz der Persönlichkeit gegen Eingriffe in die Privatsphäre und gegen Ehrverletzungen zu verbessern.

Wir hoffen, daß in dieser Legislaturperiode die bundeseinheitliche Verwaltungsgerichtsordnung und das Gesetz zur Neuordnung der Finanzgerichtsbarkeit verabschiedet werden können.

Ich habe davon gesprochen, daß eine Reform des Aktienrechtes nötig ist. Wenn wir neue Gesellschaftsschichten am Kapitalmarkt interessieren wollen, dann muß die Ertragslage der Gesellschaften auch der breiten Öffentlichkeit verständlich gemacht und der Einfluß der Eigentümer — das ist der Aktionäre — auf die Verwaltung und die Gewinnverwendung vergrößert werden.

Bei ihren Arbeiten erwartet die Bundesregierung eine verständnisvolle Unterstützung durch die Bundesländer. Es kommt darauf an, das Spannungsverhältnis zwischen dem Bund und seinen Gliedern fruchtbar zu machen. In regelmäßigen Besprechungen mit den Chefs der Länderregierungen hoffe ich, die Zusammenarbeit zu vertiefen. Durch persönliche Fühlungnahme lassen sich erfahrungsgemäß auch schwierige Probleme lösen. Der ständigen Verbindung zu den Bundesländern und zum Bundesrat dient das Bundesratsministerium.

Ausdrücklich möchte ich in diesem Zusammenhang auch sagen, daß die Bundesregierung in der kommunalen Selbstverwaltung das Fundament des demokratischen Staatsaufbaues sieht. Es wird eine ihrer vornehmsten Aufgaben sein, zur Förderung der Gemeinden beizutragen.

Die Landwirtschaft wird noch auf Jahre hinaus der Hilfe bedürfen. Die Grundlinien, die im Landwirtschaftsgesetz und im Grünen Plan festgelegt sind, haben sich als richtig erwiesen Die strukturelle Umwandlung der Landwirtschaft ist eine Aufgabe, die Zeit erfordert. Auch die Ungeduldigsten unter den Landwirten müssen sich das klarmachen. Sie sollten dem Landwirtschaftsminister und der Bundesregierung zeigen, auf welchen Gebieten eine bessere und schnellere Arbeit geleistet werden kann. Wir wären für guten Rat dankbar; aber, meine Damen und Herren, Kritik um der Kritik willen nutzt niemandem, sondern schadet nur.

Eine Zusammenarbeit zwischen der Bundesregierung und den bäuerlichen Vereinigungen ist auch nötig, um einen störungsfreien Übergang in den Gemeinsamen Markt zu sichern.

Die Landwirtschaft braucht Kapital. Ich habe schon über die Notwendigkeit der Regelung des Kapitalmarkts gesprochen. Ich hatte dabei auch vornehmlich die Interessen der Landwirtschaft im Auge.

In stärkerem Maße als bisher muß für die Erleichterung der Arbeit der Landfrau Sorge getragen werden. Wenn wir die Menschen im Dorfe festhalten wollen, so ist das sicher eine Voraussetzung dafür.

Es wäre weiter dringend wünschenswert, daß die Industrie kleinere Zubringerbetriebe in manchen Gegenden errichtet, in denen der Bauer seine Arbeitskraft nicht genügend verwerten kann. Das „Dorf" muß aus allgemeinen Staatsgründen so gestaltet werden, daß die Menschen, die dort geboren sind, im allgemeinen auch ihren Lebensunterhalt dort verdienen, daß sie aber auch Erholung und Abwechslung finden können; sonst werden die Dörfer menschenleer werden und die Menschen sich immer mehr in den Städten zusammenballen. Hier liegt meines Erachtens eine staatspolitische Aufgabe ersten Ranges.

Die sittlichen Kräfte der Familie sind entscheidend für Gegenwart und Zukunft eines Volkes. Was einem Kind in der Jugend in der Familie nicht geboten worden ist, bleibt ein dauernder Verlust für den Menschen während seines ganzen Lebens. Die Bundesregierung wird alles tun, um die Familie gegen schädigende äußere Einflüsse zu schützen und insbesondere der kinderreichen Familie nach Möglichkeit zu helfen.

Das Ministerium für den friedlichen Aufbau und die Verwendung der Atomenergie erhält zusätzlich zu diesem Aufgabenkreis die Wasserwirtschaft. Die Bedeutung der Wasserwirtschaft in Deutschland, meine Damen und Herren, wird in der öffentlichen Meinung nicht genügend gewürdigt. Es handelt sich hier um die Fortsetzung der ausgezeichneten Arbeit, die von dem früheren Bundesminister Kraft seinerzeit begonnen worden ist. Diese Arbeit ist in gleicher Weise für die Wirtschaft einschließlich der Landwirtschaft wie für den Verkehr und die Menschen selbst von lebenswichtiger Bedeutung. Ich kann Ihnen hier wegen der Kürze der Zeit keine Einzelheiten wiedergeben. Ich muß mich darauf beschränken, zu erklären, daß durch die rasende Zunahme des Verbrauchs an Wasser durch die Industrie und durch die damit verbundene Verschmutzung des Wassers eine gefährliche Lage entstanden ist.

Die Kernenergie wird sich im Laufe der Jahre als gleichberechtigter und gleichwertiger Energiefaktor neben Kohle, Wasserkraft und Öl stellen, vielleicht den einen oder anderen Energieträger überflügeln. Diese Entwicklung soll von dem Ministerium gefördert werden, weil der ständig steigende Bedarf an Kraft und Wärme die Nutzbarmachung neuer Energiequellen fordert. Es ist auch begrüßenswert, daß der Wettbewerb unter den Energiequellen durch diese neue gesteigert wird. Endlich gestattet sie, vielleicht schon in relativ kurzer Zeit, Energie preiswert auch für verkehrsferne Gebiete zu erzeugen. Dadurch würde sie helfen können, wenigstens kleinere Industrien in diesen verkehrsfernen Gebieten anzusiedeln, ein Ziel, das wir unbedingt erstreben müssen. Eine enge Verbindung zwischen dem Ministerium, das die Entwicklung der Kernenergie zu pflegen hat, und dem Wirtschaftsministerium, das die Sorge für die elektrische Energie aus Kohle, Wasser und Öl hat, ist selbstverständlich notwendig.

In den kommenden Jahren wird auch die Frage der Überführung der Wohnungswirtschaft in die Marktwirtschaft akut werden. In dem Maße, in dem die Wohnungsnot beseitigt wird, kann die Wohnungsraumbewirtschaftung fallen. Ein soziales Mietrecht muß den Schutz berechtigter sozialer Belange gewährleisten.

Die Sorge für die Vertriebenen, die Flüchtlinge und die Kriegsbeschädigten ist für die Bundesregierung nicht nur eine soziale Verpflichtung, sondern eine Forderung der nationalen Ehre. Unter dem Fortfall einer Partei, die sich zum Ziele gesetzt hatte, vornehmlich für die Vertriebenen und Flüchtlinge einzutreten, darf die Sorge für diesen Kreis von Personen, der sich durch die Flüchtlinge aus der Sowjetzone ständig vergrößert, nicht nachlassen. Wir werden versuchen, Wege zu finden, um die im Lastenausgleichsgesetz vorgesehenen Wartezeiten zu kürzen.

Das Ziel der Verkehrspolitik der Bundesregierung ist, den Eisenbahn-, Straßen- und Binnenschiffahrtsverkehr sowie den See- und Luftverkehr so zu ordnen, daß der größte volkswirtschaftliche Nutzen mit möglichst geringem Kostenaufwand erreicht wird. Wir werden auch künftig die Angleichung der Wettbewerbsbedingungen der Verkehrsträger sowie eine zweckmäßige Arbeitsregelung und möglichst enge Zusammenarbeit zwischen ihnen fördern.

Die Bundesregierung wird weiterhin bemüht sein, die Deutsche Bundesbahn von Subventionen unabhängiger zu machen und sie vor unwirtschaftlichem Substanzverzehr zu bewahren. An den gemeinwirtschaftlichen Aufgaben der Bundesbahn wird grundsätzlich festzuhalten sein. Das Bestreben der Seehäfen, der Seeschiffahrt, der Binnenschiffahrt und der zivilen Luftfahrt, sich der Entwicklung des modernen Verkehrs anzupassen, findet auch künftig unsere volle Unterstützung.

Die Sorge um die Sicherheit auf den Straßen mit ihrem ständig wachsenden Kraftwagenverkehr bleibt das dringendste Anliegen unserer Verkehrspolitik. Die Mittel für den Straßenbau werden wir von Jahr zu Jahr steigern müssen, um die im Straßenbauplan vorgesehenen Bauarbeiten finanzieren zu können. Die Bundesregierung kennt die Verkehrsnot der Städte und Gemeinden und wird daher die Straßenbaumittel so einsetzen, daß ein in allen Teilen leistungsfähiges Gesamtnetz entsteht. Wir werden uns, meine Damen und Herren, bei diesen Maßnahmen im besonderen Maße von der Sorge um die Fußgänger leiten lassen, obgleich die Fußgänger sich noch nicht zu einem Verband zusammengeschlossen haben, der ihre Rechte wahrt.

Die Deutsche Bundespost braucht für den Ausbau und die technische Fortentwicklung ihrer Einrichtungen, insbesondere ihres Nachrichtennetzes, sehr bedeutende Investitionsmittel. Wir hoffen, durch wirtschaftliche und finanzpolitische Maßnahmen dazu beitragen zu können, daß diese Mittel der Bundespost zur Verfügung gestellt werden.

Lassen Sie mich nun, meine Damen und Herren, über die außenpolitische Situation der Bundesrepublik und die daraus zu ziehenden Folgerungen sprechen. In den vergangenen vier Jahren — es war am 5. Mai 1955 — hat die Bundesrepublik ihre Souveränität zurückgewonnen. Damit ist ihre außenpolitische Bedeutung, aber auch ihre Verantwortung von Jahr zu Jahr größer geworden. Obwohl wir nicht zu den Großmächten gehören, ist die Haltung der Bundesrepublik und sind ihre außenpolitischen Entscheidungen vielfach von solchem Gewicht, daß wir diese Entscheidungen nur nach sehr sorgfältigen Überlegungen im Rahmen der Politik der freien westlichen Völker treffen dürfen.

Um ein realistisches Bild der außenpolitischen Lage der Bundesrepublik zu zeichnen, ist es notwendig, es in den umfassenden Rahmen der weltpolitischen Situation zu stellen.

Die Sowjetunion, meine Damen und Herren, feiert in diesem Jahre ihr vierzigjähriges Bestehen. Es kann nach allen uns zugegangenen Berichten und Veröffentlichungen kein Zweifel darüber bestehen, daß es dem sowjetrussischen Totalitarismus gelungen ist, einer Bevölkerung von rund 200 Millionen Menschen den eigenen Willen, das Vertrauen zur eigenen Kraft zu nehmen und sie zu einer Masse zu machen, die sich von diktatorischen Kräften beliebig formen und verwenden läßt. Vierzig Jahre der Gewaltherrschaft haben im russischen Volk die Fähigkeit einer eigenen Willensbildung zerstört. Es ist den Machthabern im Kreml gelungen, diese riesigen Volksmassen auf Ziele auszurichten, die ebensosehr der kommunistischen Ideologie wie dem Panslawismus angehören. Das, meine Damen und Herren, ist eine sehr ernste Tatsache, an der wir nicht vorbeigehen können.

Seit 1945 hat die Sowjetunion in den osteuropäischen Staaten 100 Millionen Menschen gewaltsam unterworfen, und sie arbeitet mit Zähigkeit daran, auch diese Menschen in den Zustand völliger geistiger, militärischer und wirtschaftlicher Entschlußlosigkeit zu versetzen. Das vergangene Jahr hat durch die Vorgänge in Polen und den heroischen, aber erfolglosen Freiheitskampf in Ungarn gezeigt, daß in diesem Teil des sowjetischen Machtbereichs zwar noch Menschen leben, für die die Begriffe Freiheit und Selbständigkeit eine lebendige Bedeutung besitzen. Es scheint aber der Sowjetunion gelungen zu sein, ihre Macht auch im osteuropäischen Raum erneut fest zu stabilisieren. Sie benutzt alle sich irgendwo auf der Welt zeigenden Spannungsherde zur Vergrößerung ihrer Macht und zur Ablenkung der Aufmerksamkeit des Auslands von ihren eigenen Schwierigkeiten. Sie hat alles getan, um die Krise im Vorderen Orient zu verschärfen und damit die Welt unter den Druck einer direkten Kriegsbedrohung zu setzen. Sie hat während der Suez-Krise im Herbst 1956 zum erstenmal seit dem zweiten Weltkrieg ihren ehemaligen Verbündeten Großbritannien und Frankreich unverblümt mit dem Einsatz atomarer Waffen gedroht und damit ihren Anspruch angemeldet, bei allen auf der Welt entstehenden internationalen Konflikten mit dem vollen Einsatz machtpolitischer Mittel ein entscheidendes Wort mitzusprechen.

Betrachtet man die Vorgänge der letzten Jahre, so geht daraus für den aufmerksamen Beobachter der Entwicklung hervor, daß die Sowjetunion nach wie vor die allein entscheidende politische und militärische aggressive Macht im gesamten Ostraum ist.

Die inneren Machtkämpfe in der führenden Schicht ändern daran bis auf weiteres nichts. Diesem festgefügten Block im Osten steht die westliche freie demokratische Welt in ihrem Kampf um die Erhaltung der staatlichen und der individuellen Freiheit gegenüber. Die Spannung zwischen diesen beiden Lagern hat sich in den letzten Jahren nicht vermindert, sondern verschärft. Es gibt kaum ein internationales Problem von Bedeutung, das nicht von dieser West-Ost-Spannung überschattet wird.

Die westliche Welt ist, gemessen an ihrer Menschenzahl, ihrer geistigen Entwicklung, ihrem militärischen und wirtschaftlichen Potential, dem ihr gegenüberstehenden Ostblock erheblich überlegen. Voraussetzung aber für die Aufrechterhaltung und für das Wirksamwerden dieser Überlegenheit ist allerdings die Zusammenfassung aller Kräfte der freien Welt unter einer energischen und gleichzeitig ruhigen und weisen Führung. Diese Führung kann und muß nach den gegebenen Verhältnissen in den Händen der Vereinigten Staaten als der weitaus stärksten Macht des Westens liegen. Es bedarf daher bei allen Völkern, die das Ideal der Freiheit zur Grundlage ihrer Politik und ihres individuellen Lebens gemacht haben, eines großen Maßes an Selbstbeschränkung des nationalen Egoismus, einer tiefen Einsicht in die Notwendigkeit einer einheitlichen westlichen Politik und des Willens zu großen Opfern.

Es fehlt aber, meine Damen und Herren — das möchte ich hier betonen, nachdem ich Ihnen dieses sehr ernste Bild der außenpolitischen Lage gegeben habe —, auch nicht an hoffnungsvollen Zeichen. Die Einheit Europas hat durch die Gründung der Westeuropäischen Union, durch den wirtschaftlichen

Zusammenschluß in der Montanunion, durch die Unterzeichnung der Verträge über Euratom und den Gemeinsamen Markt und durch die Bestrebungen für die Bildung der großen europäischen Freihandelszone erhebliche Fortschritte gemacht. Darüber hinaus sind im atlantischen Defensivbündnis unter Führung der Vereinigten Staaten 15 Nationen zusammengeschlossen, die auf militärischem Gebiet zu einer weitgehenden Einheit gelangt sind und deren gemeinsames Denken in politischen Fragen ebenfalls große Fortschritte aufweist.

Wenn ich trotzdem heute meine Stimme in ernstem Tone erhebe, in dieser Entwicklung ohne Zögern mit größter Energie und Zielstrebigkeit fortzuschreiten, dann tue ich das, weil ich von der Sorge erfüllt bin, daß die freien Völker dieser Welt ihre Freiheit verlieren würden, wenn sie den jetzigen Zustand in der Welt als eine nicht zu ändernde Tatsache hinnehmen und in eine Periode der Schwäche und der Uneinheitlichkeit gegenüber der einheitlichen, bedenkenlosen und in reinem Machtstreben befangenen Politik des Ostens ableiten würden. Ich begrüße und unterstütze daher bereitwilligst alle Maßnahmen, die zu einer engeren politischen Zusammenarbeit der freien Völker führen, weil diese Zusammenarbeit uns stärkt, den Gegner aber entmutigt und friedenswillig macht.

Mit großer Genugtuung erfüllt mich die bevorstehende Zusammenkunft der NATO-Länder in Paris. Ich bin überzeugt, daß diese Zusammenkunft ein großer Erfolg der Völker der freien Welt werden wird.

Die absolute Notwendigkeit eines gemeinsamen Handelns im Westen wird uns aber noch durch ein anderes Phänomen vorgeschrieben, das erst im letzten Jahrzehnt unserer Geschichte entstanden ist. Im Gegensatz zu früheren Geschichtsperioden, in denen die Politik sich der technischen Entwicklung bediente und sie vorantrieb, treibt heute in rasendem Tempo die Entwicklung der Technik die Politiker in entscheidender Weise zu Entschlüssen.

Die Meldung über den Abschuß einer weitreichenden Rakete oder die Entsendung eines künstlichen Erdtrabanten durch die Sowjetunion beeinflußt das Denken und die politischen Entschlüsse der Regierungen in starkem Maße. Dieser gefahrvolle Zustand kann nur überwunden werden, wenn die westliche Welt immer wieder alle nur denkbaren Anstrengungen macht, um zu keinem Zeitpunkt in der Zukunft in der technischen Entwicklung durch die totalitären Staaten überflügelt zu werden, und wenn es gelingt, unter den Völkern und Regierungen des Westens eine klare, konsequente gemeinsame Politik zu entwickeln, in die sich die waffentechnischen Fortschritte einordnen lassen. Das ist eine schwere Aufgabe, die zu bewältigen es aller Anspannung der geistigen und seelischen Kräfte bedarf.

Ich glaube, daß die deutsche außenpolitische Situation nur verstanden werden kann, wenn man sie in diesem Rahmen sieht. Das gilt in erster Linie für die Wiederherstellung der staatlichen Einheit Deutschlands. Wir alle leben in Westdeutschland unter der Bedrückung, daß 18 Millionen Menschen in der sowjetisch besetzten Zone und in Ostberlin nicht nur durch eine willkürliche Grenzziehung von uns abgetrennt sind, sondern, was noch weit schlimmer ist, unter einem entwürdigenden, unmenschlichen System der Willens- und Freiheitsberaubung leben. Die Haltung der Sowjetunion in den vergangenen Jahren hat nicht die geringsten Anzeichen dafür erkennen lassen, daß man im Kreml bereit ist, diesen Deutschen die Freiheit zurückzugeben. Die deutsche Bundesregierung hält daran fest, daß sie allein die Sprecherin der 18 Millionen Deutschen in der Sowjetzone ist und daß die Wiederherstellung der deutschen Einheit eine Verpflichtung der vier Großmächte ist, aus der sie von dem deutschen Volke nicht entlassen werden können, eine Verpflichtung, die noch im Jahre 1955 auch von Sowjetrußland sowohl in Genf als auch mir gegenüber in Moskau ausdrücklich anerkannt worden ist.

Es ist unsere Überzeugung, daß nur die Befreiung der sowjetisch besetzten Gebiete Deutschlands von der bedrückenden Gewaltherrschaft auf lange Sicht gesehen Europa Frieden und Freiheit bringen kann. Voraussetzung für diese Befreiung und die Einlösung der Viermächteverpflichtung Gesamtdeutschland gegenüber ist eine allmähliche Minderung und schließlich Beseitigung der westöstlichen Spannung. Die Bundesregierung hat daher die Bemühungen der Westmächte, mit der Sowjetunion zu einem Abrüstungsabkommen zu gelangen, mit aller Intensität unterstützt. Es ist tief zu bedauern, daß sich die Sowjetunion nicht entschließen konnte, die außerordentlich großzügigen und weitgehenden Vorschläge für ein umfassendes Abrüstungsabkommen, die von den Westmächten auf der Konferenz in London gemacht wurden, anzunehmen oder mit annehmbaren Gegenvorschlägen zu beantworten. Wir geben aber die Hoffnung nicht auf, daß das Ziel einer allgemeinen kontrollierten Abrüstung durch Stetigkeit, Konsequenz und Verhandlungsbereitschaft in den kommenden Jahren erreicht wird.

Ich stütze diese Hoffnung auf die Überlegung, daß es der westlichen Welt gelingen müßte, die Sowjetunion davon zu überzeugen, daß sie — und ganz besonders auch wir Deutschen — nicht die Absicht hat, ihr mit Waffengewalt oder mit politischem Druck die eigenen politischen und wirtschaftlichen Auffassungen aufzuzwingen, ebensowenig wie die westliche Welt sich jemals dazu verstehen kann, dem militärischen, politischen und propagandistischen Druck der Sowjetunion nachzugeben. Wenn die Sowjetregierung sich von ihrem völlig unbegründeten Mißtrauen gegenüber dem Westen befreien könnte und wenn sie sieht, daß ihr Streben nach Beherrschung der Welt unrealistisch ist, wird es möglich sein, auf der Welt einen Zustand zu schaffen, der es allen Völkern erlaubt, frei von fremder Unterdrückung und frei von Lebensangst zu existieren.

Obwohl die Sowjetunion die entscheidende Macht des Ostens ist, hat die Bundesregierung nicht versäumt, ihre Aufmerksamkeit auch dem Verhältnis zu den übrigen osteuropäischen Staaten zuzuwenden. Der Warenaustausch zwischen der Bundesrepublik und diesen Staaten ist in den Jahren von 1953 bis 1956 um 195% gestiegen, und die ersten acht Monate des Jahres 1957 haben eine weitere Steigerung um 21% gebracht. Ich möchte an dieser Stelle mit allem Nachdruck erklären, daß wir entschlossen sind, auch mit den osteuropäischen Völkern für alle Zukunft in guten nachbarlichen Beziehungen zu leben und die Fragen, die noch zwischen uns offen sind, nur auf friedliche, gerechte und menschliche Weise zu lösen.

Erlauben Sie mir in diesem Zusammenhang ein Wort über Jugoslawien. Die Vorgänge, die zum Abbruch der diplomatischen Beziehungen geführt haben, sind in unserer Note vom 19. Oktober ausführlich dargelegt; ich brauche sie deshalb nicht zu wiederholen. Ich möchte nur auf eines hinweisen. Nicht formalistisches oder juristisches Denken hat uns zu diesem Schritt veranlaßt. Entscheidend war für uns, daß durch die diplomatische Anerkennung der DDR durch Jugoslawien ein Lebensinteresse unserer auswärtigen Politik berührt wurde, nämlich der auch im Grundgesetz verankerte Anspruch, daß die deutsche Bundesregierung allein legitimiert ist, die deutschen Interessen im Ausland zu vertreten, da nur sie eine demokratisch gewählte Volksvertretung und Regierung besitzt. Jugoslawien hatte übrigens diesem unserem Standpunkt bei den zurückliegenden Vertragsverhandlungen nicht widersprochen. Ein Aufgeben dieses Prinzips hätte zu sehr schwerwiegenden und gerade die Wiedervereinigung Deutschlands stark belastenden Folgerungen führen können.

Ich darf mit Genugtuung feststellen, daß wir den Abbruch der diplomatischen Beziehungen zu Jugoslawien unter dem zustimmenden Verständnis der gesamten freien Welt unternommen haben. Es hat sich bei diesem Vorgang innerhalb der NATO gezeigt, daß über die militärische Einheit hinaus auch die gemeinsame außenpolitische Übereinstimmung in allen wichtigen Fragen innerhalb der NATO besteht. Ich habe bereits erklärt — und ich möchte diese Erklärung an dieser Stelle bei der Darlegung unserer Außenpolitik nochmals wiederholen —, daß die Bundesregierung entschlossen ist, alle Verpflichtungen aus ihrer Mitgliedschaft im atlantischen Bündnis voll zu erfüllen, sowohl was den Umfang ihres Beitrags als auch was die Termine, die für die Leistungen dieses Beitrags festgesetzt wurden, angeht. Jeder einzelne in Deutschland muß sich darüber Rechenschaft ablegen, daß ihm die Sicherung der Bundesrepublik, Europas und der westlichen Welt große finanzielle und auch persönliche Belastungen auferlegt. Erst wenn eine Vereinbarung über eine kontrollierte Abrüstung vorliegt und funktioniert, kann man daran denken, diese Lasten zu erleichtern und die enormen Aufwendungen an menschlicher Kraft, Material und Geld für die allgemeine Wohlfahrt der Völker zu nutzen. Ich darf hier einschieben: wir können zu unserer Freude und Genugtuung feststellen, daß unsere Truppen bei den jüngsten Manövern von der Bevölkerung überall mit großer Freundlichkeit und Herzlichkeit aufgenommen worden sind.

Wie ich eingangs meiner außenpolitischen Ausführungen erwähnte, hat sich die politische und wirtschaftliche Stellung der Bundesrepublik in den vergangenen Jahren erheblich gefestigt. Unsere konsequente Politik im Rahmen der westlichen Allianz und im Rahmen der europäischen Einigungsbestrebungen, die wir nach wie vor mit allen unseren Kräften fördern wollen, hat dazu geführt, daß die Bundesrepublik Deutschland nicht nur auf vertraglicher, juristischer Basis, sondern in der lebendigen Wirklichkeit wieder ein bedeutungsvoller Faktor im Kreise der Völker geworden ist. Zu dieser Entwicklung haben auch nicht weniger unsere guten Beziehungen zu allen Regierungen geführt, mit denen wir nicht im Rahmen von Allianzen, sondern im bilateralen Verhältnis stehen. Unsere Beziehungen zu den Vereinigten Staaten von Amerika, zu Großbritannien, Frankreich und Italien, den Benelux-Staaten und allen westlichen Nachbarstaaten sind nicht nur eng, sondern freundschaftlich. Wir pflegen darüber hinaus politische und wirtschaftliche Kontakte mit südamerikanischen und asiatischen Staaten. Auch unsere Beziehungen zu den Staaten des nahöstlichen Raumes sind gut. In den letzten Jahren hat sich in diesem Raume eine krisenhafte Situation entwickelt. Wir waren bestrebt und wir werden auch in Zukunft bestrebt sein, alle Entwicklungen zu unterstützen, die eine Befriedung im Nahen Osten herbeiführen können. Wir werden jeden Schritt vermeiden, der zu einer Verschärfung der Krise beitragen könnte.

Die Bundesrepublik hat sowohl im Mittleren wie im Fernen Osten als auch in Afrika mit allen Staaten gute wirtschaftliche und politische Verbindungen. Wir sind uns dabei der Verpflichtung voll bewußt — die auch uns obliegt —, den entwicklungsfähigen Ländern überall dort materielle und kulturelle Hilfe zu leisten, wo der Wille zur Freiheit und Selbständigkeit lebendig ist. Wir müssen uns darüber klar sein, daß wir für diese Politik Opfer zu bringen haben, die sich vielleicht erst in einer ferneren Zukunft als fruchtbar erweisen, die aber notwendig sind, weil nur die Hebung des Lebensstandards auf der ganzen Welt das Fundament für ein friedliches Miteinanderleben der Völker bilden kann.

Ich möchte auch bei dieser Gelegenheit noch einmal feststellen, welche Zustimmung die deutsche Politik namentlich in der Frage der deutschen Einheit überall bei den Völkern gefunden hat.

Wenn wir feststellen müssen, daß unsere Bemühungen, mit den Regierungen, die von der Sowjetunion abhängig sind, zu einem Ausgleich der Interessen zu kommen, bisher erfolglos waren, so dürfen wir demgegenüber doch mit tiefer Befriedigung sagen, daß wir uns, was die westlichen Völker anbelangt, mit ihnen auf allen für Deutschland lebenswichtigen Gebieten in vollem Einklang befinden. Ich bitte das Hohe Haus, diese Feststellung in ihrer ganzen Bedeutung zu würdigen. Ich möchte auf die Vereinbarungen mit Belgien und mit Österreich aus letzter Vergangenheit hinweisen.

Die Rückkehr der Saar auf Grund freundschaftlicher Vereinbarungen mit Frankreich ist ein uns alle beglückender Beweis für die Freundschaft, die zwischen Frankreich und Deutschland besteht. Ich bin überzeugt, daß es uns in freundschaftlichem Geist gelingen wird, bald auch die noch ausstehenden Grenzvereinbarungen mit den Niederlanden zu treffen.

Unsere im Lager der freien Welt gestärkte politische Stellung legt uns aber auch die Verpflichtung auf, an der politischen Willensbildung dieses Teils der Welt mitzuarbeiten. Wir haben darauf hinzuwirken, daß sich die westliche Politik durch Klarheit und Konsequenz auszeichnet. Ich verstehe darunter eine Politik der realistischen Betrachtungsweise der weltpolitischen

Vorgänge; ich verstehe darunter eine Politik der Wachsamkeit und des Vertrauens zur eigenen Stärke; ich verstehe darunter eine Politik des Schutzes der Selbständigkeit aller die Freiheit liebenden Völker. Die westliche Welt ist stark genug, um sich jedem politischen oder militärischen Druck entgegenzustellen, solange sie ihre Einigkeit bewahrt. Sie wird aber niemals — davon bin ich fest überzeugt, und darauf wird die Außenpolitik der Bundesregierung ausgerichtet sein — ihre eigene Stärke mißbrauchen; denn sie hat nirgendwo auf der Welt den Wunsch, die Freiheit anderer Völker zu unterdrücken und ihnen das Recht einzuschränken, ihr staatliches Leben nach den Wünschen des Volkes zu gestalten. Kein Volk sollte danach streben, über andere Völker Herrschaft auszuüben und sie unter Druck und Angst vor Katastrophen ihr Leben fristen zu lassen. Die Aufgabe jedes einzelnen, die Aufgabe der Parlamente und der Regierungen ist es vielmehr, den Völkern eine ruhige und stetige Entwicklung frei von Furcht und Schrecken zu gewährleisten. Die deutsche Bundesregierung wird unter meiner Führung diesen menschlichen und politischen Richtlinien folgen und damit ihre ganze Kraft dem höchsten Ziel politischer Arbeit widmen: der Erhaltung des Weltfriedens.

Ich habe die große nationale Aufgabe der deutschen Wiedervereinigung in meinen Ausführungen zur außenpolitischen Lage geschildert und betont, daß die vier früheren Besatzungsmächte die Pflicht haben, die Teilung Deutschlands zu beenden. Wir können nicht zugeben, daß die Sowjetunion versuchen darf, sich ihrer Pflicht zur Wiederherstellung der deutschen Einheit dadurch zu entziehen, daß sie uns auf Verhandlungen mit dem demokratisch nicht legitimierten SED-Regime hinweist. Es wird die Aufgabe der neuen Bundesregierung sein, weiterhin im Inland und Ausland an der Festigung der Erkenntnis zu arbeiten, daß ohne die Wiedervereinigung der Frieden Europas und der Welt nicht gesichert ist, daß 18 Millionen Deutsche, die ihre Freiheit haben wollen, eines der wichtigsten Menschenrechte nicht beraubt werden dürfen.

Die Entwicklung in den getrennten Teilen Deutschlands werden wir weiter aufmerksam beobachten, um die Öffentlichkeit des In- und Auslands über die Verhältnisse zu unterrichten, unter denen unsere Landsleute dort leben müssen. Die Bevölkerung der Bundesrepublik wird damit in ihrem Verantwortungsgefühl für die Deutschen jenseits der Zonengrenze gestärkt werden und — das ist meine zuversichtliche Hoffnung — wie bisher ihre dankenswerte Hilfsbereitschaft in den zahllosen Fällen seelischer und materieller Not bekunden. Dabei denkt die Bundesregierung auch an diejenigen Deutschen, die jenseits der Oder-Neiße-Linie wohnen. Was in ihrer Macht steht, wird die Bundesregierung tun, um den von uns getrennt lebenden Landsleuten trotz der widrigen Umstände das Aushalten in der angestammten Heimat zu erleichtern.

Die Bundesregierung wird sich besonders darum bemühen, daß die Deutschen das Bewußtsein ihrer Zusammengehörigkeit erhalten und festigen. Neben der brieflichen Verbindung ist die persönliche Begegnung zwischen den Deutschen der getrennten Landesteile von großer Bedeutung. Die Besuchsreisen der Landsleute aus Mitteldeutschland werden weiter gefördert werden, und die Bundesregierung glaubt dabei der großzügigen Unterstützung der gesamten Bevölkerung, der Länder, Gemeinden und Hilfsorganisationen wie bisher sicher zu sein. Je besser die menschlichen Beziehungen zu unseren Landsleuten jenseits der Zonengrenze sind, um so leichter wird es uns werden, auch die bedrohte Einheit unseres kulturellen Lebens trotz vieler Verbote und Verkehrsbehinderungen der anderen Seite zu erhalten.

Ich möchte auch derer gedenken, die noch heute zu Tausenden unschuldig in den Gefängnissen und Zuchthäusern der Sowjetzone in Haft sind. Die Bundesregierung fordert erneut die Freilassung dieser Menschen und deren Rückkehr zu ihren Angehörigen, die sich in größter seelischer und materieller Not befinden.

Ein wichtiges Bindeglied zur mittel- und ostdeutschen Bevölkerung ist Berlin. Ich habe schon früher erklärt, daß Berlin sich auf die Bundesrepublik verlassen kann, und darf hier erneut feststellen, daß die Bundesregierung auch künftig ihre Verpflichtungen gegenüber dieser Stadt und ihrer tapferen Bevölkerung nach besten Kräften weiter erfüllen wird, um Berlin in den Stand zu setzen, den Aufgaben als künftige Hauptstadt Deutschlands gerecht zu werden.

Die Zonenrandgebiete sind durch die Abtrennung vom mitteldeutschen Raum häufig in eine schwierige wirtschaftliche, soziale und kulturelle Lage geraten. Die jährlichen Förderungsprogramme des Bundes haben zwar zu einer fühlbaren Erleichterung geführt. Die Bundesregierung wird aber gemeinsam mit den betroffenen Ländern die wirtschaftliche und kulturelle Förderung dieser Gebiete fortsetzen.

Meine Damen und meine Herren, Politik verlangt Klarheit in der Erkenntnis der Ziele. Politik muß realistisch sein, d. h. die Möglichkeiten erkennen, sie muß mutig sein, um die auf ihrem Wege sich zeigenden Hindernisse zu überwinden. Vor allem aber verlangt politische Arbeit Ruhe, Geduld und Stetigkeit. Nur wenn diese Voraussetzungen vorliegen, kann man auf Erfolg rechnen. Wir bitten das Hohe Haus um seine Hilfe.

Regierungserklärung vom 29. November 1961
Als Stellvertreter des Bundeskanzlers Dr. Adenauer, Dr. Erhard

Herr Präsident! Meine Damen und Herren! Als Stellvertreter des Bundeskanzlers habe ich die Ehre, in seinem Namen dem Hohen Hause zu Beginn der Arbeit der 4. Legislaturperiode die Erklärung der Bundesregierung zur Kenntnis zu bringen.

Die Wahlen zum 4. Deutschen Bundestag und die Bildung einer neuen Bundesregierung vollzogen sich in einer besonders spannungsreichen Zeit. Der Ost-West-Gegensatz, die Berlin-Krise, deren weltweite Bedeutung durch die Wiederaufnahme der sowjetischen Atomversuche und durch die Drohung mit der Superbombe sichtbar wurde, erfüllen uns alle mit Sorge. Um so höher ist die Besonnenheit unserer Bevölkerung zu werten.

Die Bundestagswahlen haben eine weitere Konzentration des Wählerwillens ergeben. Während im ersten Deutschen Bundestag zwölf Parteien vertreten waren, gehören unserem Parlament jetzt nur noch Vertreter von drei Fraktionen an. Radikale Splittergruppen sind durch den Wähler zur völligen Bedeutungslosigkeit verurteilt worden, — ein ermutigendes Zeichen.

Da es bei dieser Wahl keiner Partei gelungen ist, die absolute Mehrheit im Bundestag zu erreichen, stellte sich die Aufgabe, eine Koalitionsregierung zu bilden. Es hat Befürworter einer All-Parteien-Regierung gegeben. Wir hielten eine solche Lösung nicht für angebracht. Ich selbst habe stets aus allgemein staatspolitischen Erwägungen die Auffassung vertreten, daß in diesem demokrtatischen System eine Opposition absolut notwendig ist. Das bedeutet nicht, daß wir nicht alle Bemühungen unternehmen sollten, um gerade in den wichtigsten Lebensfragen unseres Volkes zu übereinstimmenden Auffassungen und zu gemeinsamem Handeln aller im Bundestag vertretenen Parteien zu kommen.

Eine Koalition zwischen CDU/CSU und FDP bot sich als die naheliegende Lösung an, zumal diese Parteien im Verlaufe der für den Aufbau unseres Staatswesens entscheidenden Jahre schon zusammengearbeitet hatten. Ein erneutes Zusammengehen entsprach nach unserer Auffassung am besten dem Willen der Wählerschaft. Die Verhandlungen zwischen CDU/CSU und FDP führten nach eingehender Überprüfung der wichtigsten Fragen unserer Politik zu jener Übereinstimmung, die die Bildung der amtierenden Bundesregierung ermöglichte.

Verschiedentlich wurde die Dauer dieser Verhandlungen gerügt. Dazu möchte ich feststellen, daß auch nach den Bundestagswahlen der Jahre 1949, 1953 und 1957 jeweils eine Frist von über einem Monat bis zur Ernennung und Vereidigung einer neuen Bundesregierung benötigt wurde. Wenn es diesmal um ein Geringes länger gedauert hat, so kann ich darin keinen Grund zur Beanstandung finden. Die Bundesregierung ist vielmehr der Auffassung, daß diese Verhandlungen der Koalitionspartner notwendig waren, weil dadurch eine zuverlässige, solide Basis für die gemeinsame Arbeit geschaffen wurde, deren eine handlungsfähige Regierung in einer so unruhigen Zeit wie der unsrigen bedarf.

In der Koalitionsvereinbarung wurde im Geiste loyaler Partnerschaft eine gemeinsame Konzeption der Grundzüge der uns erwartenden Regierungsarbeit niedergelegt. Die in der letzten Zeit erhobenen Vorwürfe, eine solche Vereinbarung stehe nicht im Einklang mit unserer Verfassung, halte ich für unberechtigt. Diese Arbeitsrichtlinien, bei denen es sich praktisch um das Ergebnis sorgfältiger Prüfung handelt, inwieweit die einen gemeinsamen Weg suchenden Partner in ihren Auffassungen übereinstimmen, können so wenig verfassungswidrig sein wie etwa programmatische Festlegungen einer einzelnen Partei. Weder die Verfassung noch der von den Mitgliedern dieser Regierung geleistete Eid werden durch das Vorhandensein einer solchen Vereinbarung beeinträchtigt, sie bleiben vielmehr bei jeder einzelnen Entscheidung verbindlich. Es versteht sich von selbst, daß auch die in der Verfassung garantierte freie Gewissensentscheidung der zur Koalition gehörigen Abgeordneten dieses Hohen Hauses unangetastet bleibt. Unser Vorgehen ist auch nicht ohne Beispiel. Die Parteiengruppierung, welche die gegenwärtige niedersächsische Landesregierung bildet, hat ebenfalls einen Koalitionsvertrag abgeschlossen, ohne daß seit Jahr und Tag irgend jemand darin einen Verfassungsverstoß gefunden hätte.

Der heutigen Bundesregierung gehören 20 Bundesminister an. Neugeschaffen wurden das Bundesministerium für wirtschaftliche Zusammenarbeit und das Bundesministerium für Gesundheitswesen. Außerdem ist ein Bundesminister für besondere Aufgaben berufen worden.

Lassen Sie mich an dieser Stelle den ausscheidenden Mitgliedern der bisherigen Bundesregierung für ihre hingebungsvolle Arbeit, mit der sie dem Wohle unseres Volkes und Landes gedient haben, den herzlichsten Dank aussprechen.

Die Kritik an der Vergrößerung der Zahl der Bundesminister erscheint nicht berechtigt. Die Kritiker verkennen, daß die Zahl der Ministerien nur Ausdruck dafür ist, daß zahlreiche Aufgaben für den Staat neu entstanden sind, sei es aus der besonderen politischen Situation unserer Zeit, aus der ständigen Komplizierung der modernen Gesellschaft oder auch aus der manchmal beklemmenden technischen Entwicklung. Schon in der Regierungserklärung vom 20. September 1949 hat der Herr Bundeskanzler auf diesen Sachverhalt hingewiesen, ohne daß damals schon das ganze Ausmaß der sich uns ständig neu stellenden Probleme erkennbar war. Ein Ministerium muß für seinen Chef überschaubar bleiben, wenn er nicht in der Routine der Verwaltungsaufgaben aufgehen soll, sondern wenn er — wie es notwendig ist — sich den Blick frei halten will für seine politischen Aufgaben, für seine Verantwortung für das Ganze. Um diesem Erfordernis zu entsprechen, mußten wir — nicht erst bei dieser Regierungsbildung — für einige in ihrer Bedeutung enorm gewachsene Zweige bisheriger sogenannter klassischer Ministerien besondere Ressorts schaffen.

Davon abgesehen aber bin ich der Meinung, daß wir im internationalen Vergleich durchaus bestehen können, selbst wenn man die nach dem föderativen Aufbau unseres Staatswesens gegebene Aufgabenteilung zwischen Bund und Ländern berücksichtigt. Großbritannien z. B. hat ein Kabinett von 30 Mitgliedern, von denen 21 stimmberechtigt sind. Die Regierung Italiens besteht aus 24 Mitgliedern, die alle stimmberechtigt sind, davon drei ohne Portefeuille. In Frankreich hat das unter dem Staatspräsidenten de Gaulle gebildete Kabinett 28 Mitglieder, alle stimmberechtigt, davon 18 Minister; zehn sind Staatsminister und Staatssekretäre.

Schließlich möchte ich auch ein Wort dazu sagen, warum abweichend von der bisherigen Gepflogenheit diese Regierungserklärung nicht am Tage der Vorstellung und Vereidigung des Bundeskabinetts abgegeben wurde. Zwar sind, wie ich schon ausgeführt habe, in den Koalitionsverhandlungen klare Vorstellungen über die Grundsätze des Regierungsprogramms erarbeitet worden. Es ist aber selbstverständlich, daß die neu in die Regierung eingetretenen Mitglieder ein Recht darauf hatten, bei der Festlegung der Einzelheiten dieser Regierungserklärung ihren persönlichen Einfluß geltend zu machen. Das aber war in der bis zur Vereidigung der Bundesregierung zur Verfügung stehenden Zeit schon deshalb nicht möglich, weil unmittelbar nach der Wahl und Ernennung des Bundeskanzlers eine aus der außenpolitischen Situation sich ergebende außergewöhnliche Beanspruchung des Regierungschefs einsetzte, die es ihm zur Pflicht machte, dieser Arbeit vorübergehend alle anderen Belange unterzuordnen. Er ist der Meinung, daß er sich nach der Aussprache, die er vor seiner Abreise nach Washington am 17. November 1961 mit den Vorsitzenden der Bundestagsfraktionen hatte, auf diese Ausführungen beschränken kann.

Lassen Sie mich nun einigen Schwerpunkten der künftigen Regierungsarbeit mich zuwenden.

Mit einer gewissen Sorge hat die Bundesregierung der vergangenen Legislaturperiode die Entwicklung des Bund-Länder-Verhältnisses beobachtet. Die Bewältigung der vor uns allen liegenden schweren Aufgaben macht es notwendig, daß alles getan wird, eine fruchtbare und reibungslose Zusammenarbeit zwischen Bund und Ländern zu sichern. Ohne eine solche sind diese Aufgaben nicht zu meistern; bei ihrer Durchführung wird die Bundesregierung vielmehr in verstärktem Maße auf die Mitwirkung der Länder angewiesen sein. Die Bundesregierung bekennt sich aus Überzeugung zu dem in der Verfassung niedergelegten Grundsatz eines föderativen Staatsaufbaus und zur gegenseitigen Treuepflicht zwischen Bund und Ländern. Ihr kommt es aber auch zu, das Wohl der Bundesrepublik als Ganzes nachdrücklich zu wahren und zu vertreten.

In den vergangenen Legislaturperioden war es leider noch nicht möglich, ein Parteiengesetz zu verabschieden. Ich glaube aber, daß die Erörterung der damit zusammenhängenden schwierigen Probleme inzwischen so weit fortgeschritten ist, daß es in dieser Legislaturperiode gelingen wird, ein Gesetz zu schaffen, das den politischen Parteien die Erfüllung ihres verfassungsmäßigen Auftrags gewährleistet.

Für die Bewältigung der uns gestellten Aufgaben ist ein zuverlässiges, unbestechliches und pflichtgetreues Berufsbeamtentum eine wesentliche Voraussetzung. Es zu erhalten und zu festigen sowie in seiner rechtlichen und wirtschaftlichen Stellung zu sichern, wird auch für die kommende Legislaturperiode eine wichtige Aufgabe sein.

Die Bundesregierung sieht es nach wie vor als eines ihrer grundsätzlichen Anliegen an, die rechtsstaatliche Ordnung in der Bundesrepublik zu sichern und auszugestalten.

Rechtspolitisch ist in der letzten Legislaturperiode ein gewisser Abschnitt erreicht worden: Die Bereinigung des deutschen Rechts gegenüber der Zeit von 1933 bis 1945 und die Wiederherstellung der deutschen Rechtseinheit gegenüber den Jahren von 1945 bis 1949 konnten im wesentlichen ebenso vollendet werden wie die Ablösung des Besatzungsrechts. Die Sammlung des bereinigten Bundesrechts steht unmittelbar vor ihrem Abschluß; sie wird der Praxis eine große Hilfe bedeuten.

Im Mittelpunkt der Aufgaben der neuen Wahlperiode werden drei große Reformwerke stehen: das neue Strafgesetzbuch, das neue Aktiengesetz und das neue Urheberrechtsgesetz.

Als Ergebnis jahrelanger Vorarbeiten werden diese Entwürfe bereits in nächster Zeit dem Bundestag vorgelegt werden können.

Als besonders dringlich ist die Verabschiedung der Strafprozeßnovelle anzusehen, die bereits dem letzten Bundestag zugegangen war. Die europäische Rechtsangleichung werden wir weiter nachdrücklich zu fördern haben.

Wie in der Vergangenheit wird es auch in der Zukunft besonderer Anstrengungen zur Förderung von Wissenschaft und Forschung bedürfen. Dies ist von zentraler Bedeutung für die Entfaltung der geistigen Kräfte unseres Volkes und für seine Geltung in der Welt. Die eingeleiteten Maßnahmen werden unter Berücksichtigung der Vorschläge des Wissenschaftsrats in enger Zusammenarbeit mit den Ländern durchgeführt. Die Bundesregierung erklärt erneut ihre Bereitschaft, sich an der Errichtung neuer wissenschaftlicher Hochschulen zu beteiligen. Angesichts der wachsenden Zahl von Studierenden sollten die zuständigen Stellen unverzüglich alles tun, damit unsere wissenschaftlichen Hochschulen ihre Aufgaben sachgemäß erfüllen können.

Die Bundesregierung wird ihre Anstrengungen zur Förderung der Kernforschung und zum Aufbau einer Atomwirtschaft fortsetzen. Sie wird sich dabei auch der Weltraumforschung und der Raumfahrttechnik annehmen.

Angesichts der großen Bedeutung, die die Erhaltung der Gesundheit für den einzelnen und für unser Volk hat, hat sich die Bundesregierung entschlossen, ein Bundesministerium für Gesundheitswesen einzurichten. Zu dessen vordringlichen Aufgaben wird es gehören, sich der Fragen der Reinhaltung des Wassers und der Luft sowie der Bekämpfung des Lärms anzunehmen. Vor allem in den Ballungsgebieten haben die negativen Begleiterscheinungen unserer Zivilisation einen besorgniserregenden Umfang angenommen. Es wird alles getan werden müssen, um die auf diesem Gebiet notwendigen Maßnahmen mit Energie voranzutreiben. Ich rechne hierbei auf eine enge Zusammenarbeit mit den Ländern, der Industrie und den Gemeinden. Das Bundesministerium für Gesundheitswesen wird sich ferner mit der Verbesserung der Verhältnisse unserer Krankenhäuser befassen müssen. Die in der dritten Legislaturperiode des Deutschen Bundestags verabschiedeten grundlegenden Gesundheitsgesetze sollten beschleunigt durchgeführt und die Vorarbeiten für die noch ausstehenden Regelungen auf den Gebieten der Heilmittelwerbung, der Gesundheitsfürsorge für Mutter und Kind und des gesundheitlichen Schutzes gegen Strahlengefahren sowie für die Gesamtreform des Lebensmittelrechts baldigst abgeschlossen werden.

Der Sport wird unter Berücksichtigung des vom Deutschen Olympischen Komitee vorgelegten „Goldenen Plans" zur sportlichen Ertüchtigung unseres Volkes verstärkt gefördert werden.

Angesichts der großen Aufgaben und Anforderungen, die von der Bundesrepublik in den nächsten Jahren bewältigt werden müssen, kommt es ganz entscheidend darauf an, die Leistungskraft unserer Volkswirtschaft zügig weiterzuentwickeln. Die Bundesregierung sieht daher in der konsequenten Fortführung der nunmehr seit zwölf Jahren bewährten Sozialen Marktwirtschaft das beste Mittel, um diesen Notwendigkeiten gerecht zu werden. Damit ist die Möglichkeit für weiteres wirtschaftliches Wachstum und die Gewißheit für wirtschaftliche Sicherheit im besten Wortsinn gegeben. Westdeutschland leistet damit an der Nahtstelle zwischen Ost und West einen entscheidenden Beitrag zum Schutz der westlichen Welt vor kommunistischer Zersetzung und Infiltration.

Die Fortführung und Weiterentwicklung der Sozialen Marktwirtschaft wird es gestatten, die immer neuen Probleme, vor die uns die moderne Industriegesellschaft stellt, befriedigend zu lösen. Nur so werden wir in der Lage sein, den in letzter Zeit verschärften internationalen Wettbewerb zu bestehen. Die enge internationale Verflechtung hat mit dazu beigetragen, in Deutschland die Vollbeschäftigung zu sichern und den Millionen von Heimatvertriebenen eine neue Existenz zu gewähren. Aus dieser führenden Position erwächst aber auch die Verpflichtung, um die Ordnung der internationalen Beziehungen, besonders auch des internationalen Zahlungsverkehrs, bemüht zu sein.

Wichtigste Voraussetzung für diese gesunde wirtschaftliche Entwicklung bietet die Stabilität unserer Währung. Wirtschaftswachstum darf nicht mit Preissteigerungen erkauft werden. Es ist auch notwendig, für eine verstärkte Koordinierung der Konjunkturpolitik, nicht zuletzt im internationalen Rahmen, zu sorgen. Wir müssen dabei für eine Erweiterung des konjunkturpolitischen Instrumentariums sorgen.

Von den Sozialpartnern erwartet die Bundesregierung Unterstützung durch eine maßvolle und besonnene Lohnpolitik. Diese muß den Produktivitätsfortschritt berücksichtigen. Von der Einhaltung der durch Preisstabilität und Sicherung eines gesunden wirtschaftlichen Wachstums gesetzten Grenzen wird es abhängen, ob gegebenenfalls neue Lösungen und Formen der Zusammenarbeit der Sozialpartner gefunden werden müssen.

Die Bundesregierung wird den Leistungswettbewerb weiter fördern. Sie wird die Entstehung wirtschaftspolitisch schädlicher marktbeherrschender Unternehmen wie auch den Mißbrauch bereits vorhandener Macht verhindern. Das Kartellgesetz wird unter diesem Gesichtspunkt überprüft und verbessert werden, wobei die Sicherung der Preiselastizität in der Wirtschaft besondere Aufmerksamkeit verdient. Der Kartellpolitik im Rahmen des Gemeinsamen Markts kommt wachsende Bedeutung zu. Die Ergebnisse der bereits eingeleiteten Enquete über Entstehen und Vorhandensein wirtschaftlicher Macht wird die Grundlage für Vorschläge und Maßnahmen der neuen Regierung bilden.

In der Mittelstandspolitik werden wir fortfahren, gute Lebensbedingungen für die breite Mittelschicht mit den vielen gesunden selbständigen Existenzen im Handwerk, Handel und Gewerbe, in der Landwirtschaft und in den freien Berufen zu fördern. Neben dem Willen, die Leistungs- und Wettbewerbsfähigkeit der vorhandenen Betriebe zu stärken, steht als wichtige Aufgabe, das Selbständigwerden bisher abhängiger Existenzen zu ermöglichen.

Die Steuerung des wirtschaftlichen Prozesses durch Markt, Preise und Wettbewerb stellt die Wirtschaft vor die Aufgabe, sich den ständigen Änderungen der Marktverhältnisse anzupassen. Derartige Anpassungsvorgänge sind unvermeidlich, ja, sie bewirken den sozialen und wirtschaftlichen Fortschritt. Es wäre weder ökonomisch noch gesellschaftspolitisch zu rechtfertigen, sie verhindern zu wollen. Staatliche Hilfe erscheint aber dort vertretbar, wo aus der Eigenart der Produktionsbedingungen ungewöhnliche Anpassungsschwierigkeiten entstehen und die betreffenden Wirtschaftszweige aus eigenen Kräften alles tun, um die Schwierigkeiten zu bewältigen. So wird auch der Steinkohlenbergbau künftig bei seinen Anpassungsbemühungen unterstützt werden.

Die räumliche Verteilung der Wirtschaft muß durch geeignete Maßnahmen der regionalen Wirtschafts- und Strukturpolitik so beeinflußt werden, daß übermäßige Zusammenballungen vermieden und für die Bevölkerung in allen Teilen der Bundesrepublik befriedigende Lebens- und Erwerbsbedingungen gegeben sind. Daher wird die Hilfe für strukturell schwache Gebiete und Zonenrandgebiete fortgesetzt werden. Die wirtschaftliche Hilfe für Berlin stellt eine besondere Aufgabe und Verpflichtung dar. Ihr Vorrang bedarf keiner besonderen Erläuterung.

Die Finanzpolitik der Bundesregierung steht in den kommenden Jahren vor vielfältigen und schwierigen Aufgaben. Auch sie wird einen wichtigen und unentbehrlichen Beitrag zur Sicherung von Konjunktur und Beschäftigung zu leisten haben. Sie muß zu ihrem Teile auch dazu beitragen, daß unsere gesamte Volkswirtschaft weiter wächst. Ihr oberstes Ziel ist die Sicherung der Kaufkraft unseres Geldes.

An den Bundeshaushalt werden in den kommenden Jahren erhebliche Mehranforderungen herantreten. Neben Mehrlasten für die militärische und zivile Verteidigung erfordern die Erhaltung der Lebensfähigkeit Berlins, die Anpassung unserer Landwirtschaft an eine veränderte Wirtschaftsstruktur und ihre allmähliche Einfügung in den gemeinsamen europäischen Markt, die Entwicklungshilfe an andere Völker sowie der kulturelle

Fortschritt in Wissenschaft und Bildung wachsende finanzielle Anstrengungen. Der Ausgleich des Bundeshaushalts wird in den kommenden Jahren Deckungsprobleme aufwerfen, die wir in den vergangenen Jahren nicht gekannt haben. Zur Sicherung des Haushaltsausgleichs werden strenge Sparsamkeit bei allen Bundesausgaben und die Aufnahme von Kredit beitragen müssen. Alle Ausgleichsmöglichkeiten im Rahmen des Gesamthaushalts von Bund und Ländern müssen erschöpft werden, bevor etwa zur Deckung von wirklich unausweichlichen Mehrausgaben des Bundeshaushalts Steuererhöhungen erwogen werden können. Steuerausgleich und Steuerumbau gehen vor Steuererhöhung.

Im Rahmen dieser grundsätzlichen Überlegungen wird eine Reihe von steuerlichen Maßnahmen verwirklicht werden müssen, für die gewisse Vorarbeiten schon in der abgelaufenen Legislaturperiode geleistet worden sind. Unter diesen Maßnahmen erwähne ich besonders die Reform der Umsatzsteuer, die wettbewerbsneutral gestaltet werden muß und keinen steuerlichen Anreiz zur Konzentration in der Wirtschaft bieten darf.

Nach der Meinung der Bundesregierung bedarf unser gesamtes Steuersystem in Bund, Ländern und Gemeinden einer sehr sorgfältigen Überprüfung und Anpassung an veränderte wirtschaftliche Verhältnisse und politische Ziele. Das ist eine Aufgabe für viele Jahre, die nicht in einem einzigen großen Reform-Gesetzgebungswerk gelöst werden kann. Wir sollten uns aber bemühen, aus der allzu gelegentlichen Steuerflickarbeit herauszukommen, die Jahr um Jahr hier und dort Kleinigkeiten ändert und die unser Steuersystem als ganzes auf die Dauer eher verschlechtert als verbessert. Maßstab dieser Überprüfung und Anpassung der Steuergesetze müssen unter anderem sein die volkswirtschaftliche Zweckmäßigkeit, die Stärkung der wirtschaftlichen Eigenverantwortung in einer freiheitlichen Gesellschaft, die Förderung der Vermögensbildung in breiten Schichten und nicht zuletzt die Vereinfachung des Steuerrechts.

Besondere Aufmerksamkeit wird die Bundesregierung den Finanzproblemen der Gemeinden zuwenden. Das innere Gleichgewicht der Gemeindehaushalte ist infolge der zurückgebliebenen Bewertung des Grundvermögens einerseits und des mächtigen Wachstums der Gewerbesteuer andererseits gestört. Bei der Neuordnung der Gemeindesteuern müssen der Bund und die Länder eng zusammenarbeiten. Im Rahmen eines ausgewogenen Systems gemeindeeigener Steuereinnahmen muß die Selbstverantwortung der Gemeinden für ihre Ausgabengebarung und für die Höhe der örtlichen Steuern im größtmöglichen Umfange gewahrt bleiben.

Die Neuordnung der Gemeindesteuern ist Teil einer der wichtigsten finanzpolitischen Aufgaben, die jetzt vorbereitet werden müssen, nämlich der Neugestaltung der Finanzverfassung für Bund, Länder und Gemeinden auf längere Sicht. Die derzeitige Trennung von Steuererträgen zwischen Bund, Ländern und Gemeinden erweist sich zunehmend als überprüfungsbedürftig. Eine verbesserte Finanzverfassung wird davon ausgehen müssen, daß der gesamte öffentliche Finanzbedarf von der gesamten Volkswirtschaft aufgebracht werden muß. Der Einheit von Wirtschaft und Gesellschaft in einem einheitlichen Wirtschaftsgebiet muß eine Einheit der öffentlichen Aufgaben und des Finanzbedarfs im öffentlichen Gesamthaushalt von Bund, Ländern und Gemeinden entsprechen.

Die Aufgaben von Bund, Ländern und Gemeinden, wie sie durch die Verfassung zugewiesen werden, sind grundsätzlich gleichwertig. Für diese legitimen Aufgaben sollten jedem Aufgabenträger ausreichende Deckungsmittel in einem ausgewogenen, unter sich verbundenen und beweglichen System eigener Steuerquellen und großer Überweisungssteuern zugewiesen werden.

Diese Neuordnung der Finanzverfassung des Grundgesetzes, deren außergewöhnlichen politischen Rang ich nicht hervorzuheben brauche, erfordert eine sorgfältige Vorbereitung. Die Bundesregierung wird die politischen, wirtschaftlichen und finanziellen Zusammenhänge durch eine Kommission erfahrener und unabhängiger Persönlichkeiten untersuchen lassen. Diese Kommission soll der Bundesregierung in angemessener Frist geeignete Vorschläge zur Verbesserung der Finanzverfassung unterbreiten.

Wir kennen die Sorgen und Schwierigkeiten der Landwirtschaft. Wir kennen ihren Mangel an Arbeitskräften und die dadurch noch verstärkte Notwendigkeit einer kostspieligen Technisierung. Wir kennen auch ihre Sorgen, daß durch die Europäische Wirtschaftsgemeinschaft die Lage der deutschen Landwirtschaft noch schwieriger werden könnte.

Mit der fortbestehenden Verwirklichung des Gemeinsamen Marktes und der Eingliederung der deutschen Landwirtschaft in diesen Integrationsprozeß werden die deutsche Agrarpolitik und damit auch die deutsche Landwirtschaft sehr bald vor ernste Entscheidungen gestellt werden. Von diesem Integrationsprozeß, der eine notwendige Folge der Römischen Verträge ist, kann die Landwirtschaft nicht ausgenommen werden.

Die Bundesregierung vertritt jedoch die Auffassung, daß dieser Eingliederungsprozeß organisch und behutsam vor sich gehen muß. Sie ist weiter der Auffassung, daß die deutsche Agrarpolitik sich nach wie vor nach den Zielen des deutschen Landwirtschaftsgesetzes auszurichten hat. Die derzeitige Wirtschafts- und Einkommenslage der deutschen Landwirtschaft darf nicht verschlechtert, sie muß, wo sie unzureichend ist, verbessert werden. Bei ihren Entscheidungen zur Entwicklung einer gemeinsamen Agrar- und Ernährungspolitik unter den sechs EWG-Ländern, insbesondere in den Fragen des Agrarschutzes und der Preisbildung, wird die Bundesregierung diesem Grundgedanken Rechnung tragen.

Landwirtschaft und Forstwirtschaft bleiben auch in unserem Industriestaat ein unentbehrlicher Teil der Volkswirtschaft. Die Förderung des Leistungsvermögens der Landwirtschaft und ihrer Kaufkraft ist ein wichtiger Bestandteil unserer eigenen volkswirtschaftlichen Interessen. Die Erhaltung einer breiten Schicht eigentumsbejahender und heimatverbundener Bauern und Landarbeiter sowie der mit ihnen verbundenen mittelständischen Existenzen auf dem Lande und in den kleinen Städten ist auch aus vielen anderen Gründen für uns von größter Bedeutung. Wir wollen daher die Landwirtschaft in ihrer wirtschaftlichen Entwicklung, aber auch die Landbevölkerung in ihrer Sozial- und Lebensordnung fördern. Damit soll den Gefahren weiterer Menschenzusammenballungen in Großstädten und Industriezentren begegnet werden. Diese Förderung wird die Kosten- und Ertragslage auf Grund der gemeinsamen Agrarpolitik im Rahmen der EWG zu berücksichtigen haben, um ordnungsgemäß geführten Bauernbetrieben mit durchschnittlichen Produktionsbedingungen die wirtschaftliche Existenz einer bäuerlichen Familie zu gewährleisten; das Landwirtschaftsgesetz ist — soweit erforderlich — entsprechend zu ergänzen.

Unverändertes Ziel der Agrarpolitik bleibt es, die Produktion von Bodenerzeugnissen in einer durch intensiven Landbau geprägten Kulturlandschaft gesund zu erhalten.

Bei der steigenden Bedeutung der Veredelungswirtschaft wird aber neben der Bodenproduktion die Veredelungserzeugung besonders gefördert werden müssen.

Die Verbesserung der Agrarstruktur soll fortgeführt, das ländliche Bildungswesen und die Wirtschaftsberatung weiter ausgebaut werden.

Auch sollen die allgemeinen Lebensbedingungen für die auf dem Lande lebenden Menschen durch Schaffung der notwendigen Grundausrüstung in den Dörfern und durch Entwicklung sogenannter zentraler Orte verbessert und die schwach strukturierten Gebiete gefördert werden.

Die durch den Mangel an Arbeitskräften zunehmende Arbeitsbelastung der in der Landwirtschaft tätigen Menschen soll durch weitere Rationalisierung mit zinsgünstigen Krediten gemildert werden. Auch die bäuerliche Hauswirtschaft muß weiter gefördert werden, um die schwer arbeitende Hausfrau zu entlasten.

In verstärktem Maße wird jedoch der Selbsthilfewille der Landbevölkerung unterstützt werden, insbesondere da, wo sich eine Anpassung der Erzeugung, des Angebots und des Absatzes an veränderte Umweltbedingungen oder Marktverhältnisse als notwendig erweist. Der Agrarkredit wird bei der Finanzierung solcher Maßnahmen sehr wichtig sein.

Eine gute Unterbringung der Menschen ist eine Voraussetzung für ihr soziales Wohlbefinden, ihre innere Aufgeschlossenheit und ihre berufliche Leistungsfähigkeit. Die Förderung des Wohnungsbaus gehört deshalb zu unseren vordringlichen Aufgaben. Wir werden trotz aller früheren Erfolge nicht ruhen, bis auch die letzte Wohnungsnot beseitigt ist. Aber nicht die Wohnungsbeschaffung allein ist wichtig, es ist auch wichtig, möglichst vielen Menschen eine unmittelbare Beziehung zu Haus und Boden zu verschaffen. Der Bau von Familienheimen wird daher bei allen Förderungsmaßnahmen den Vorrang behalten, ebenso die Unterbringung kinderreicher und junger Familien. Für alle diese Maßnahmen bleiben die Baulandbeschaffung sowie vernünftige Baupreise ein dringendes Gebot.

In dem Maße, in dem die Wohnungsnot beseitigt wird, soll der ganze Wohnungsbestand in die Soziale Marktwirtschaft übergeführt werden. Die Eigentumspolitik im Wohnungsbau behält daneben ihren Vorrang.

Die finanziellen und steuerlichen Hilfsmaßnahmen zur Instandsetzung und Modernisierung des Altwohnungsbestandes werden fortgesetzt.

Das soziale Miet- und Wohnrecht wird weiter ausgebaut. Ein endgültiges Gesetz über Wohnbeihilfen soll jeder Familie das notwendige Mindestmaß an Wohnraum wirtschaftlich sichern. Der Mieter wird auch nach dem Auslaufen des Mieterschutzgesetzes den notwendigen rechtlichen Schutz genießen.

Im Zuge der Umstellung auf die Soziale Marktwirtschaft wird die Wohnungswirtschaft neue Aufgaben erhalten. Dabei wird in besonderem Maße den gemeinnützigen Wohnungsunternehmen die Aufgabe zukommen, zur Schaffung von Eigentum für breite Schichten der Bevölkerung beizutragen.

Die Erfolge der bisherigen Wohnungspolitik der Bundesregierung haben die Voraussetzung dafür geschaffen, jetzt eine umfassende Städtebaupolitik in Angriff zu nehmen. Dabei müssen zunächst die überalterten und ungesunden Wohn- und Arbeitgebiete erneuert, die Städte aufgelockert und durchgrünt, die Baudichte im Zusammenhang mit der Beseitigung der Verkehrsnotstände vermindert werden.

Alle diese Maßnahmen sind ein wesentlicher Teil der nach Maßgabe der Verfassung dringlich in Angriff zu nehmenden großen Aufgabe der Raumordnung. Hierzu gehören nicht nur die Entlastung der Ballungsgebiete, die Ordnung des überörtlichen Verkehrs und die Erhaltung der Erholungsflächen, sondern ebenso die Förderung der Wirtschaftskraft der schwach strukturierten Gebiete der Bundesrepublik sowie die Verbesserung der Agrarstruktur. Eine wirksame Raumordnung ist die Voraussetzung für unsere gesellschaftspolitische Entwicklung. Sie erfordert gemeinsame Anstrengungen von Bund, Ländern und Gemeinden sowie innerhalb der Bundesregierung selbst die Mitwirkung mehrerer Ressorts. Für diese Arbeit sind die gesetzlichen und finanziellen Voraussetzungen schnellstens zu schaffen.

Aber nicht nur das Eigentum an Haus und Boden, auch die sonstige Eigentumsbildung in allen sozialen Schichten und eine breite Streuung des sich neu bildenden Vermögens sind für uns in Zukunft ein vordringliches Anliegen. Privates Eigentum stärkt die wirtschaftliche Freiheit und Unabhängigkeit des einzelnen und der Familie. Die breite Streuung des privaten Eigentums ist eine Voraussetzung für die Stabilität unserer freiheitlichen Wirtschafts- und Gesellschaftsordnung. Die Entstehung neuen Vermögens der öffentlichen Hand soll daher, soweit irgend möglich, verhindert werden.

Die so erfolgreichen Maßnahmen zur breiten Vermögensbildung werden durch weitere Privatisierung des Erwerbsvermögens des Bundes und Ausgabe weiterer Volksaktien fortgesetzt werden. Die Zahl der seit 1957 bereits um das Vierfache auf zwei Millionen gestiegenen Besitzer von Aktien wird sich weiter erhöhen.

Vermehrte Eigentumsbildung erfordert vermehrtes Sparen. Die Sparfähigkeit, namentlich der unteren und mittleren Einkommensschichten, wird verstärkt werden. Den Vertriebenen und Flüchtlingen wird dabei unsere besondere Aufmerksamkeit gelten.

Die Aufgaben des ERP-Sondervermögens werden fortgeführt und erweitert. Dieser Kapitalfonds für Struktur- und Entwicklungsaufgaben im In- und Ausland wird insbesondere künftig der Förderung der Berliner Wirtschaft, der Erleichterung von Startbedingungen des Mittelstandes, aber auch der Förderung von Investitionen in Entwicklungsländern und der Reinhaltung von Wasser und Luft dienen.

Die wirtschaftliche und technische Entwicklung machen eine großzügige Förderung der Bildung und Ausbildung der Jugend, insbesondere auch der Arbeiterjugend notwendig. Die Bundesregierung wird daher ihre Bemühungen zur Leistungsförderung und Ausbildung verstärken. Sie erwägt, Einnahmen aus dem Privatisierungserlös des Volkswagenwerks in Höhe von 500 Millionen DM für einen solchen großzügigen Bundesplan einzusetzen.

Auf dem Gebiet des Verkehrs muß dafür gesorgt werden, daß die Verkehrsträger Kraftverkehr und Binnenschiffahrt und das sie tragende mittelständische Gewerbe gesund und leistungsfähig bleiben. Wir werden auch die weitere Gesundung der Bundesbahn anstreben und sie bei der Rationalisierung und Modernisierung ihres Betriebs unterstützen.

Wir werden auch künftig auf die Angleichung der Wettbewerbsbedingungen der binnenländischen Verkehrsträger hinwirken, um sie auf der Grundlage der Verkehrsgesetzgebung der 3. Legislaturperiode an die Soziale Marktwirtschaft heranzuführen. Wir werden damit einen verstärkten Preiswettbewerb und gleichzeitig eine volkswirtschaftlich sinnvolle Aufgabenteilung unter den Verkehrsträgern fördern. An den gemeinwirtschaftlichen Aufgaben der Deutschen Bundesbahn wird auch in Zukunft grundsätzlich festgehalten werden.

Das dringlichste Anliegen unserer Verkehrspolitik ist die Sorge für die Sicherheit des Menschen im Straßenverkehr. Wir werden deshalb vor allem den steigenden Anforderungen an den Straßenbau Rechnung zu tragen haben. Die Mittel für den Ausbau der Bundesfernstraßen müssen weiter erhöht werden. Um zu einem leistungsfähigen Gesamtstraßennetz zu kommen, werden wir auch die Interessen der kommunalen Baulastträger berücksichtigen. Den Verkehrsnotständen in den Gemeinden und großen Städten werden wir nähertreten, sobald die von uns berufene Sachverständigenkommission ihre Untersuchungen abgeschlossen hat.

Der Ausbau der Wasserstraßen wird, soweit zweckmäßig und notwendig, fortgesetzt werden.

Das Bestreben der Seehäfen, der Seeschiffahrt und der zivilen Luftfahrt, mit der Entwicklung des modernen Weltverkehrs trotz des verstärkten internationalen Wettbewerbs Schritt zu halten, erkennen wir ausdrücklich als förderungswürdig an.

An der Entwicklung und Verwirklichung einer gemeinsamen europäischen Verkehrsordnung werden wir weiterhin nach Kräften mitarbeiten. Dabei werden auch die Voraussetzungen des Wettbewerbs der deutschen Verkehrsträger gegenüber ausländischen Verkehrsträgern überprüft werden müssen.

Auf dem Gebiet des Post- und Fernmeldewesens wird die Bundesregierung durch weitere Maßnahmen zur Technisierung, Automatisierung und Rationalisierung des Betriebs den Leistungsstand der Deutschen Bundespost aufrechterhalten, um den Anforderungen der deutschen Volkswirtschaft auch in Zukunft voll gerecht werden zu können. Sie wird ihr Augenmerk besonders auch darauf richten, daß das Verhältnis der Deutschen Bundespost zu den Benutzern ihrer Einrichtungen durch ein neues Postgesetz und eine neue Postordnung sowie durch eine Reform des Gebührenwesens auf eine zeitgemäße Grundlage gestellt wird. Die Bundesregierung ist sich bewußt, daß ein den Anforderungen des Verkehrs gerecht werdendes Nachrichtennetz nicht nur von nationaler, sondern bei der Lage der Bundesrepublik im Herzen Europas auch von internationaler Bedeutung ist. Es wird daher das Bestreben der Bundesregierung sein, zur Verbesserung des internationalen Post- und Fernmeldeverkehrs beizutragen.

Die Bundesrepublik steht seit langem im Zeichen der Vollbeschäftigung. Die Bundesregierung wird alles daransetzen, diesen hohen Beschäftigungsstand zu halten. Sie rechnet auch in der neuen Legislaturperiode mit der verantwortungsvollen Unterstützung und Mithilfe der Sozialpartner. Aufgetretene

Spannungen auf dem Arbeitsmarkt wird sie durch geeignete Maßnahmen zu mildern versuchen.

Ihre besondere Aufmerksamkeit wird die Bundesregierung auch weiterhin den Fragen der beruflichen Aus- und Fortbildung widmen. Sie ist der Überzeugung, daß den Investitionen und Förderungsmaßnahmen auf diesem Gebiete kein geringerer Wert als anderen Investitionen zukommt. Eine stetig wachsende Zahl von Menschen mit sehr hohem Bildungsstand ist in der Welt der industriellen und gewerblichen Arbeit für die wirtschaftliche und soziale Entwicklung eine unabdingbare Voraussetzung.

Die Bundesrepublik ist ein sozialer Rechtsstaat. Die in den vergangenen Legislaturperioden erzielten Fortschritte auf sozialpolitischem Gebiet können uns alle mit Genugtuung erfüllen. Sie zu erhalten, zu festigen und auszugestalten erachtet die Bundesregierung für ihre verfassungsmäßige Pflicht. Sie wird weiterhin den sozialpolitischen Belangen größte Aufmerksamkeit widmen und bestrebt sein, den sozialen Fortschritt zu fördern.

Soziale Sicherung ist notwendig. Ihre Grenze liegt aber dort, wo die persönliche Freiheit des einzelnen gefährdet und durch ein Übermaß von Forderungen die Grundlage aller sozialen Sicherheit, die Währungsstabilität, bedroht wird.

Die Sozialpolitik darf nicht Selbstzweck sein, sie ist aber überall dort berechtigt, wo die Verhältnisse sie erfordern. Sie hat dem Menschen bei der Entfaltung seiner Persönlichkeit zu dienen und soll ihm helfen, die Lebensrisiken zu bewältigen. Was der Mensch für sich und die Seinen aus eigener Kraft leisten kann, bedarf nicht der gesetzlichen Regelung.

Die Bundesregierung wird daher bei allen sozialpolitischen Maßnahmen auch Bedacht darauf nehmen, daß die Eigenverantwortung des Menschen gestärkt und seine persönliche Freiheit nicht geschmälert wird.

Die Sozialreform wird fortgeführt, das ist selbstverständlich. Die Bundesregierung wird Entwürfe für die Reform der Krankenversicherung und der Unfallversicherung, die diesen Grundsätzen entsprechen, vorlegen.

Neben den Fragen der Arbeit und des Arbeitsplatzes steht die Sorge für die Familie, die der Mittelpunkt der Menschen ist und deren wirtschaftliche und soziale Stellung von höchster, auch politischer Bedeutung ist. Wir wollen unsere Arbeit für die Familie konsequent fortsetzen. Beispielsweise werden wir dem Schutz der Mutter mit pflege- und erziehungsbedürftigen Kindern unsere besondere Aufmerksamkeit widmen. Ein Gesetzentwurf zur Vereinheitlichung des Kindergeldrechts soll, alsbald es möglich ist, die Aufbringung der für die Zahlung von Kindergeld insgesamt erforderlichen Mittel regeln.

Die Sorge für die Kriegsopfer wird uns auch weiterhin ein wichtiges Anliegen sein. Wir werden uns insbesondere bemühen, den Kriegsopfern eine Heilbehandlung zu ermöglichen, die dem neuesten Stand der wissenschaftlichen Erkenntnisse entspricht.

Die Sorge für die Vertriebenen und Flüchtlinge bleibt uns eine soziale Verpflichtung und ein nationales Anliegen. Wir werden bestrebt sein, die notwendigen Wohnungen zu erstellen, eine Verbesserung des Lastenausgleichs zu erreichen und eine beschleunigte Auszahlung der Hauptentschädigungen zu sichern. Wir werden ihnen helfen, neues Vermögen zu bilden, und uns bemühen, die durch Vertreibung und Flucht auseinandergerissenen Familien wieder zusammenzuführen. Die Ansiedlung der vertriebenen und geflüchteten Bauern wird entsprechend der bisherigen Planung fortgesetzt. In einem Gesetzentwurf der Bundesregierung soll die Gleichstellung der Sowjetzonenflüchtlinge mit den Heimatvertriebenen auf allen sozialen Gebieten erreicht werden. Ein weiterer Gesetzentwurf wird zur Beweissicherung oder zur Feststellung der in der sowjetischen Besatzungszone und dem Sowjetsektor von Berlin erlittenen Schäden vorgelegt werden.

Die Pflege des mittel- und ostdeutschen Kulturguts wird fortgesetzt.

In der 4. Legislaturperiode des Deutschen Bundestags wird auch versucht werden, auf allen Gebieten der Kriegsfolgengesetzgebung zu einer Schlußgesetzgebung zu kommen. Hierzu würde auch vordringlich das Schlußgesetz zu Artikel 131 des Grundgesetzes gehören.

Die uns allen am Herzen liegende Wiedergutmachung wird aller Voraussicht nach in dieser Legislaturperiode im wesentlichen zu Ende geführt werden können. Gewisse, vor allem technische Ergänzungen und Änderungen der bisherigen Bestimmungen werden in einem Wiedergutmachungsschlußgesetz zusammenzufassen sein.

Lassen Sie mich nun zur Außenpolitik kommen.

Seit ihrem Bestehen bemüht sich die Bundesrepublik um gute Beziehungen zu allen Staaten. Es ist ihr gelungen, mit den meisten Ländern freundschaftliche Verbindungen aufzunehmen und sie von Jahr zu Jahr enger und fester zu gestalten.

Das gilt für viele Staaten Asiens. Auch die Beziehungen zu den latein-amerikanischen Ländern haben sich sehr erfreulich entwickelt. Die Regierungen dieses Kontinents haben sich in den letzten Monaten fast einmütig, zuletzt noch auf der 16. Vollversammlung der Vereinten Nationen, für die Forderungen des deutschen Volkes auf Wiedervereinigung und Selbstbestimmung eingesetzt, wofür ich ihnen auch von dieser Stelle aus danken möchte.

Den politischen Umwandlungsprozeß auf dem afrikanischen Kontinent verfolgt die Bundesregierung mit Sympathie und lebhaftem Interesse. Sie ist an einer ungestörten und gesunden politischen und wirtschaftlichen Entwicklung der afrikanischen Staaten interessiert, und sie ist bereit, ihnen bei ihrem wirtschaftlichen Aufbau im Rahmen ihrer Kräfte zu helfen. Mit Genugtuung hat sie die Entschließung der zwölf afrikanischen Staaten, die kürzlich in Tananarive zusammentrafen, zur Kenntnis genommen, die sich gegen die gewaltsame Abtrennung des östlichen Teils von Berlin wendet und eine baldige Lösung der Deutschland-Frage auf der Basis des Selbstbestimmungsrechts fordert. Auch hierfür möchte ich im Namen der Bundesregierung danken.

In den Rahmen unserer Bemühungen um ein friedliches Zusammenleben mit allen Völkern fällt auch unser Bestreben, den Entwicklungsländern zu helfen. Wir haben schon Erhebliches geleistet. Allein für die Jahre 1961 und 1962 sind Kapitalhilfen in Höhe von insgesamt 5 Mrd. DM vorgesehen. Zur Ergänzung dieser öffentlichen Leistungen bemühen wir uns, die Initiative der Wirtschaft zu fördern. Von privatwirtschaftlichen Investitionen erwarten wir auf dem Gebiet der Entwicklungshilfe eine besonders große Wirkung. Wir werden die Entwicklungshilfe wie bisher ohne politische Bindungen leisten. Wir werden dabei aber nicht außer acht lassen dürfen, daß das deutsche Volk es nicht verstehen würde, wenn wir in eine Entwicklungspartnerschaft mit Staaten träten, die unser Selbstbestimmungsrecht nicht anerkennen.

Mehr noch als bisher wird die Bundesregierung in der Zukunft darauf achten, daß sich unsere Förderungsmaßnahmen in eine sinnvolle Gesamtplanung für den Wirtschaftsaufbau der Entwicklungsländer eingliedern. Gerade bei der Finanzhilfe sollte es zu einer dauerhaften Zusammenarbeit zwischen Geberländern und Entwicklungsländern kommen. Hier eine geeignete Form — auch auf multilateraler Basis — zu finden ist eine wichtige Aufgabe. Wir werden uns aber auch nicht dem Appell entziehen, soweit wie möglich durch den Abbau der noch bestehenden Handelsschranken und der für einige Erzeugnisse hohen Fiskalabgaben die Absatzmöglichkeiten für Produkte der Entwicklungsländer zu vergrößern.

Bei der Bedeutung der Entwicklungshilfe schien es uns daher gerechtfertigt, Aufgaben auf diesem Gebiet einem besonderen Ministerium für wirtschaftliche Zusammenarbeit zu übertragen.

Auch die kulturpolitischen Beziehungen der Bundesrepublik mit dem Ausland werden in der vor uns liegenden Legislaturperiode verstärkt werden müssen, wobei wir besondere Anstrengungen auf dem Gebiet der Bildungshilfe machen werden, die zugleich auch eine wirksame Entwicklungshilfe ist.

Die Kulturarbeit im Ausland darf nicht mit der Informations- und Öffentlichkeitsarbeit verwechselt werden.

Aber auch sie, die seit dem Beginn der Berlin-Krise in größerem Umfange aufgenommen wurde, und die — besonders durch das Berlin-Besucher-Programm — nachhaltige Erfolge gebracht hat, bedarf der Verstärkung und Verbesserung. Die Zusammenarbeit mit den drei Westmächten hat sich erfreulich entwickelt. Wir müssen aber noch mehr tun, der Weltöffentlichkeit die Berlin- und Deutschland-Frage nahezubringen, damit sie erkennt, daß es dabei auch um ihre eigenen vitalen Interessen geht.

In ihrem Bemühen um freundschaftliche Beziehungen sieht es die Bundesregierung nach wie vor als eine ihrer vornehmsten Aufgaben an, nationalsozialistisches Unrecht wiedergutzumachen. Neben den gesetzlichen Regelungen, die ich schon erwähnt habe, sind in den letzten Jahren Verträge auf dem Gebiet der Wiedergutmachung abgeschlossen und Verpflichtungen von rund einer Milliarde D-Mark zugunsten der geschädigten Angehörigen einer Reihe von Ländern übernommen worden.

Die Bundesrepublik Deutschland unterstützt die Ziele und Grundsätze der Charta der Vereinten Nationen, wenn wir auch der UNO nicht angehören. Wir sind aber Mitglied in allen Sonderorganisationen und arbeiten auch in vielen Gremien der Vereinten Nationen aktiv mit, besonders in solchen humanitären Charakters. Wir haben von Jahr zu Jahr größere Beiträge geleistet, auch für die Entwicklungsprojekte der Vereinten Nationen. Die Bundesregierung erhofft ihrerseits, daß diese Mitarbeit eines Nicht-Mitgliedstaates dadurch anerkannt wird, daß die Vereinten Nationen unseren deutschen Problemen Verständnis entgegenbringen. Wir haben daher mit großer Genugtuung festgestellt, daß eine eindrucksvolle Mehrheit der Delegierten für das Selbstbestimmungsrecht des ganzen deutschen Volkes während der jüngsten Generaldebatte eingetreten ist.

Eine besonders erfreuliche Entwicklung — trotz aller Krisen in der Welt — ist auf dem Gebiet des europäischen *Zusammenschlusses* zu verzeichnen. Unsere vor elf Jahren begonnene Arbeit für die Integration Europas hat bereits zur Bildung eines Kraftzentrums in Europa geführt, dem wirtschaftlich und politisch große Bedeutung zukommt und das auch zur inneren Stabilität der Mitgliedstaaten beiträgt. Die Bundesregierung hofft, daß in den kommenden Jahren ein weiterer bedeutender

Schritt in Richtung auf einen politischen Zusammenschluß der Mitgliedstaaten der Europäischen Wirtschaftsgemeinschaft getan werden kann.

Grundlage dieser europäischen Einigungspolitik war die deutsch-französische Aussöhnung. Die inzwischen entstandene enge *deutsch-französische Freundschaft* betrachtet die Bundesregierung als eines der großen Ereignisse der jüngsten Geschichte und als eine Garantie für Frieden, Sicherheit und Wohlstand in Europa.

Die Bundesrepublik, die mit den fünf anderen europäischen Staaten zu einer immer engeren Gemeinschaft zusammenwächst, wünscht und hofft, daß Großbritannien und andere europäische Staaten baldmöglichst den Europäischen Gemeinschaften beitreten.

Ein gesundes, starkes und freies Europa wird nur unter gewissen Opfern und in unablässiger Arbeit geschaffen werden können. Europa ist aber unsere Hoffnung. Gelingt es uns, es zu schaffen, so wird das entscheidend dazu beitragen, daß uns und unseren Kindern Frieden und Freiheit erhalten bleiben.

So positiv die eben erwähnten Punkte zu bewerten sind, so ernst ist die Lage im Hinblick auf den Sowjetblock. Ende 1958 begann die Berlin-Krise, die seit dem Sommer dieses Jahres erneut in ein akutes Stadium getreten ist. Die Sowjetunion hat angekündigt, daß sie mit der sowjetischen Besatzungszone einen Separatfriedensvertrag abschließen will. Dieser Vertrag würde den Namen Friedensvertrag nicht verdienen. Die Sowjetunion möchte einen Separationsvertrag herbeiführen, einen Vertrag, der die Teilung Deutschlands zementieren soll. Die Sowjetunion behauptet, mit diesem Vertrag nur ihren Machtbereich konsolidieren zu wollen. Aber dazu braucht sie keine Abmachung mit einem von ihr besetzten Gebiet! Die Erklärung Chruschtschows, daß er die Folgen dieses Separatvertrages auch mit Gewalt durchsetzen, d. h. den Krieg mit Atomwaffen riskieren will, zeigt klar, daß er viel mehr davon erwartet, als er sagt. Ihm geht es in Wirklichkeit nicht um die Konsolidierung seines Machtbereichs, sondern um die Isolierung der Bundesrepublik und die Zerstörung der NATO. Chruschtschow hofft, daß eine irgendwie geartete Anerkennung der Sowjetzone das Bündnis zwischen der Bundesrepublik und ihren Partnern zersetzen wird. Gleichzeitig versucht er, der Bundesrepublik innerhalb des atlantischen Bündnisses einen minderen Status aufzuzwingen und auch auf diese Weise die von ihm gewünschte Isolierung einzuleiten.

Es kommt ihm nicht auf juristische Konstruktionen an, sondern auf die langsame Aushöhlung der Freiheit Berlins, die Stabilisierung der sowjetischen Besatzungszone, um von dort aus seine Expansionspolitik gegen den Westen fortsetzen zu können, die Herauslösung der Bundesrepublik aus der NATO und damit die tödliche Schwächung beider.

Der Präsident der Vereinigten Staaten hat mit aller Deutlichkeit erklärt, daß es in Berlin drei vitale Interessen gibt, die die Vereinigten Staaten verteidigen werden und für die sie auch die größten Risiken zu übernehmen bereit sind. Es sind diese: die Anwesenheit der Truppen der drei Mächte in Berlin, der freie Zugang nach Berlin und die Freiheit und Lebensfähigkeit Berlins.

Dieser Erklärung stimmen wir voll und ganz zu. Auch die Bundesrepublik ist bereit, die zur Verteidigung dieser Interessen notwendigen Opfer und Risiken auf sich zu nehmen. Wir stimmen auch darin mit unseren Verbündeten überein, daß jeder vertretbare Versuch gemacht werden sollte, um diese Gefahren abzuwenden, die Lage zu entschärfen und insbesondere auch zu Verhandlungen zwischen den beteiligten Mächten zu kommen.

Auf Grund schmerzlicher Erfahrungen hält es die Bundesregierung jedoch für ihre Pflicht, darauf hinzuweisen, daß Verhandlungen nur dann Aussicht auf Erfolg bieten, wenn sie von beiden Seiten in dem Willen geführt werden, zu einem vernünftigen Ausgleich zu kommen. Verhandlungen, die nicht in diesem Geiste aufgenommen werden, sind zum Scheitern verurteilt und tragen nicht zur Verbesserung der Lage bei, sondern eher zu einer Erhöhung der Spannung.

Bei den bevorstehenden Verhandlungen sind drei Grundsätze zu beachten, die nicht preisgegeben werden dürfen: die

Sicherheit der Bundesrepublik, die Erhaltung der bestehenden politischen, rechtlichen und wirtschaftlichen Bindungen zwischen Berlin und der Bundesrepublik, freier Zugang der Zivilbevölkerung und die Aufrechterhaltung der gemeinsamen Deutschland-Politik, d. h. die Wiedervereinigung unseres Landes in Frieden und Freiheit, die Nichtanerkennung des sowjetisch besetzten Teils Deutschlands und des dort herrschenden Regimes, die Regelung der Grenzfragen in einem wirklichen Friedensvertrag, der mit einer gesamtdeutschen Regierung abzuschließen ist und für dessen Zustandekommen wir uns weiter mit aller Kraft einsetzen wollen.

Die Bundesregierung weiß, daß diese Ziele nicht mit Gewalt erreicht werden können. Jeder dahingehende Versuch würde zur Zerstörung unseres Landes und großer Teile der übrigen Welt führen. Es wäre das Ende jeder Deutschland-Politik. Die Bundesregierung hat daher mehrfach feierlich erklärt, daß sie auf die Anwendung von Gewalt oder die Drohung mit Gewalt zur Erreichung ihrer politischen Ziele ein für allemal verzichtet. Sie erneuert diese Versicherung in diesem Augenblick, und sie ist bereit, in jeder geeigneten Weise diesen Gewaltverzicht auch zum Gegenstand internationaler Verhandlungen zu machen.

Die Wiederherstellung der Einheit Deutschlands in Frieden und Freiheit bleibt das unverrückbare Ziel der deutschen Politik, auch wenn wir heute noch keinen Zeitpunkt für seine Verwirklichung angeben können. Keinem Volk kann das Selbstbestimmungsrecht auf die Dauer vorenthalten werden. Die derzeitige unnatürliche Spaltung unseres Volkes hat immer wieder zu schweren Spannungen und Krisen geführt. Die Bundesregierung fordert daher die Wiederherstellung der Einheit Deutschlands auf der Grundlage des Selbstbestimmungsrechts, eines Rechts, das zu einem verbindlichen allgemeinen Grundsatz des Völkerrechts geworden und in der Satzung der UNO verankert ist.

Die Bundesregierung wird sich daher auch dafür einsetzen, daß nichts geschieht, was die Wiedervereinigung erschweren oder verhindern könnte. Eine Anerkennung des kommunistischen Regimes in Mitteldeutschland lehnt sie entschieden ab. Die Machthaber Mitteldeutschlands sind keine Regierung, die auf Grund des nationalen Felbstbestimmungsrechts zustandegekommen ist. Sie sind lediglich Vollzugsorgane der sowjetischen Besatzungsmacht. Selbst zu Regimen, die mit totalitären Mitteln arbeiten, besteht ein fundamentaler Unterschied: In der sowjetisch besetzten Zone lehnt das Volk mit überwältigender Mehrheit nicht nur das Regime, sondern auch die Existenz eines separaten deutschen Teilstaates ab.

Dies vor allem ist es, was die sowjetisch besetzte Zone von allen Staaten in der Welt unterscheidet. Dies ist der Grund, warum die Bundesregierung die Aufnahme diplomatischer Beziehungen mit dem Regime der sowjetisch besetzten Zone oder die Unterzeichnung eines separaten sogenannten Friedensvertrages mit dem Regime der Zone als einen unfreundlichen Akt gegen das deutsche Volk und als Stellungnahme gegen die Wiedervereinigung und für die fortdauernde Spaltung Deutschlands ansehen muß.

Mit den Gewaltmaßnahmen des 13. August 1961 in Berlin, mit den Evakuierungen an der Demarkationslinie und mit der Steigerung des Terrors in ganz Mitteldeutschland hat das dortige Regime von neuem seine brutale Unmenschlichkeit offenbart. Unablässig werden menschliche Grundrechte verletzt. Unbeschreiblich ist die seelische Not der durch Stacheldraht und Betonmauern von uns getrennten Menschen. Die Bundesregierung fordert mit Nachdruck die Wiederherstellung des Rechts in ganz Deutschland. Vor allem müssen die Sperrmaßnahmen in Berlin wieder aufgehoben werden. Die Schandmauer muß verschwinden! Freie Verbindungswege zwischen Berlin und Westdeutschland müssen gewährleistet sein.

Ich komme nun zu einer Frage, die für das Schicksal des deutschen Volkes und auch aller europäischen Völker von entscheidender Bedeutung ist: zur Frage der europäischen Sicherheit. Für die Bundesregierung gibt es in dieser Frage einige Grundsätze, die sie nicht preisgeben kann. Nach Auffassung der Bundesregierung gehört die Frage der europäischen Sicherheit nicht in den Zusammenhang der Berlin-Krise. Die Probleme der europäischen Sicherheit können nur in Verbindung mit der Wiederherstellung der deutschen Einheit erörtert werden.

Wir lehnen auch regionale Sicherheitsmaßnahmen in Europa ab, wenn sie als Vorstufe eines Abkommens über eine allgemeine Abrüstung deklariert werden, da die Hauptforderung des Westens — Aufrechterhaltung eines ausgeglichenen Kräfteverhältnisses Ost-West — nur in weltweitem Rahmen erfüllt werden kann.

Die Bundesregierung ist dagegen bereit, sich an Überlegungen zu beteiligen, die dem Ziel dienen, die Gefahr von Überraschungsangriffen zu vermindern oder zu beseitigen, soweit es sich dabei um weltweite Maßnahmen handelt.

Ich wiederhole also: die Bundesregierung ist nicht bereit, Maßnahmen zuzustimmen, die unter der Bezeichnung „Europäische Sicherheit" in Wirklichkeit die Unsicherheit vergrößern würden. Sie ist indessen bereit, nicht nur solchen Maßnahmen zuzustimmen, die geeignet sind, die Lösung der politischen Probleme Europas zu ermöglichen, sondern darüber hinaus auch solchen, die der Wahrung eines gerechten Friedens dienen.

Eines der obersten Ziele der deutschen Außenpolitik bleibt daher die allgemeine und kontrollierte Abrüstung. Die Bundesregierung begrüßt das von der amerikanischen Regierung im September dieses Jahres den Vereinten Nationen vorgelegte Programm für eine allgemeine und vollständige Abrüstung in einer friedlichen Welt. Sie betrachtet dieses Programm als eine realistische Grundlage weiterer Abrüstungsverhandlungen.

Die Bundesregierung bedauert, daß die Abrüstungsverhandlungen seit Juni 1960 unterbrochen sind; sie hofft, daß eine Wiederaufnahme dieser Verhandlungen alsbald ermöglicht wird.

Die Bundesregierung bedauert besonders, daß durch das Verhalten der sowjetischen Regierung die Verhandlungen für eine kontrollierte Einstellung der Kernwaffenversuche, die zeitweise vor einem positiven Abschluß zu stehen schienen, erneut verzögert worden sind. Die Bundesregierung wünscht dringend einen baldigen Vertrag der Atom-Mächte über die kontrollierte

Einstellung dieser Versuche. Sie hofft, daß die Wiederaufnahme der Verhandlungen am 28. November in Genf zu einem Ergebnis führen wird.

Die Aussichten, der Welt durch Abrüstung den Frieden zu erhalten und zu sichern, sind leider nicht ermutigend. Im Gegenteil, die von der Sowjetunion hervorgerufene Krise um Berlin zeigt mit aller Deutlichkeit, daß die freien Völker sich gegen einen mit militärischen Mitteln ausgeübten Druck gemeinsam sichern müssen.

Daher betrachtet die Bundesregierung die Stärkung der NATO als das Gebot der Stunde, und zwar durch verbesserte Konsultationen oder durch militärische Verstärkung.

Nach Auffassung der Bundesregierung sollte der Plan einer NATO-Atom-Streitmacht baldmöglichst verwirklicht werden. Die Aufstellung einer solchen Streitmacht ist erforderlich, um die Streitkräfte der NATO in ihrer Abwehrkraft auf die gleiche waffentechnische Stufe zu heben, auf der sich der Gegner befindet. Mit dieser Forderung entkräftet die Bundesregierung zugleich den Vorwurf, atomare Waffen für sich selbst erwerben zu wollen. Die Bundesregierung hat diese Forderung niemals erhoben.

Die Organisation des Nordatlantik-Pakts ist ein auf Verteidigung der gemeinsamen Interessen gerichtetes Bündnis der freien Völker. Die Bundesrepublik ist ein loyaler Partner dieses Bündnisses. Der Verteidigungscharakter der deutschen Streitkräfte kann nicht besser demonstriert werden als durch die Tatsache, daß die deutschen Verbände dem alliierten Oberbefehlshaber unterstellt sind.

Wenn wir die Stärkung der NATO als die dringendste Aufgabe ansehen, die es zu bewältigen gilt, so kommt es darauf an, unsere Mitarbeit durch praktische Maßnahmen zu beweisen, d. h. wir müssen alle Anstrengungen unternehmen, um unsere Verpflichtungen in der NATO zu erfüllen. Wir werden zu diesem Zweck die Wehrdienstpflicht auf 18 Monate verlängern müssen, und wir werden die für die Erhaltung unserer inneren und äußeren Sicherheit erforderliche Gesetzgebung umgehend zu verabschieden haben. Das Grundgesetz bedarf der Ergänzung, um für den Fall Vorsorge zu treffen, daß der Bestand oder die freiheitlich demokratische Grundordnung unseres Staates bedroht werden. Auch andere Gesetzentwürfe, die der Vorsroge für den Krisenfall dienen sollen, wird die Bundesregierung dem Bundestag bald vorlegen. Ich erwähne nur den Schutz der Bevölkerung in den Wohnungen und Betrieben, die Regelung einer Umstellung von Wirtschaft, Ernährung und Verkehr auf die besonderen Erfordernisse eines Krisenfalles und die Einführung einer zivilen Dienstpflicht, um im Ernstfall die Versorgung und den Schutz der zivilen Bevölkerung sowie die Aufrechterhaltung öffentlicher Dienste sicherzustellen.

Die zur Verbesserung der Kampfkraft unserer Streitkräfte erforderlichen Maßnahmen führen zwangsläufig zu einer wesentlichen Erhöhung der Verteidigungslasten. An Länder und Gemeinden, aber auch an Wirtschaft und Bevölkerung richten wir den dringenden Appell, unserer zur Verstärkung der gemeinsamen Verteidigung notwendigen Maßnahmen, vor allem auf dem Gebiet der Landbeschaffung, der Produktion und der Bauten, zu unterstützen. Viele der Maßnahmen, die die Bundesregierung treffen muß, werden tief in das Leben jedes einzelnen Deutschen eingreifen. Die Bundesregierung ist sich dessen bewußt. Sie muß diese Opfer, die dem Ernst der Lage entsprechen, vom deutschen Volk verlangen.

Wir sind davon überzeugt, daß nur eine ganz klare, entschlossene Haltung uns helfen kann, Sicherheit und Frieden zu erhalten. Je stärker wir Deutschen innerhalb der NATO diese entschlossene Haltung durch Taten beweisen, um so mehr dürfen wir darauf vertrauen, daß unsere Verbündeten in künftigen Verhandlungen mit der gleichen Entschlossenheit und Festigkeit den sowjetischen Forderungen begegnen werden.

Das Bündnis der freien Völker ist ein unteilbares Ganzes. Die Bundesregierung ist sich in besonderem Maße der Verpflichtungen bewußt, die ihr aus der Mitgliedschaft der Bundesrepublik in der NATO erwachsen. Sie ist zutiefst davon überzeugt, daß Sicherheit und Freiheit des deutschen Volkes nur in dieser engen Gemeinschaft mit ihren Verbündeten gewährleistet werden können.

Die Begegnung, die vor wenigen Tagen mit dem Präsidenten der Vereinigten Staaten stattfand, ist sinnfälliger Ausdruck für die engen und fruchtbaren Bindungen, die sich zwischen den Mitgliedern des Nordatlantik-Bündnisses entwickelt haben.

Es ist selbstverständlich, daß in dieser Allianz den Vereinigten Staaten von Amerika eine besondere Führungsrolle zufällt. Daher ist es besonders dankenswert, daß gleich zu Beginn der Amtszeit der Bundesregierung Gelegenheit zu einem offenen und herzlichen Gedankenaustausch mit Präsident Kennedy gegeben worden ist.

Diese Gespräche haben, wie Sie wissen, zu einer Übereinstimmung der Auffassungen in den wesentlichen Fragen geführt. Sie haben erneut bestätigt, daß, wie seit vielen Jahren, das Verhältnis nicht nur der Regierungen, sondern auch des amerikanischen und des deutschen Volkes zueinander durch gegenseitiges Vertrauen und Freundschaft bestimmt wird. Die Gespräche in Washington haben erneut den Beweis dafür erbracht, daß wir — Amerikaner und Deutsche — uns aufeinander verlassen können.

In Kürze werden Gespräche mit General de Gaulle und Premierminister Macmillan stattfinden. Für Dezember ist die alljährliche Konferenz der NATO-Mitglieder in Paris anberaumt. Auch diese Begegnungen dienen dem Ziel, den Zusammenhalt und die Festigkeit unseres Bündnisses zu stärken.

Unsere Zugehörigkeit zu der Gemeinschaft freier Völker gibt uns die Zuversicht, daß wir die vor uns liegenden Schwierigkeiten meistern werden.

Je fester wir alle in diese Gemeinschaft hineinwachsen, je mehr wir das Gemeinsame in Rechten und Pflichten begreifen und verwirklichen, um so stärker werden wir sein. Wir müssen den Rahmen, der in der Organisation des Nordatlantik-Paktes gegeben ist, ausfüllen. Wir müssen die gemeinsame Verteidigungskraft stärken, unsere wirtschaftliche Zusammenarbeit ausbauen und unsere Politik noch enger aufeinander abstimmen. Dann werden wir nicht nur den Anforderungen der Gegenwart entsprechen können, sondern auch den Grundstein für eine Zukunft legen, in der Frieden und Freiheit Wirklichkeit sind.

Vor uns stehen große und schwierige Aufgaben. Diese können nur gelöst werden, wenn wir alle Kräfte zusammenfassen. Die Gemeinschaft der deutschen Anstrengungen sollte sichtbaren Ausdruck finden. — Sofort!

Die Bundesregierung ist zuversichtlich, daß alle Mitglieder dieses Hohen Hauses den Grundprinzipien ihrer Außenpolitik und ihrer Verteidigungspolitik als dem zentralen Anliegen des deutschen Volkes zustimmen. Nur wenn wir diese Grundprinzipien befolgen, kann — das ist die Auffassung der Bundesregierung — das Leben des deutschen Volkes auch in Zukunft gesichert bleiben.

Regierungserklärung vom 18. Oktober 1963
Bundeskanzler Dr. Erhard

Herr Präsident! Meine Damen und Herren! Sie haben mir durch Ihre Entscheidung das höchste Regierungsamt übertragen. Ich danke dem Herrn Bundespräsidenten und dem Hohen Hause für das mir bezeugte Vertrauen. Dieser Dank gilt dem ganzen deutschen Volk.

Ich werde aus christlicher Gesinnung und Verantwortung handeln. Ich fühle mich der Demokratie und der tragenden Kraft des Geistes verpflichtet. Meine Politik ist eine Politik der Mitte und der Verständigung. Unser Weg in die Zukunft wird uns weiter aufwärts führen, aber er bleibt voller Gefahren. Bezeugen wir Mut, Gewissen und Solidarität!

Nach einem so bedeutenden Abschnitt in der Geschichte unseres Landes, der — durch Konrad Adenauer geprägt — den Weg des deutschen Volkes aus politischem, wirtschaftlichem und sozialem Chaos bis in unsere Gegenwart kennzeichnet, kann eine Regierungserklärung nicht auf die Forderung des Tages beschränkt sein. Ich bin mir nur zu bewußt, welches schwere, aber auch reiche Erbe ich mit dem Regierungswechsel übernehme, das zu wahren und zu mehren mir aufgegeben ist.

Eine Rückschau auf diese vierzehn Jahre läßt uns alle noch einmal nacherleben, welche unendliche Fülle schicksalhafter Aufgaben nicht nur für das deutsche Volk, sondern auch für Europa und den Zusammenhalt der freien Welt während der Regierungszeit Konrad Adenauers bewältigt werden mußte. Es gibt kaum einen Abschnitt der deutschen Geschichte, der, was Aufgabe und Leistung anlangt, dem Werk Konrad Adenauers gleichkäme.

So richte ich denn in dieser Stunde mein Wort an Sie, den ersten Kanzler der Bundesrepublik Deutschland, der Sie durch vierzehn Jahre nicht nur Regierungschef, sondern weit darüber hinaus der mutige und entschlossene deutsche Staatsmann waren. Daß wir für den freien Teil unseres Vaterlandes einen geachteten Platz im Kreise der freien Völker erringen konnten, ist in erster Linie Ihr Verdienst, und daß unsere Brüder und Schwestern jenseits der Zonengrenze darauf hoffen dürfen, es werde und möge auch für sie einmal die Stunde der Freiheit schlagen, verdankt das deutsche Volk Ihrer nimmermüden und Ihrer überzeugenden Haltung, die uns wieder Vertrauen und Freunde in der Welt finden ließ. Ich bitte Sie, mir als Ihrem Nachfolger auch in Zukunft Ihren Rat nicht zu versagen.

Diese Regierung ist eine Koalitionsregierung, die auf vertrauensvoller Partnerschaft beruht. Sie stützt sich auf gemeinsam erarbeitete Grundsätze, wie sie auch in dieser Erklärung ihren Ausdruck finden.

Wir haben die materiellen Kriegsfolgen weitgehend überwunden und konnten durch den Aufbau einer blühenden Wirtschaft vielen dringenden sozialen Aufgaben genügen. Die demokratische Ordnung unseres Landes ist fest gefügt, und die Bundesrepublik hat im westlichen Bündnissystem Sicherheit gefunden. Aber unser Volk ist weiterhin geteilt. Der eine Teil darf sich der Freiheit erfreuen, der andere lebt in von außen aufgezwungener Unfreiheit. Das Einigungswerk Europas ist trotz ermutigender Anfänge keineswegs vollendet. Die freie Welt ermangelt noch jener festen Bindungen, die sie ihre politischen, wirtschaftlichen und sozialen Aufgaben glücklich bewältigen lassen.

Schon dieser kurze Überblick läßt erkennen, daß die Aufgaben, die vor uns liegen, von hohem Rang sind. Wir haben unseren Blick vorwärts zu richten. Nicht nur die Bundesrepublik, sondern die ganze Welt ist im Begriff, aus der Nachkriegszeit herauszutreten. Die Völker sind in Bewegung geraten. Den Strom der Zeit können wir zwar nicht lenken, aber wir werden unser Schiff sicher steuern. In dieser Zeit ist auch die deutsche Politik zum Handeln aufgerufen und hat ebenso überzeugend für die Einigkeit und Stärke des westlichen Bündnisses zu wirken wie auch für den Frieden und die Lösung unserer nationalen Fragen einzutreten.

Die Freiheit ist ein so hoher und absoluter Wert, daß sich ein Volk selbst preisgibt, wenn es auf sie verzichtet. Es muß das Ziel unserer Politik bleiben, den Kalten Krieg beenden zu helfen, den die Sowjets vor allem durch die Verweigerung des Selbstbestimmungsrechts für die Deutschen in der Zone seit eineinhalb Jahrzehnten führen. Die deutsche Politik wird deshalb nach innen wie nach außen immer weltweit orientiert und so freiheitlich gestaltet werden müssen wie nie zuvor in unserer Geschichte. Sie wird ihren Beitrag zur Stärkung der europäischen und atlantischen Zusammenarbeit leisten und sich dabei unverlierbar der schicksalhaften Bedeutung des engen Zusammengehens und Zusammenstehens mit allen unseren Verbündeten bewußt bleiben.

Den Gefahren, die die Bundesrepublik bedrohen, werden wir um so wirksamer begegnen können, je stärker wir unsere Kräfte sammeln und sie der Zukunft unseres Volkes nutzbar machen. Mehr denn je wird künftig die Zusammengehörigkeit unseres Volkes auf eine hohe Probe gestellt und zur Bewährung aufgerufen sein.

Die schöpferischen Energien des deutschen Volkes sind nach dem Kriege in erster Linie dem wirtschaftlichen Wiederaufbau zugute gekommen. Dank unserer freiheitlichen Politik verfügen alle Schichten unseres Volkes über einen weiten Spielraum zur eigenen Entfaltung. Der wirtschaftliche Wettbewerb hat die Kräfte gewogen und gestärkt. So ist die Bundesrepublik heute zu einer der größten Wirtschaftsmächte der Welt geworden. Dabei beruht diese Kraft nicht nur auf ihrer industriellen Potenz, der Leistung der Landwirtschaft, des Handels, des Handwerks, der freien Berufe sowie dem Einsatz und dem Können von Unternehmern, Arbeitern und Angestellten sowie allen Angehörigen des öffentlichen Dienstes, sondern auch auf der Befruchtung unserer Arbeit durch Wissenschaft und Forschung. Das Werk lobt alle seine Meister.

Aber welches Bild des öffentlichen Lebens stellt sich uns heute dar? Wir laufen Gefahr, daß der produktive Elan unserer Gesellschaft zunehmend dem Genuß des Erreichten weichen will. Eine oft ausschließlich materiell bestimmte Grundhaltung weiter Kreise der Bevölkerung charackterisiert die Lage — 18 Jahre nach Beendigung der größten Katastrophe deutscher Geschichte. Aus diesem Grunde bedeutet es eine wesentliche Aufgabe aller verantwortungsbewußten Kräfte im Lande, jenen Leistungswillen, der uns gerettet hat, für alle Zukunft wachzuhalten. Wie noch deutlich zu machen sein wird, müssen wir damit aufhören, unsere Kräfte und Mittel jeweils nur an speziellen und individuellen Forderungen auszurichten, sondern wir müssen das Ganze bedenken und alles Handeln an gemeinsamen Zielen messen. Ich bin gewiß, einer Sorge und zugleich einem Verlangen des deutschen Volkes Ausdruck zu geben, wenn ich Regierung und Parlament mahne, über Interessentenwünsche hinweg sich entschiedener den prinzipiellen Fragen der Politik zuzuwenden. Vor allem junge Menschen wollen nach übergeordneten Werten und Maßstäben handeln. Sie erwarten, daß sich auch der Staat an diese Maxime hält. Unsere Jugend will vor Aufgaben gestellt werden! Je bewußter und wahrhaftiger wir sie darauf ansprechen, um so besser wird es uns gelingen, sie von dem falschen Weg des nur Geldverdienen- und Versorgt-sein-Wollens abzubringen. Bemühen wir uns darum auch, jedwede Forderung an den Staat nicht vorschnell mit dem Wort „sozial“ oder „gerecht“ zu versehen, wenn es in Wahrheit nur zu oft um partikuläre Wünsche geht!

Verschließen wir die Augen nicht vor der Tatsache, daß dem entwickelten Engagement für das Private und für das Gruppeninteresse zunehmend ein Defizit an Bürgersinn gegenübersteht! Das ist um so gravierender, als die Bundesrepublik ihren Bürgern ein ungewöhnliches Maß an Freizügigkeit in ihren privaten Tätigkeiten zugesteht und ihnen den großen Respekt vor dem Wert individueller Entfaltung bezeugt.

Es muß unser unablässiges Bemühen sein, die Werte, die unsere Verfassung setzt, ins Bewußtsein aller Bürger zu rücken und es immer wieder deutlich zu machen, daß Freiheit mit Verantwortung gepaart sein muß, wenn sie nicht chaotisch entarten soll. So haben wir uns denn auch immer wieder zu fragen, was im Einzelfall die Notwendigkeit eines weiteren Ausbaus unserer freiheitlichen Lebensordnung und das Erfordernis wirklicher sozialer Gerechtigkeit gebieten. Das Vertrauen in unseren Rechtsstaat ist nur so lange gesichert, wie die politisch Verantwortlichen durch ihr eigenes Verhalten das gute Beispiel vorleben.

Wenn es darum unverzichtbar ist, den Interessengruppen die Grenzen ihrer Ansprüche deutlich zu machen, so erscheint das nur glaubhaft, wenn auch der Staat die rechten Maße zu setzen weiß. Der Staat ist kein von der Gemeinschaft eines Volkes losgelöstes, abstraktes Gebilde. Gewiß ist er aber auch mehr als die Addition seiner Staatsbürger.

Wenn darum im politischen Leben dem Staat die Sorge um Verteidigung und Sicherheit aufgetragen ist, wenn er Bildung, Forschung und Gesundheit fördern soll, wenn er für Reinhaltung der Luft und des Wassers sorgen, die Verkehrsverhältnisse ordnen, den Wohnungsbau fortführen soll, wenn ihm zunehmend soziale Leistungen abverlangt werden und der Ruf nach Subventionen und Beihilfen gewiß nicht schwächer wird, dann muß der Staatsbürger begreifen, daß er damit im letzten Grunde sich selbst anspricht. Aus solcher Sicht spiegelt die Anklage, der Staat bezeuge zu wenig Verständnis und leiste zu Geringges, nur die mangelnde Einsicht des Staatsbürgers wider. Es gibt keine Leistungen des Staates, die sich nicht auf Verzichte des Volkes gründen.

In diesem Zusammenhang sind deshalb die Interessenorganisationen im weitesten Sinne anzusprechen. Wohl gliedern sie das Volk und verhindern auf solche Weise, daß die einzelnen zur beliebig manipulierbaren Masse werden. Auf der anderen Seite können diese Verbände auch zu wachsender Unmündigkeit der Menschen führen. Es ist einzusehen, daß die Gruppen dem Bedürfnis des einzelnen entstammen, durch solidarisches Handeln die private Ohnmacht zu überwinden und auch politisch handlungsfähig zu werden; aber es ist auch nicht zu verkennen, daß die geschaffene Apparatur ständig der Versuchung unterliegt, die von ihr vertretenen Menschen nach ihrem Willen zu lenken.

Aus solchem Widerstreit der Interessen erwächst kein organisches Ganzes, solange die Beteiligten bewußt oder unbewußt der Devise huldigen, daß gerade das und nur das recht sei, was ihnen nütze. Ich erkläre, daß sich die Bundesregierung aus ihrer besonderen Verantwortung keinem Zwang und auch keiner offenen oder versteckten Drohung zu beugen gewillt ist. Dagegen werde ich immer jedem guten Argument zugänglich sein. Um zu einer gedeihlichen Arbeit hinzufinden, appelliere ich an die Verantwortung der Organisationen gegenüber dem Ganzen.

Diese Bundesregierung sieht es auch als ihre Aufgabe an, den Kontakt zu den geistig und kulturell führenden Schichten unseres Landes zu suchen und zu vertiefen. In der Welt, in der wir leben, kann kein Bereich des menschlichen Handelns neben der Erfahrung der tieferen Erkenntnis entraten. So wie viele Sparten des öffentlichen Lebens schon längst mit der Wissenschaft zusammenarbeiten, um ihre Aufgaben besser meistern zu können, kann auch die Politik nicht darauf verzichten, ihre Probleme durch den menschlichen Geist durchleuchten zu lassen und für ihre Zwecke alle Kräfte zu mobilisieren.

Wenn wir die Wissenschaft fragen, wie sie uns in der Aufgabe, die Freiheit zu verteidigen und unsere innere Ordnung zu vervollkommnen, helfen kann, so sind wir dabei doch weit davon entfernt, Politik mit Wissenschaft zu verwechseln. Das Handeln entspringt anderen Gesetzen als das Denken; gleichwohl sind beide aufeinander angewiesen. So sollten die Politiker auch das Gespräch mit denen suchen, deren Beruf es ist, über die Geschäfte der Menschen nachzudenken. Vielleicht wird dann der Rahmen deutlicher, in dem sich unser Handeln vollzieht, und wie dieses sinnvoll angelegt sein sollte. Dieser Dialog scheint mir besser als eine einseitige Polemik gegen die Intellektuellen.

Wir brauchen eine verantwortungsbewußte öffentliche Kritik. Sie ist ein unveräußerlicher Bestandteil unserer Ordnung und geeignet, die innere Beteiligung des Bürgers am staatlichen Leben wachzuhalten. Ich bekenne mich ausdrücklich dazu, daß nicht jeder Tadel an einer Regierung den Staat erschüttert, wie umgekehrt nicht jede Kritik der Regierung an den

Organen der öffentlichen Meinung schlechthin als Eingriff in demokratische Grundrechte aufgefaßt werden sollte.

Die Bundesregierung wird nach Kräften bemüht sein, den Trägern der öffentlichen Meinung ihre Arbeit zu erleichtern. Sie wird ihrem Informationsbedürfnis so weit Rechnung tragen, wie es die ordnungsgemäße Tätigkeit von Regierung und Verwaltung des Bundes gestattet.

Ich rufe die schöpferischen Menschen in der Bundesrepublik zur Mitarbeit an diesem Staate auf. Wir haben gemeinsam die Werte zu respektieren und zu verteidigen, die das Fundament eines freien Gemeinwesens sind.

Die Amtsübernahme der neuen Bundesregierung fällt in eine weltpolitische Phase, in der sich Veränderungen im West-Ost-Verhältnis abzeichnen. Langjährige Gespräche über Abrüstungsfragen haben im August dieses Jahres erstmals zu einer Übereinkunft zwischen den Vereinigten Staaten, Großbritannien und der Sowjetunion über eine partielle Einstellung von Kernwaffenversuchen geführt. Die Bundesregierung hat nach den notwendigen politischen Klarstellungen dieses Abkommen unterzeichnet und wird dem Hohen Hause in Kürze das erforderliche Zustimmungsgesetz vorlegen. Dabei gibt sich die Bundesregierung in Übereinstimmung mit ihren Bundesgenossen nicht der trügerischen Hoffnung hin, daß sich durch dieses Abkommen die weltpolitische Lage entscheidend verändert hätte. Die Bedrohung bleibt bestehen; die Unterdrückung der Freiheit dauert auch auf deutschem Boden an.

Die deutsche Frage ist ungelöst, und das freie Berlin leidet weiter unter der unnatürlichen Abschnürung gegenüber dem anderen Teil der Stadt und deutschen Gebieten, die in einer langen Geschichte mit ihm auf das engste zusammengewachsen sind. Die Bundesregierung ist dennoch der Auffassung, daß Kontakte und Gespräche zwischen den Vereinigten Staaten und der Sowjetunion nützlich sein können und daß sie mit dem Ziele fortgesetzt werden sollten, zu prüfen, ob es Möglichkeiten eines Abbaues der Spannungen gibt. Die Bundesregierung hat immer wieder mit Nachdruck die Forderung nach einer allgemeinen, kontrollierten Abrüstung erhoben und hält an dieser Forderung fest. Sie erscheint als der einzig sichere Weg, um den Ausbruch eines Krieges endgültig unmöglich zu machen. Aber da wir uns darüber im klaren sind, daß eine allgemeine und vollständige kontrollierte Abrüstung nur schrittweise verwirklicht werden kann, gebietet es unser Interesse, auch an weltweiten Teil-Maßnahmen mitzuwirken, sofern sichergestellt ist, daß sich das Kräfteverhältnis zwischen Ost und West nicht zu unserem Nachteil verschieben und uns nicht diskriminieren.

Es ist unsere Pflicht, immer erneut die Aufmerksamkeit der Welt auf die ungelöste deutsche Frage zu lenken. Die Bundesregierung erhebt auf Grund des Mandats, das das Grundgesetz und das Deutsche Volk ihr erteilen, die Forderung, jede sich bietende Möglichkeit in den West-Ost-Gesprächen zu ergreifen, um hinsichtlich der Lösung des Deutschland-Problems Fortschritte zu erzielen. Denn darüber darf kein Zweifel sein: Die Deutschland-Frage ist eine der Hauptursachen für die Spannungen in der Welt, und man kann nicht hoffen, diese Spannungen zu beseitigen, wenn die Deutschland-Frage ungelöst bleibt.

In keinem Falle werden wir eine Maßnahme zu akzeptieren bereit sein, die den unbefriedigenden Stand, in dem sich das Deutschland-Problem befindet, statt zu verbessern verschlechtern würde, sei es, daß durch sie die unnatürliche Teilung unseres Landes sanktioniert oder gefestigt würde, sei es, daß eine Anerkennung oder auch nur eine internationale Aufwertung des Regimes der sowjetisch besetzten Zone mit ihr verbunden wäre.

Dies bleibt ein allgemeiner Grundsatz unserer Politik, denn die Herrschaft, die in jedem Teil Deutschlands errichtet wurde, ist nichts anderes als eine Fremdherrschaft und ein Gewaltsystem, das gegen den Willen der überwältigenden Mehrheit des unterdrückten Teiles unseres Volkes die freie Verbindung zwischen ihm und uns zerschneidet und die Ausübung der elementarsten politischen und humanitären Rechte verhindert. Man sagt uns, die Teilung unseres Landes sei eine „Realität“, die hingenommen werden müsse. Sicher haben wir es hier mit einer Realität zu tun, aber mit einer unerträglichen. Auch eine Krankheit ist eine Realität, und doch wird es niemandem einfallen, den zu tadeln, der sich vor ihr zu schützen und sie zu heilen sucht. Auch Unrecht ist Realität, und doch wird man alles daransetzen müssen, es zu beseitigen. Vor allem ist, wenn schon die Teilung unseres Landes als eine Realität hingestellt wird, der Wille des deutschen Volkes zur Wiederherstellung seiner Einheit eine weit stärkere Realität, denn die Geschichte lehrt, daß der elementare Drang eines Volkes, um seine Einheit und Freiheit zu ringen, zu den mächtigsten Kräften überhaupt gehört.

Die Sowjetunion wäre deshalb gut beraten, dieser Realität Rechnung zu tragen und dem ehrlichen Friedenswillen des deutschen Volkes zu vertrauen. Die sowjetische Haltung gegenüber der deutschen Frage beruht auf einem Irrtum, nämlich auf der Annahme, daß den sowjetischen Interessen besser durch die Teilung als durch die Wiederherstellung der Einheit Deutschlands gedient wäre. Hier dürfte das entscheidende Hemmnis für eine Normalisierung unserer Beziehungen zur UdSSR liegen. Wir wissen nicht, wieweit die sowjetische Regierung ihrer eigenen Propaganda Glauben schenkt, die von der Bundesrepublik Deutschland das Zerrbild eines Landes zeichnet, das nach Eroberungen strebt und in dem militärische Motive die Politik bestimmen. Wir werden nicht aufhören, diesen Propagandathesen die Wahrheit deutschen Lebens entgegenzustellen. Und es wird unser ständiges Bemühen sein, auch in unserem Verhältnis zur Sowjetunion eine auf gegenseitiger Achtung vor den Lebensrechten der beiden Völker beruhende Normalisierung herbeizuführen.

Die Bundesrepublik Deutschland ist ein freies Land. Jeder kann sich von den hier herrschenden Zuständen überzeugen. Jeder, dem es hier nicht gefällt, kann unser Land verlassen. Millionen von Besuchern aus allen Teilen der Welt sehen Jahr für Jahr die deutsche Wirklichkeit mit eigenen Augen. Auch die sowjetische Regierung und andere, die in ihre monotonen Anschuldigungen einfallen, sollten sich endlich davon überzeugen, daß das Mittel der Diffamierung gewiß am wenigsten geeignet ist, zu einer Entspannung beizutragen.

Die Vorstellungen der Bundesregierung von der Lösung der deutschen Frage gehen von der Überlegung aus, daß alle Schritte notwendig mit Maßnahmen auf dem Gebiet der Sicherheit verbunden sein müssen. Wir sind uns bewußt, daß dabei auch die Interessen anderer Völker und Länder berührt werden. Ebenso wie wir von unseren Nachbarn erwarten, daß sie Verständnis für unser Verlangen nach Freiheit und Wiederherstellung der Einheit unseres Volkes aufbringen, wollen und müssen wir bereit sein, ihren berechtigten Interessen Rechnung zu tragen.

Da die vier Mächte nach dem Kriege Verpflichtungen in bezug auf Deutschland als Ganzes übernommen haben, fallen ihnen bei der Regelung der Deutschland- und Sicherheits-Frage besondere Aufgaben zu. Diese könnten durch Bildung eines Gremiums der vier Mächte wahrgenommen werden, das seine Funktionen bis zu dem Zeitpunkt einer endgültigen Friedensregelung ausüben würde. Mit diesem Gedanken würde zugleich dem Beschluß des Deutschen Bundestages vom 9. Oktober 1962 Rechnung getragen werden.

Wir sind uns alle darüber klar, daß auf dem Wege zur Wiederherstellung der deutschen Einheit große Schwierigkeiten zu überwinden sind. Der Weg mag lang und dornenvoll sein; er wird uns Entbehrungen, materielle und auch psychische Belastungen auferlegen. Wir wollen in unserem Willen, in unserer Zähigkeit nie erlahmen und — wenn es not tut — entschlossen sein, Opfer auf uns zu nehmen. Am Ende dieses Weges muß nach der Überzeugung der Bundesregierung ein Friedensvertrag stehen, der von einer in freien Wahlen gebildeten gesamtdeutschen Regierung frei verhandelt und geschlossen wird. In diesem Vertrag — und nur in ihm — können und müssen die endgültigen Grenzen Deutschlands, das nach gültiger Rechtsauffassung in seinen Grenzen vom 31. Dezember 1937 fortbesteht, festgelegt werden.

In der Zwischenzeit aber dürfen wir die Hände nicht in den Schoß legen. Unseren Brüdern und Schwestern in der Zone werden die Menschenrechte vorenthalten. Sie leben unter einem schweren Gewissenszwang und sind täglich Verfolgungen ausgesetzt. Wir dürfen daher niemals in dem Bemühen nachlassen, für sie lebenswürdige Verhältnisse herstellen zu helfen. Und ebensowenig dürfen wir in dem Eifer erlahmen, die persönlichen Verbindungen zwischen den Menschen, die in beiden Teilen unseres Landes wohnen, neu zu knüpfen, zu festigen und den Besucher- und Reiseverkehr zwischen ihnen zu ermöglichen.

Dabei denken wir auch nicht zuletzt an das geteilte Berlin; die Mauer mahnt uns und die ganze Welt täglich an die Erfüllung dieser humanitären Verpflichtung. Wir werden alles in unseren Kräften Stehende tun, hier Erleichterungen und Verbesserungen herbeizuführen. Die Stellung der Bundesregierung zur Berlin-Frage ist eindeutig. Die unabdingbaren Grundsätze der deutschen Berlin-Politik lauten dahin:

1. Die Anwesenheit der Westmächte und ihre Zuständigkeiten für Berlin beruhen auf internationalem Recht, und deshalb muß jede neue Vereinbarung über Berlin auf diesen Rechten aufbauen.

2. Der freie Zugang nach Berlin muß ungeschmälert aufrechterhalten bleiben.

3. Berlin gehört zum freien Teil Deutschlands. Die mit Billigung der Schutzmächte in den vergangenen Jahren durchgeführte enge politische, rechtliche und wirtschaftliche Verflechtung Berlins mit der Bundesrepublik ist ein Grundpfeiler für die Lebensfähigkeit der Stadt. Pläne zur Bildung einer sogenannten „Freien Stadt West-Berlin" sind indiskutabel.

4. Jede Vereinbarung über Berlin hat den eindeutigen Willen der Berliner zu achten, die in den letzten achtzehn Jahren der Welt mutig und unverzagt gezeigt haben, daß sie zu Deutschland und zur freien Welt gehören. Die Bundesregierung kann nicht aufhören zu fordern, daß die untragbaren, den Frieden der Welt gefährdenden Maßnahmen der Gewalthaber der Zone aufgehoben werden.

Die Bundesregierung wird der weiteren Verbesserung des Verhältnisses zwischen der Bundesrepublik Deutschland und den osteuropäischen Staaten ihre volle Aufmerksamkeit widmen. Sie ist bereit, mit jedem dieser Staaten Schritt für Schritt zu prüfen, wie man auf beiden Seiten Vorurteile abbauen und vorhandenen Sorgen und Befürchtungen den Boden entziehen kann. Im Zuge eines solchen Prozesses ist die Bundesregierung auch bereit, im Rahmen ihrer Möglichkeiten den Wirtschaftsaustausch mit diesen Ländern zu erweitern. In gleicher Weise begrüßt sie die Verstärkung kultureller Kontakte, wie sie sich mit einigen Ostblockländern bereits angebahnt haben.

Für die Bundesregierung bleibt die Nordatlantikpakt-Organisation ein Grundpfeiler ihrer Politik. Sie ist sich bewußt, daß die Sicherheit Europas und der Bundesrepublik Deutschland nur durch die NATO im Zusammenwirken der europäischen und nordamerikanischen Partner auf politischem und militärischem Gebiet gewährleistet werden kann. Die Bundesregierung unterstützt daher nachdrücklich alle Bemühungen, welche geeignet sind, die politische Zusammenarbeit der NATO-Partner zu vertiefen und die Integration der Verteidigungsmittel der NATO zu stärken.

Eine multilaterale nukleare Streitmacht würde einen wesentlichen Beitrag zur Verwirklichung dieser Ziele leisten. Die Bundesregierung beteiligt sich aktiv an den Verhandlungen über diesen Plan. Wir sind der Ansicht, daß eine solche vollintegrierte Streitmacht, über die keine einzelne Nation ein autonomes Verfügungsrecht besitzt, neue Wege der politischen und militärischen Zusammenarbeit im Rahmen der NATO weisen wird. Die Bundesregierung würde es deshalb begrüßen, wenn sich möglichst viele NATO-Staaten an dieser integrierten Streitmacht beteiligten.

Im Rahmen der NATO wird die Bundesregierung ihre bisherige Verteidigungspolitik fortsetzen. Diese Politik hat dazu beigetragen, der Bundesrepublik Deutschland und den Ländern des freien Europas Frieden und Unabhängigkeit zu bewahren. Wir sind uns mit unseren Verbündeten darin einig, daß wir angesichts der weltpolitischen Situation in unseren gemeinsamen Anstrengungen auf dem Gebiet der Verteidigung nicht nachlassen dürfen. Die Erhaltung der wirksamen Abschreckung vor jeder Form einer Aggression und die Organisation einer Schutz gewährenden Verteidigung sind nur in langfristiger Planung und kontinuierlicher Durchführung möglich.

Die Verteidigung des Territoriums der NATO ist unteilbar. Die einzelnen Staaten des Bündnisses können sich angesichts der Größe und Art ihrer Bedrohung nicht allein schützen. Die starken Verbände amerikanischer Truppen in Deutschland und die auf unserem Gebiet stationierten Truppen unserer anderen Bundesgenossen führen uns täglich vor Augen, wie weit unsere Bündnisgemeinschaft über die militärische Verklammerung hinaus immer mehr als eine Lebensgemeinschaft der Völker empfunden wird.

Unser Beitrag zur NATO muß in nächster Zeit vor allem in der Konsolidierung unserer Streitkräfte bestehen. Es gilt die Kampfkraft der Verbände der Bundeswehr zu erhöhen. Hierzu ist eine innere Festigung der militärischen Einheiten und eine ständige Modernisierung auf rüstungstechnischem Gebiet erforderlich. Gleichzeitig ist dem Aufbau der territorialen Verteidigung größte Sorgfalt zuzuwenden.

Die Bundeswehr ist sichtbarer Ausdruck unseres Verteidigungswillens. In acht Jahren ist hier eine beispielhafte Aufbauleistung vollbracht worden. Ich danke allen Soldaten, daß sie treu und unermüdlich ihren Dienst leisten für die Sicherheit unseres Volkes.

Das deutsche Volk ist sich bewußt, wie viel es den Vereinigten Staaten beim Wiederaufbau seines Landes nach dem Kriege zu verdanken hat, wie sehr die Freiheit und Sicherheit der Bundesrepublik einschließlich Berlins von der Macht und Entschlossenheit der Vereinigten Staaten abhängen und welche hervorragende Rolle den Vereinigten Staaten bei der Wiederherstellung der Einheit Deutschlands zukommt. Es ist darum nur zu verständlich, daß das deutsche Volk der engen Freundschaft und Verbundenheit mit den Vereinigten Staaten, wie sie bei dem Besuch des Präsidenten Kennedy im Juni dieses Jahres eindrucksvoll demonstriert wurde, einen besonders hohen Wert beimißt. Die Bundesregierung wird deshalb fortfahren, in allen Fragen gemeinsamen Interesses sich in enger und freundschaftlicher Konsultation mit der amerikanischen Regierung abzustimmen.

Durch unsere Außen- und Wirtschaftspolitik zog sich seit der Begründung der Bundesrepublik als Leitgedanke der Wille, unser nationales Schicksal trotz seines Wertes in sich selbst nicht mehr in der Isolierung, geschweige denn nach nationalistischen und projektionistischen Vorstellungen zu formen. Nach meiner festen Überzeugung ist angesichts der weltpolitischen Konstellation und der heutigen Lebensbedingungen der Völker kein Land mehr für sich allein befähigt, sein Schicksal glücklich zu meistern. Wenn die Völker der freien Welt selbst unter großen materiellen Opfern die Voraussetzungen dafür schaffen müssen, sich verteidigen zu können, und gleichwohl dem wirtschaftlichen Fortschritt, dem Wohlstand und der sozialen Sicherheit breiteren Raum geben wollen, dann wird ihnen das nur gelingen können, wenn sie sich in ihren politischen Zielen einigen und durch die Zusammenfügung ihrer Kräfte ein höchstes Maß an politischer und wirtschaftlicher Effizienz erreichen. Aus solcher Erkenntnis heraus und im Bewußtsein der Notwendigkeit einer Neuordnung Europas wurde — inspiriert durch Männer wie Robert Schumann, Alcide de Gasperi und Konrad Adenauer, und nicht zu vergessen Winston Churchill — ein europäisches Bewußtsein entzündet, das über Erfolge und Rückschläge zum Abschluß der Römischen Verträge führte. An deren Beginn stand ein politisches Bekenntnis, das nicht verlorengehen und vergessen sein darf. Im gleichen Geiste bekennt sich die Bundesregierung mit dem Hohen Hause eindeutig und nachdrücklich zu der Verpflichtung, die europäische Integration fortzuführen. Aber wir bleiben auch dessen eingedenk, daß die Zusammenführung der „Sechs" von Anbeginn an nicht als das letzte Ziel gelten sollte.

Die europäische Integration ist in ein kritisches Stadium geraten. Die Ursache hierfür ist wohl zum Teil in interessengebundenen Differenzierungen zu suchen, aber vom Grundsätzlichen her kommen die Zweifel aus der Überlegung, ob eine n u r wirtschaftliche Integration ohne politische Bindungen dem praktischen Leben und den staatspolitischen Gegebenheiten der beteiligten Länder gerecht zu werden vermag. Aus dieser Sicht ist mit jeder weiteren Übertragung nationaler Souveränitätsrechte auf europäische Organe die Frage zu stellen, ob nicht der Abbau der nationalen Zuständigkeit und Verantwortung, so wie es die Römischen Verträge wollen, in dem Aufbau einer europäischen politischen Gestalt mit parlamentarisch-demokratischer Verantwortung eine Entsprechung finden muß. Die Bundesregierung wird deshalb ihr ganzes Bemühen darauf richten, durch neue Aktivität in der politischen Formierung Europas Fortschritte zu erreichen.

Dem gleichen Ziele soll auch der deutsch-französische Vertrag nutzbar gemacht werden. Er dokumentiert die Aussöhnung der beiden Völker und soll zu einer bewegenden Kraft für die Einigung Europas werden. Alle Fragen der europäischen Politik rücken die Beziehungen zwischen dem deutschen und dem französischen Volk in den Mittelpunkt. Der Vertrag über gegenseitige Konsultation und Zusammenarbeit vom 22. Januar 1963 wird in der Folge mit immer mehr Leben zu erfüllen sein. Die Zusammenarbeit zwischen den beiden Völkern gründet sich auf gegenseitiges Verständnis und Vertrauen. Es liegt mir am Herzen, zu versichern, wie sehr ich bereit bin, in den Beziehungen der Bundesrepublik zu Frankreich diese Haltung und Gesinnung zu bezeugen.

Die Bundesregierung hofft, daß das deutsch-französische Jugendwerk noch vor Ablauf dieses Jahres seine Tätigkeit aufnehmen wird, das den Austausch und die Begegnung einer großen Zahl von jungen Menschen beider Völker ermöglichen soll. Damit schaffen wir die beste Voraussetzung dafür, daß das Werk der Versöhnung und Freundschaft von den kommenden Generationen weitergetragen und zum Wohle unserer beiden Völker und Europas immer mehr gefestigt wird.

Mit der Pflege und dem Ausbau unserer Beziehungen zu Frankreich müssen einhergehen enge freundschaftliche Beziehungen zu den anderen europäischen Staaten, wie vor allem zu Großbritannien, das uns durch Bündnisverträge, durch die Anwesenheit seiner Truppen zum Schutze unseres Landes und durch eine gemeinsam mit uns vereinbarte Deutschland- und

Berlin-Politik verbunden ist. Wir erachten die Bemühungen, die innereuropäischen Bande zu Großbritannien zu intensivieren, als einen wesentlichen Teil unserer europäischen Politik.

Wer eine europäische Aufgabe darin erkennt, in der weltweiten Auseinandersetzung unserem Kontinent den gebührenden Rang zu sichern und stärkeres Gewicht zu verleihen, wird auf die Dauer nicht darauf verzichten können, sowohl auf politischem wie auf wirtschaftlichem Felde eine Politik zu bejahen, die sich die Einigung aller freien Völker Europas zum Ziele setzt. Dabei sind wir uns bewußt, daß jedwede Stärkung Europas zugleich der Festigung der freien Welt zu dienen hat.

Ohne in diesem Zusammenhang die Frage der räumlichen Ausweitung der Europäischen Wirtschaftsgemeinschaft eingehender erörtern zu wollen, möchte ich doch darauf hinweisen, daß unser aller Bestreben darauf gerichtet bleiben muß, durch die Pflege und Vertiefung der wirtschaftlichen Beziehungen gegenüber Drittländern aufkommende Spannungen oder gar ein Auseinanderleben der Völker zu verhindern. Wenn auch eine sofortige Wiederaufnahme der Verhandlungen über den Beitritt Großbritanniens zum Gemeinsamen Markt derzeit nicht möglich erscheint, so gibt die Bundesregierung dieses Ziel nicht preis. Sie wird auch nicht aufhören, nach Mitteln und Wegen zu suchen, die Beziehungen zu den außerhalb der EWG stehenden Ländern zu intensivieren. Wir entsprechen damit Vorstellungen und Wünschen unserer europäischen Freunde. Die Bundesregierung begrüßt es deshalb auch, daß mit Griechenland und der Türkei und auch mit 18 Staaten Afrikas und Madagaskar Assoziierungsabkommen abgeschlossen werden konnten.

Eine enge Verflechtung mit der Weltwirtschaft bedeutet für die Europäische Wirtschaftsgemeinschaft nicht nur eine Lebensnotwendigkeit, sondern eine internationale Verpflichtung. Dies gilt besonders für Deutschland, dessen Wirtschaft in starkem Maße exportorientiert, aber auch einfuhrabhängig ist. Der EWG-Vertrag fordert in Art. 110, daß die Mitgliedsstaaten „zu einer harmonischen Entwicklung des Welthandels, zur schrittweisen Beseitigung der Hemmnisse im internationalen Handelsverkehr und zum Abbau der Zollschranken beizutragen haben". Ein „gemeinsamer Markt" darf nicht zu einem sich selbst genügenden Markt entarten. Eine solche Vorstellung entspräche auch nicht dem Geist der Römischen Verträge. Die „Kennedy-Runde" wird für die freie Welt zum Prüfstein ihrer Prinzipien. Ich brauche kaum zu versichern, daß sich die Bundesregierung mit Nachdruck für einen Erfolg dieser GATT-Verhandlungen einsetzen wird. Dabei ist sich die Bundesregierung zu ihrem Teil dessen bewußt, daß es sich bei Verhandlungen dieser Art immer um ein Geben und Nehmen handelt. Mit der Bezeugung unseres guten Willens erwarten wir auch bei unseren Partnern Verständnis dafür, daß die Wahrung unserer Lebensinteressen nicht auf allen Gebieten beliebige Konzessionen zuläßt.

Die Bundesrepublik, die wegen der fortdauernden Spaltung Deutschlands nicht Mitglied der Vereinten Nationen ist, bekennt sich indessen zu deren Grundsätzen und Zielen. Das kommt in allen UN-Organisationen und Gremien, denen sie angehört, zum Ausdruck.

Unsere politischen und wirtschaftlichen Beziehungen zu den befreundeten Völkern des Nahen und Fernen Ostens, Afrikas und Südamerikas haben sich auf dem Fundament gegenseitiger Achtung und Gleichberechtigung in den vergangenen Jahren erfreulich fortentwickelt. Unsere Außenpolitik gegenüber diesen Ländern hat sich als richtig erwiesen; wir werden sie fortsetzen.

Das geteilte deutsche Volk hat stets besonderes Verständnis für das Verlangen anderer Völker nach Freiheit und Unabhängigkeit bewiesen. Es hofft und vertraut darauf, daß die Länder, die in Anwendung des Selbstbestimmungsrechts der Völker ihre nationale Selbständigkeit erlangt haben, auch für die deutsche Forderung, nämlich die Gewährung eben dieses Selbstbestimmungsrechts für unser Volk, Verständnis aufbringen.

Die Bereitschaft zur Mitgestaltung einer über die nationalen Interessen hinausgreifenden Politik schließt für uns auch die

Verpflichtung ein, einen Beitrag zur Entwicklungshilfe zu lei-
sten. Wir folgen dabei dem in der innerdeutschen Politik ver-
wirklichten Grundsatz, daß eine auf die Dauer wirksame und
fruchtbare Hilfe zuerst beim Menschen und bei der Entwick-
lung seiner Fähigkeiten anzusetzen hat. Das aber bedeutet auch,
daß wir uns in jenen Ländern allein mit der Veränderung der
technologisch-ökonomischen Faktoren nicht zufriedengeben soll-
ten. Wie in unserem eigenen Staat kommt auch dort dem
Aufbau einer gesunden wirtschaftlichen Ordnung als dem Fun-
dament demokratischer Staatswesen hohe Bedeutung zu.

Der Erfolg unseres Bemühens ist daran abzulesen, daß es
uns in steigendem Maße gelungen ist, durch unsere multilate-
ralen Leistungen, aber auch durch unsere bilateralen Maßnah-
men, Ansatzpunkte für eine wirksame Aufbauförderung in Ent-
wicklungsländern zu geben und unsere Freunde unter den gro-
ßen Geberländern davon zu überzeugen, daß wir mit ihnen ei
nen wesentlichen Teil dessen leisten, was von den Industrie-
nationen im Sinne einer weltweiten Verantwortung gemeinsam
besorgt werden muß.

Diese Aussage soll nicht darüber hinwegtäuschen, daß, wie
bei der Vorlage des Haushaltsplanes 1964 ersichtlich werden
wird, unserer Aufgeschlossenheit für die Entwicklungshilfe fi-
nanzielle Grenzen gesetzt sind. Sie überschreiten zu wollen, wä-
re nicht zu verantworten. Der Zwang zur Beschränkung auf
das Mögliche soll umgekehrt vor der Weltöffentlichkeit die
Ernsthaftigkeit unseres Willens bekunden, die Entwicklungs-
hilfe als eine Daueraufgabe von hohem Rang zu akzeptieren.

Neben den heutigen Hilfsmaßnahmen werden andere Mög-
lichkeiten der Förderung an Bedeutung gewinnen. Zu erwäh-
nen sind in diesem Zusammenhang handelspolitische Maßnah-
men und z. B. das in diesen Tagen dem Bundeshof zugeleitete
Entwicklungshilfe-Steuergesetz. Mit diesem Gesetz sollen pri-
vate Initiativen für den Aufbau der Entwicklungsländer mo-
bilisiert werden, die bei vernünftiger Anwendung gleichzeitig
die Bildung eines staatstragenden Mittelstandes in diesen Län-
dern wirksam fördern sollen. Hier verdient auch der von dem

Herrn Bundespräsidenten geförderte Entwicklungsdienst dankbare Würdigung.

Unsere Eingliederung in die Weltpolitik und in übernationale politisch-ökonomische Systeme zwingt uns zu einer fortdauernden Überprüfung und Zusammenschau unserer inneren Lebensordnung. Nach Herkommen und Gewöhnung und gewiß auch aus verwaltungstechnischen Notwendigkeiten ist es fast zur Selbstverständlichkeit geworden, die verschiedenen Lebensbereiche eines Volkes nach ressortmäßiger Aufgliederung zu behandeln. Zwar versucht die Regierung, einer einseitigen Betrachtung durch die Bildung von interministeriellen Ausschüssen zu begegnen, aber gleichwohl bleibt von der Sache und vom Effekt der Entscheidung her ein unbefriedigender Rest. Ich halte es für eine besonders wichtige Aufgabe, die Verwaltungstechnik und -praxis so zu reformieren, daß sie den Anforderungen eines modernen Staatswesens gerecht werden und aufgeschlossenem Bürgersinn entsprechen. Dem neu zu bestellenden Bundesbeauftragten für Wirtschaftlichkeit eröffnet sich hier ein weites Betätigungsfeld.

Alle meine Kabinettskollegen stimmen mit mir darin überein, daß sie sich nicht nur als Ressortminister, sondern nicht minder als Mitglied des Gesamtkabinetts verantwortlich fühlen. Seien wir — ob Regierung oder Parlament — uns immer dessen bewußt, daß jede vermeidbare Reibung und unnütze Spannung in unserer Zusammenarbeit im deutschen Volke Unbehagen auslösen und dazu beitragen, das notwendige Vertrauen zwischen Volk, Parlament und Regierung zu erschüttern.

Gerade weil wir uns redlich um eine Neuordnung des demokratischen Lebens in Deutschland bemüht haben, sollten wir trotz der Spaltung unseres Vaterlandes den Mut haben, uns als Volk geschlossen zur Bundesrepublik, d. h. zu unserem Staat zu bekennen. Ein wenig entwickeltes Staatsbewußtsein nährt die gesellschaftlichen Spannungen und schwächt die Kraft, die wir benötigen, um der Sehnsucht aller Deutschen nach einem Zusammenleben in einer freiheitlichen und friedlichen Ordnung Aussicht auf Erfüllung zu bieten.

Gewiß gehört es zum Wesen der parlamentarischen Demokratie, daß sich der Bundeskanzler auf eine Fraktion oder Koalition stützt, die im Parlament über die Mehrheit verfügt. Mit seiner Wahl aber hat er sich über alle Parteiungen hinweg als Sachverwalter des ganzen deutschen Volkes zu fühlen und aus dieser Verantwortung heraus zu handeln. Zur Wahrung dieses Grundsatzes bekenne ich mich vor dem Hohen Hause ausdrücklich. So erblicke ich denn auch in der Opposition einen notwendigen und vollwertigen Bestandteil des parlamentarisch-demokratischen Systems und erwarte, daß unsere gewiß unvermeidlichen Auseinandersetzungen von diesem Geist getragen sein werden.

Dabei darf die Bundesregierung voraussetzen, daß über wichtige Ziele unserer Politik — auch der Innenpolitik — vor allem hinsichtlich der gemeinsamen Verpflichtung, die Stabilität unserer Wirtschaft und Währung zu wahren, Übereinstimmung besteht. Die Anerkennung des Vorrangs dieser Forderung bedeutet nicht — wie oft gesagt und verwechselt — einen Verzicht auf wirtschaftliches Wachstum und die daraus fließenden materiellen Verbesserungen, aber sie zeigt nicht minder deutlich die Grenzen des Begehrens und die Möglichkeiten des Erfüllens auf.

Wenn die Bundesregierung dem Hohen Hause den Haushaltsplan für 1964 vorlegen wird, kann über die Bedeutung und den Ernst dieser Aussage kein Zweifel bestehen. Es erscheint mir in Übereinstimmung mit dem Bundesfinanzminister zwingend geboten, daß sich Regierung und Parlament hinsichtlich der materiellen Anforderungen an den Haushalt über eine Rangordnung der Werte verständigen und in gerechter Abwägung der Notwendigkeiten und Dringlichkeiten in gegenseitiger Rücksichtnahme auch Teillösungen zu akzeptieren bereit sind. Die seitherige Entwicklung der wirtschaftlichen und sozialen Verhältnisse in der Bundesrepublik läßt die glaubhafte Aussage zu, daß ein noch nicht oder nicht voll erfüllbares Begehren nicht schlechthin abgeschrieben werden müßte. Die kommenden Haushaltsberatungen werden den Rahmen für die möglichen Ausgaben und Leistungsverbesserungen zu setzen haben.

Ich hoffe, daß dieses harte Muß als ein zwingendes Gebot beachtet werden wird. Würde sich diese meine Erwartung nicht erfüllen, dann erwächst mir aus meinem Diensteid die Verpflichtung, um das deutsche Volk vor Schaden zu bewahren, den Artikel 113 des Grundgesetzes anzuwenden. Vor seiner Anwendung werde ich gewiß nichts unversucht lassen, die Fraktionen zu einer maßvollen, die Stabilität gewährleistenden Ausgabenwirtschaft zu bewegen, aber ich würde mich auch nicht scheuen, den zunächst vielleicht unpopulär anmutenden Weg des Einspruchs zu beschreiten. Schließlich hat die Bundesregierung die Verantwortung gegenüber jedem Bürger und damit auch gegenüber jedem Sparer. Dies wird für jedermann erkennbar, wenn ich auf die Höhe der Spareinlagen von über 70 Milliarden DM verweise.

In solchem Zusammenhang hängt viel von dem verantwortungsbewußten Verhalten der Tarifpartner ab. Das Geschehen in vielen Ländern sollte uns mahnen, besonnen zu bleiben und uns in den Grenzen des Möglichen zu bewegen. Ich erkenne an, daß die letzten Vereinbarungen der Sozialpartner über Lohnhöhe und Vertragsdauer einen Fortschritt bedeuten. Unter diesen Bedingungen und in der Erwartung, daß auch in Zukunft selbst harte Auseinandersetzungen nicht zu reinen Machtkämpfen entarten, zögert die Bundesregierung nicht, sich zur Wahrung der Tarifautonomie zu bekennen. Die Bundesregierung hat das betonte Ja der Gewerkschaften zur staatsbürgerlichen Verantwortung dankbar begrüßt. Sie erwartet, daß diese auch in ihrem Bereich den demokratischen Grundfreiheiten der von ihnen betreuten Menschen uneingeschränkt Raum geben.

Es wird immer einen Widerstreit der Interessen geben. Auch das Verhältnis von Bund und Ländern ist davon nicht frei. Mag die derzeitige Situation auch unbefriedigend sein, so hat es doch keinen Sinn — ja, es ist Unsinn —, sich in gegenseitigen Vorwürfen zu ergehen und nach Schuldigen zu fragen. Ich jedenfalls werde in voller Unvoreingenommenheit bemüht sein, zu gesunden und gedeihlichen Grundlagen einer für das Wohl des Staates — und das heißt gewiß auch zum Nutzen der Länder — fruchtbaren und freundschaftlichen Zusammenarbeit zu gelangen. Ein Bundesstaat wie die Bundesrepublik verträgt nicht ein nebengeordnetes staatenbund-ähnliches System. Wir müssen uns vielmehr in jedem Augenblick der inneren Geschlossenheit und der Geltung unseres Staates als einer Einheit in der Vielfalt bewußt bleiben. Damit werden wir auch den Vorstellungen des ganzen deutschen Volkes und den Notwendigkeiten europäischer und atlantischer Bindungen gerecht.

Der Bund hat ein elementares Interesse an einem guten Verhältnis zu den Ländern, wie umgekehrt den Ländern an einer guten Zusammenarbeit mit dem Bund gelegen sein muß. Es hat gewiß auch keinen Sinn, den tatsächlich oder vermeintlich zu engen Raum, den das Grundgesetz dem Bunde gibt, zu kritisieren. Laut ausgesprochene Wunschträume oder Überlegungen der Art etwa, welche Verfassung wir uns geben würden, wenn wir noch einmal von vorne beginnen könnten, scheinen mir für den Augenblick keinen Schritt vorwärts zu führen. Sie schaden vielmehr, weil sie immer aufs neue Mißtrauen zwischen Bund und Ländern zu nähren geeignet sind.

Es ist uns gemeinsam aufgegeben, das Bund-Länder-Verhältnis, von dem alles durchdringenden Gedanken des Gemeinwohls ausgehend, zum Besseren zu wenden. Die in der Vergangenheit aufgebaute Hypothek des Mißtrauens muß abgetragen werden. Deshalb beabsichtige ich, die Herren Ministerpräsidenten der Länder ehestens zu einer grundlegenden Besprechung einzuladen und diese Verbindung zu pflegen. Ich zolle der Aufgabe und der Leistung der Länder vollen Respekt und bin gewiß, daß diese auch volles Verständnis für die der Verantwortung des Bundes obliegende deutsche Innen- und Außenpolitik bezeugen werden. Der Bundesminister für Angelegenheiten des Bundesrates und der Länder wird die Kontaktpflege mit den Ländern weiter intensivieren.

Ein neuer Geist und Stil der Beziehungen zwischen Bund und Ländern wird sich in der Auseinandersetzung über die Höhe des Bundesanteils an der Einkommen- und Körperschaftssteuer zu bewähren haben. Eine klare Abgrenzung der Finanzverantwortlichkeit zwischen Bund, Ländern und Gemeiden sowie eine angemessenere Verteilung der Steuereinnahmen auf alle Gebietskörperschaften ist dringlich geworden. Die Vorarbeiten für eine Finanzreform, die eine allzu lange Verzögerung erfahren haben, werden deshalb unverzüglich aufgenommen. Ich bin mit dem Bundesfinanzminister über die Bedeutung dieser Aufgabe einig, denn das Ziel, einen gerechten Ausgleich von Einnahmen und Ausgaben von Bund, Ländern und Gemeinden zu erreichen, bietet dem Steuerzahler den besten Schutz gegen eine überhöhte Belastung. So sehr ich um die Eilbedürftigkeit dieser Arbeiten weiß, ist doch die Finanzreform mit Erfolg nur Schritt für Schritt zu verwirklichen.

Gleichwohl muß diese schwierige Aufgabe sofort in Angriff genommen werden. Der deutsche Staatsbürger ist es leid, dauernd mit der Bereinigung des Bund-Länder-Verhältnisses befaßt zu werden. Er hat, wenn es um das Wohl des Ganzen geht, für Prestige- und Zuständigkeitsfragen kein Verständnis. Auch das gehört zu einem wachen Staatsbewußtsein, daß wir bei aller Verbundenheit und Liebe zu unserer engeren Heimat nur um e i n Vaterland wissen, das Deutschland heißt. Aus solcher Sicht mutet ein Anti-Bund- oder ein Anti-Länder-Komplex als eine fast mittelalterliche Reminiszenz an.

Das Bund-Länder-Verhältnis wird zu einer Lebensfrage, wenn es sich um Zuständigkeit und Verantwortung für das Schul- und Bildungswesen oder um das weite Gebiet der Forschung handelt. So gewiß die Bundesregierung bereit ist, die Zuständigkeit der Länder in der Kulturpolitik zu respektieren, so gewiß hat doch die Bundesregierung die Pflicht, vorausblikkend die Lebensbedingungen eines modernen Staates zu garantieren. Das aber bedeutet, den Menschen auf allen Bildungsstufen das geistige Rüstzeug an die Hand zu geben, ihnen die technischen Kenntnisse und Fertigkeiten zu vermitteln, deren sie und wir alle nicht entraten können, wenn wir in einer dynamischen Welt unseren Rang behaupten und unsere Zukunft gesichert wissen wollen. Ohne dieses Thema hier eingehender behandeln zu können, möchte ich doch ganz deutlich machen, daß sich hier ein weites Feld der Heran- und Fortbildung unserer Jugend eröffnet, das das allgemeine Schul- und Fachschulwesen wie auch Hochschulen und Universitäten bis zur Forschung und Lehre hin einschließt. Dieser kritische Situationsüberblick darf uns nicht übersehen lassen, daß es auch vorbildliche Leistungen gibt. Ich erinnere nur an unser Berufsausbildungssystem, das als mustergültig bezeichnet werden kann.

Ohne Verstärkung der geistigen Investitionen müßte Deutschland gegenüber anderen Kultur- und Industrieländern zurückfallen. Das aber hieße, nicht nur den wirtschaftlichen Fortschritt und Wohlstand, sondern auch die soziale Sicherheit aufs Spiel setzen. Bund und Länder müssen zusammenwirken, um eine große Aufgabe mit Tatkraft anzupacken. Es muß dem deutschen Volke bewußt sein, daß die Aufgaben der Bildung und Forschung für unser Geschlecht den gleichen Rang besitzen wie die soziale Frage für das 19. Jahrhundert.

Vergessen wir auch nicht, daß der Pflege der kulturellen Beziehungen zu anderen Ländern eine immer stärkere außenpolitische Bedeutung zukommt. In friedlichem Wettkampf messen die Nationen ihre Kräfte auf dem Gebiet der Wissenschaft, der Kultur, der Kunst und des Sports. Das Bild des Deutschland von heute spiegelt sich nicht nur in wirtschaftlichen Leistungen wider, sondern wird in der Wertung anderer Völker wesentlich von dem Beitrag Deutschlands zur geistigen Neugestaltung der Welt geprägt.

Gewiß ist das Wort vom „Volk der Dichter und Denker" abgegriffen. Dennoch sollten wir nicht vergessen — und es auch vor der Welt deutlich machen —, daß deutsche Geschichte nicht *nur* Schande barg, sondern daß wir durch die Jahrhunderte Väter hatten, die uns der geistigen Welt verpflichten. Mögen die Früchte dieser Arbeit auch langsam reifen, so werden es doch wertvolle Früchte sein, die nicht nur uns zugute kommen sollen.

Wenn wir von Wirtschafts-, Agrar-, Sozial-, Steuer- oder Verkehrspolitik sprechen und in der ressortmäßigen Behandlung dieser Fragen Fortschritte zu erzielen suchen, so wird diese Arbeit vom Ganzen her gesehen doch erst sinnvoll und fruchtbar, wenn sie sich an einem gesellschaftlichen Leitbild orientiert. Es geht schlechthin um die Fortgestaltung unserer Lebensordnung, aus deren Bejahung einem Volke ein waches Lebensgefühl und ein starker Lebensmut zufließen. Wir sind vielleicht auf diesem Wege zu sehr im Technischen steckengeblieben. Das findet seinen Ausdruck z. B. darin, daß gegenüber jedem Gesetzgebungswerk nur noch vorgefaßte und vorgeformte Kollektivmeinungen vertreten werden; fast möchte ich sagen: man sieht vor lauter Bäumen den Wald nicht mehr.

Dazu ist ein Weiteres festzustellen! Obwohl wir aus dem Geschehen der letzten 15 Jahre angesichts auch des Fortschritts in der individuellen Lebensführung von Zuversicht und Vertrauen in unsere Kraft getragen sein müssen und sein können, will dennoch eine Stimmung des Sich-selbst-Bemitleidens und eines selbstquälerischen Pessimismus um sich greifen. Auch scheint es mir ein Zeichen unserer Zeit zu sein, die Beziehung zwischen Leistung und Ertrag — vom Einzelnen und vom Ganzen her gesehen — allzu leicht zu vergessen. Nüchternheit in der Sache und innere Wahrhaftigkeit sind unerläßliche Voraussetzungen, um wichtige gesellschaftspolitische Aufgaben erfolgreich in Angriff zu nehmen und sich nicht in romantischen Vorstellungen zu verlieren.

In diesem Geiste haben wir uns auch mit der Frage der Eigentumspolitik zu befassen. Ohne die oft gebrauchten Thesen „Wohlstand für alle", „Eigentum für jeden" und andere mehr an dieser Stelle noch einmal interpretieren zu wollen, kann und soll niemand an der Ernsthaftigkeit des Willens der Bundesregierung zweifeln, daß sie auf dem Wege über immer breiter gestreutes privates Eigentum das Selbstbewußtsein zu wekken und den Bürgersinn zu stärken wie auch das soziale Ansehen und die wirtschaftliche Sicherheit zu mehren bestrebt ist.

Es ist nicht nur in nationalökonomischen Lehrbüchern nachzulesen, sondern es ist lebendige, praktische Erfahrung, daß dieses Ziel — soll nicht Schaden für die Gesamtheit daraus erwachsen — nicht auf dem Wege der Umverteilung bestehender Vermögen erreicht werden kann. Jede Bildung von Eigentum setzt Sparen und Konsumverzicht voraus. Der Ansatz für eine erfolgreiche Eigentumspolitik wird jedermann sichtbar, wenn ich darauf verweise, daß das durchschnittliche Brutto-Einkommen aus Lohn und Gehalt je beschäftigten Arbeitnehmer seit 1950 von rund 2900 DM auf nunmehr 7700 DM angestiegen ist. Damit wird aber auch der unlösbare Zusammenhang zwischen Produktivität und Leistungsgrad einer Volkswirtschaft und der Chance individueller Vermögensbildung aufgezeigt.

Die bisher von der Bundesregierung eingeleiteten Spar-Förderungsmaßnahmen sind von vielen Erwerbstätigen wahrgenommen worden. Die Eigentumsbildung soll in Zukunft nachdrücklicher zugunsten der einkommensschwachen Bevölkerungskreise gefördert werden. Bei höheren und hohen Einkommen kann und soll auf solche Impulse verzichtet werden — unbeschadet der Aufrechterhaltung des Grundsatzes, daß die private Alterssicherung allgemein steuerliche Begünstigung verdient. Daß im Rahmen dieser Überlegungen fiskalische Grenzen berücksichtigt werden müssen, versteht sich von selbst.

Als eigentumsfördernde Maßnahme, die noch in dieser Legislaturperiode entwickelt bzw. umgeformt werden soll, strebt die Bundesregierung die Harmonisierung der verschiedenen Sparförderungen an. Des weiteren soll das Gesetz zur Förderung der Vermögensbildung der Arbeitnehmer praktikabler gestaltet und die soziale Privatisierung fortgesetzt werden. Mir liegt insbesondere auch daran, bei einer Überprüfung der Wohnungsbaugesetze dem Hohen Hause wirkungsvolle Maßnahmen zur Privatisierung des öffentlich geförderten Wohnungseigentums vorzuschlagen.

Vergessen wir nicht, daß eine moderne und freiheitliche Gesellschaftspolitik den Menschen in dem Bewußtsein des Wertes und der Würde seiner Persönlichkeit stärken will. Dieses Bild hat unserer Sozialpolitik als Richtschnur zu dienen. Es bedeutet keinen gedanklichen Wiederspruch, wenn die Bundesregierung nach wie vor auch die kollektiven Formen der Lebenssicherung bejaht. Immerhin aber kann nicht übersehen werden, daß die Fähigkeit und die Bereitschaft zu eigenverantwortlicher Vorsorge in enger Beziehung und Abhängigkeit von Art und Umfang der kollektiven Sicherheit stehen.

Es war natürlich und notwendig, nach dem Zusammenbruch eine neue Sozialordnung aufzubauen, wie sie sich in unserer Gesetzgebung widerspiegelt. Mit dem Blick nach vorwärts aber und angesichts der Hebung der materiellen Lebensverhältnisse der in abhängiger Arbeit stehenden Menschen wird es nützlich sein, innerhalb unserer Sozialordnung der individuellen Verantwortung breiten Raum zu geben. In dieser sich bewegenden Welt dürfen wir nicht in den Vorstellungen von gestern erstarren.

Die Bundesregierung wird ihre Raumordnungspolitik zielstrebig aktivieren. Eine wirksame Raumordnung ist ein notwendiger Bestandteil einer verantwortungsbewußten Gesellschaftspolitik und unerläßliche Voraussetzung für die Erneuerung unserer Städte und Dörfer sowie die Fortführung des Wohnungsbaus. Die Bundesregierung erhofft die baldige Verabschiedung des dem Parlament vorliegenden Bundesraumordnungsgesetzes. Sie sieht in diesem Gesetz ein unerläßliches Mittel für eine wirksame Raumordnungspolitik in Bund und Ländern. Außerdem arbeitet die Bundesregierung an einem Gesetz zur Förderung städtebaulicher Maßnahmen in Stadt und Land. Hier geht es vor allem darum, die Städte und Dörfer entsprechend unseren gesellschaftspolitischen Vorstellungen so zu gestalten, daß sie in Anlage und Gliederung den neuzeitlichen Bedürfnissen der Bevölkerung entsprechen. In der Bundesrepublik ist unverkennbar ein Prozeß im Gange, der die Daten unseres wirtschaftlichen und gesellschaftlichen Lebens grundlegend gewandelt hat. Wir sind nach Überwindung des Klassenkampfes über wachsenden Wohlstand auf dem besten Wege, immer mehr Bürgern zu einem bewußteren Lebensstil und Lebensgefühl zu verhelfen. Immer ausgeprägter kommt der Fortschritt allen Schichten unseres Volkes zugute.

Der Sozialpolitik sind sowohl kurzfristig zu lösende Aufgaben gestellt, wie sie sich auch mit zukunftsweisenden Problemen zu befassen hat. Eine gründliche Durchleuchtung der heutigen Sozialgesetzgebung ist unabdingbar geworden. Darum wird die Bundesregierung unverzüglich die Durchführung einer Sozial-Enquête veranlassen, die die Grundlage dafür bilden soll, die sozialen Leistungen und Maßnahmen in ihrer Ganzheit und in ihren gegenseitigen Beziehungen überschaubar zu machen. Sie soll die Voraussetzung für eine Sozialgesetzgebung in einem Guß schaffen.

Vordringlich erscheint in der Fortführung unserer Sozialpolitik der Ausbau des Familien-Lastenausgleichs. Der Familie muß der ihr zukommende Platz in Gesellschaft und Staat gesichert werden. Sie hat einen Anspruch darauf, an dem wirtschaftlichen Aufstieg unseres Volkes teilzuhaben. Darum gilt der kinderreichen Familie die besondere Sorge der Bundesregierung. Neben materiellen Hilfen aber sollen auch andere Maßnahmen dem Schutze der Familie dienen. Durch gleiche Bildungsmöglichkeiten auf den verschiedenen Stufen, je nach Neigung und Begabung, unserer Jugend — ohne Rücksicht auf Einkommen und Vermögen der Eltern — gleiche Lebens- und Fortkommens-Chancen einzuräumen, ist wesentlicher Bestandteil einer positiven Familienpolitik.

Wache Aufmerksamkeit auch seitens des Staates muß die Erhaltung der Gesundheit unseres Volkes beanspruchen. Dabei ist die körperliche Ertüchtigung, um die sich die deutsche Turn- und Sportbewegung große Verdienste erworben hat, von besonderem Wert. Der Schutz der Bevölkerung vor Umweltschäden macht es notwendig, daß die Wirtschaft ihre soziale Verpflichtung bei der Entwicklung der Technik durch Maßnahmen zur Abwehr von Schäden für die Menschen erkennt und verwirklicht.

Dem Deutschen Bundestag sind von der früheren Bundesregierung eine Reihe wichtiger sozialer Gesetze vorgelegt worden. Da auch die von mir gebildete Regierung die Verbesserung sozialer Leistungen für unverzichtbar hält, möchte ich sehr wünschen, daß die Beratungen über die Gesetze bald zu einem befriedigenden Abschluß gelangen. Die Bundesregierung teilt die einmütige Auffassung des Parlaments, daß der Arbeiter im Krankheitsfalle in gleicher Weise wie der Angestellte wirtschaftlich gesichert werden soll. Wir alle sind uns bewußt, daß die Neuregelung der gesetzlichen Krankenversicherung schwierige Probleme aufwirft. Es ist die Absicht der Bundesregierung, die Sozialversicherten vor einer immer weitergreifenden Kollektivierung zu bewahren. Die Tatsache, daß die in Arbeit Stehenden in weitem Umfang die Verpflichtung übernehmen, für die nicht mehr Erwerbstätigen Sorge zu tragen, und die Rentenversicherung sie auch noch an der steigenden Produktivität der Volkswirtschaft teilhaben läßt, kennzeichnet die Aufgeschlossenheit unserer Sozialpolitik und deren Fundierung auf dem Grundsatz einer die Generationen verbindenden Solidarität. Die Veränderungen im Altersaufbau der Bevölkerung, die längere Ausbildungszeit unserer Jugend, ihr spätes Eintreten in das Erwerbsleben, die Verbesserung des Gesundheitswesens, der Fortschritt der medizinischen Wissenschaft und die dadurch erreichte höhere Lebenserwartung — das alles muß bei der Fortentwicklung unserer Sozialpolitik vorausschauend bedacht werden.

In der kommenden Zeit wird eine stagnierende oder vielleicht sogar absinkende Zahl von Voll-Erwerbstätigen für eine immer größere Zahl aus dem Arbeitsprozeß Ausgeschiedener die erforderlichen Mittel aufzubringen haben. Der Anteil der über Fünfundsechzigjährigen wird sich in wenigen Jahren gegenüber der Vorkriegszeit verdoppeln. Um nicht mißverstanden zu werden, erkläre ich ausdrücklich, daß es nicht in unserer Absicht liegt, das Pensionsalter der Beamten und die Altersgrenze der Arbeiter und Angestellten nach oben zu rücken. Aber wenn uns die Vor- und Fürsorge für ältere und alte Menschen am Herzen liegt, dann sollten wir ihnen im allgemeinen Interesse die Chance geben, auch später ihr Können und ihr Wissen nicht ungenutzt zu lassen und aus solcher Arbeit natürlich auch persönlich Nutzen zu ziehen. Soweit alte Menschen nicht in der Geborgenheit der Familie leben können, wird die Errichtung von Altersheimen gewiß zum Segen vieler Menschen. Aber auf vielen, die aus ihrer Berufstätigkeit ausschieden, lastet doch auch die Bedrückung, die Verbindung zum Leben zu verlieren. Ich habe den sicheren Eindruck, daß hier ein menschliches Problem vorliegt, dessen wir uns anzunehmen haben.

Die Bundesregierung hat den Vorstellungen über Verbesserungen der Kriegsopferversorgung durch den dem Hohen Hause vorgelegten Entwurf eines Zweiten Gesetzes zur Änderung und Ergänzung des Kriegsopferrechts Rechnung getragen. Mir ist an einer baldigen Verabschiedung dieses Gesetzes gelegen; aber auch für diesen Bereich hat der wiederholt herausgestellte Grundsatz zu gelten, die finanziellen Grenzen des Haushalts nicht zu überschreiten. Die Bundesregierung akzeptiert die rechtliche und moralische Verpflichtung des Staates, Einbußen an Leben und Gesundheit, die im Dienst für die Allgemeinheit erlitten wurden, zu entschädigen. Sie hält es aus diesen Gründen für ihre Pflicht, alles zu tun, die Kriegsopferversorgung angemessen und würdig zu gestalten.

Meine besondere Sorge werde ich der Fortsetzung der sozialen und wirtschaftlichen Eingliederung der Vertriebenen, Flüchtlinge, Kriegssachgeschädigten, der ehemaligen Kriegsgefangenen und der politischen Häftlinge zuwenden. Dabei geht es nicht nur um ein Gebot der sozialen Gerechtigkeit. Der rasche Wiederaufbau Deutschlands nach dem Kriege wäre ohne die großen Leistungen der Vertriebenen und Flüchtlinge nicht erkennbar gewesen. Dafür gebührt ihnen Dank und Anerkennung. Wir werden alle Möglichkeiten der Eingliederung ausschöpfen, das bereits Geschaffene sichern und das vollenden, was noch vollendet werden kann.

Wenn ich den Raum, den die Haushaltslage der kommenden Jahre für soziale Leistungsverbesserungen offen läßt, in Beziehung zu den Vorstellungen setze, die in dieser Richtung gehegt werden, zwingt das Gebot der Stabilität zu der Feststellung, daß wir, wie schon gesagt, nach Wertigkeit, Dringlichkeit und Nützlichkeit im Rahmen der gegebenen Möglichkeiten ein Bezugssystem und einen längerfristigen Zeitplan aufstellen müssen. Ja, lassen Sie mich ein offenes Wort sprechen: Wir müssen uns entweder bescheiden oder mehr arbeiten. Die Arbeit ist und bleibt die Grundlage des Wohlstandes.

Es muß uns ferner daran gelegen sein, die mit dem wachsenden Wohlstand sichtbar gewordenen Mißstände auf ein Mindestmaß zu beschränken. So mancher Begüterte scheint in seiner persönlichen äußeren Lebensführung nur allzu leicht zu vergessen, daß der Wohlstand wohl eine Grundlage, nicht aber das Leitbild unserer Lebensgestaltung schlechthin ist. Sicher handelt es sich dabei um Leute, denen es leichter war, den Wohlstand zu erringen, als ihn zu bewältigen. Wenn deren Haltung oft sogar zum öffentlichen Ärgernis wird, dann bin ich mir wohl bewußt, daß solche Entartungserscheinungen nicht durch Gesetze eingefangen werden können, sondern daß die Kreise, die es angeht, das Ihre tun müssen, um ein Standesbewußtsein zu entwickeln, das unserem sozialen Leben und unserer Stellung in der Welt gemäß ist. Die Bundesregierung will ihrerseits bei allen relevanten Gesetzen und Verordnungen prüfen, mit welchen geeigneten Maßnahmen sie derartigen Mißständen begegnen könnte.

Wenn ich die Grundfragen des Rechts und der Rechtspolitik in den Vordergrund rücke, so nicht zuletzt deshalb, weil nicht übersehen werden kann, daß in der deutschen Öffentlichkeit ein echtes Bedürfnis nach Klarheit und Übersichtlichkeit des Rechts lebendig ist. Ich habe den Eindruck, daß unser Rechtssystem unter einer allzu großen Aufsplitterung leidet.

Unser Recht birgt in manchen Teilen keine volle Harmonie in sich und steht mit dem Gerechtigkeitssinn der Bürger nicht immer in Einklang. Wir dürfen es in der Erinnerung an die vergangene Zeit des Unrechtsstaates als einen großen Gewinn verbuchen, daß das deutsche Volk für Fragen des Rechts in hohem Maße aufgeschlossen ist.

Der Blick auf das Willkür-Regime jenseits der Zonengrenze macht uns bewußt, wie zwingend die Rechtsordnung zu unserer Lebensordnung gehört. Als Regierungschef bekenne ich mich zu der hohen, allerdings auch selbstverständlichen Verpflichtung, die rechtsstaatlichen Prinzipien in unserem Lande zu wahren. Manche Rechtsbereiche sind nach der Auffassung des Justizministers, der ich mich anschließe, in einer Weise geregelt, die sich unnötig von vergleichbaren Regelungen in anderen Rechtsbereichen entfernt. Die Zahl der geschriebenen Normen mit ihren vielen Einzelbestimmungen erschwert die Übersicht über das geltende Recht und seine Verwirklichung, zumal die Vorschriften vielfach zu verschiedenen Zeiten mit unterschiedlichen politischen und sozialen Zuständen, also nicht aus dem gleichen Geist heraus, entstanden sind. Das heißt, daß wir uns für die Zukunft noch mehr um ein von allgemeiner Rechtsüberzeugung getragenes, von klaren und zeitnahen rechtspolitischen Grundsätzen übersichtlich und verständlich gestaltetes Gesetzesrecht zu bemühen haben. Es kommt darauf an, das Vertrauen des Bürgers zum Recht zu vertiefen und zu stärken. Deshalb bittet die Bundesregierung das Hohe Haus, die vorgelegten Reformwerke wie die Reform des Strafrechts, des Aktienrechts und des Urheberrechts zügig weiter zu beraten.

Die Bundesregierung empfindet es weiterhin als ihre Aufgabe, der Rechtszersplitterung zu begegnen und dem Hohen Haus entsprechende Vorschläge auf dem Gebiet des Verfahrensrechts zu unterbreiten. Auch soll gemeinsam mit den Ländern nach Möglichkeit noch in dieser Legislaturperiode ein einheitliches Recht für das Verwaltungsverfahren und damit erstmalig eine einheitlich kodifizierte Ordnung der Verwaltungstätigkeit gesetzt werden.

Ich fasse zusammen: Das Recht sollte uns allen und jedem Bürger zu heilig sein, als daß es manchmal in recht einseitiger Darstellung zum Spielball demagogischer Auseinandersetzungen herabgewürdigt wird. Wenn in einer freien demokratischen Ordnung jeder Staatsbürger an der Wahrung des Rechts lebendigen Anteil nehmen soll, so obliegt uns allen die gewiß noch höhere Verpflichtung, zu jeder Zeit und ohne Ansehen der Person für Recht und Gesetz einzutreten.

Zur Mehrung der Rechtsklarheit und Rechtssicherheit gehört es auch, jene Gesetze zu verabschieden, die — wenn auch unter unterschiedlichen Aspekten — dem Schutze der Person und der Gesellschaft zu dienen haben. Es liegt dem Hohen Hause bereits ein umfassendes Gesetzgebungswerk unserer Notstandsverfassung vor. Es kommt darauf an, dem Staat und seinen Organen eine gesetzliche, von rechtsstaatlichen Vorstellungen geformte Grundlage für das Handeln im Notfalle zu geben. Gerade die Diskussionen der letzten Wochen haben deutlich gemacht, wie dringend erwünscht es ist, in diesem Bereich das alliierte Recht durch deutsche Vorschriften zu ersetzen, um so die Lücken zu schließen, die bis heute durch alliierte Verordnungen provisorisch und auch noch unzulänglich ausgefüllt wurden. Dabei bin ich mir der Schwierigkeiten, die bei der Behandlung der Ihnen vorliegenden Entwürfe zur Ergänzung des Grundgesetzes zu meistern sein werden, voll bewußt.

Von dem gleichen Grundgedanken ausgehend, ist die Bundesregierung entschlossen, dem Parlament den Entwurf eines Gesetzes vorzulegen, das im Einklang mit Art. 10 des Grundgesetzes die für jedermann erkennbaren Ausnahmen festlegt, in denen aus Gründen der Sicherheit des Staates und seiner Bürger wie auch der bei uns stationierten alliierten Truppen gewisse Einschränkungen des Post- und Briefgeheimnisses geboten sind.

Wenn ich von solchen wichtigen Fragen des öffentlichen Lebens spreche, dann bedarf es eines weiteren Hinweises. Die Bundesregierung weiß um die große Bedeutung des öffentlichen Dienstes für die innere und äußere Ordnung unseres Staates. Sie wird sich in Anerkennung der auch in diesem Bereich erbrachten großen Leistungen den weiteren Ausbau des Rechts der im öffentlichen Dienst Tätigen angelegen sein lassen.

Bei der Ausgestaltung unseres Besoldungsrechts geht es darum, die innere Gerechtigkeit in unserem Besoldungssystem, die durch viele Änderungen der letzten Jahre Schaden gelitten hat, wiederherzustellen. Darüber hinaus wird sich die Bundesregierung bemühen, den Verbund der Besoldung in Bund, Ländern und Gemeinden als Voraussetzung für eine große Besoldungsreform rechtlich zu fundieren. Eine gute, in sich abgewogene Ordnung im Besoldungssystem aller Bereiche des öffentlichen Dienstes ist und wirkt als ein stabilisierender Faktor im Gesamtgefüge der Lohn-, Gehalts- und Arbeitszeit-Vereinbarungen.

Meine Damen und Herren, wenn ich erst später auf die Wirtschaftspolitik zu sprechen komme, für die ich über fünfzehn Jahre lang die unmittelbare Verantwortung trug — ja sie von ihren Anfängen, vom Frankfurter Wirtschaftsrat her gestaltete —, dann kann ich darauf verzichten, an dieser Stelle neue, grundlegende Erklärungen abzugeben. Das gilt um so mehr, als sich heute offenkundig alle Fraktionen dieses Hohen Hauses zur „Sozialen Marktwirtschaft" bekennen wollen. Nach allem aber, was ich in meinem früheren Amt an wirtschaftspolitischen Debatten erlebt habe, kann mir niemand die Genugtuung verargen, die ich heute ob einer so weitgehenden Übereinstimmung empfinde. Auch als Bundeskanzler verbürge ich mich dem Hohen Haus und der deutschen Öffentlichkeit gegenüber, die Politik der „Sozialen Marktwirtschaft" konsequent fortzuführen. Die wesentlichen Elemente dieser Politik sind Ihnen bekannt.

Das Bemühen um ein stabiles Preisniveau steht an der Spitze der wirtschaftlichen Rangordnung. Wir alle sollten uns bei jeder Entscheidung dieser schweren Verantwortung bewußt sein, handelt es sich doch dabei um eine Aufgabe, die keine Regierung zu keinem Zeitpunkt als endgültig gelöst ansehen kann. Wenn ich sage, "wir alle", dann möchte ich damit zum Ausdruck bringen, daß die Wahrung der Stabilität nicht nur von Entscheidungen der Regierung abhängt, sondern daß es des Zusammenwirkens aller bedarf, um diesem Grundsatz Geltung zu verschaffen. Gerade eine freiheitliche Gesellschaftsordnung, die der Entfaltung der Persönlichkeit und der privaten Betätigung der Bürger weitesten Spielraum geben will, setzt eine festgefügte staatliche Ordnung und eine stabile Währung voraus.

Zu jenem Ordnungsrahmen gehört das Prinzip des Wettbewerbs. Er ist nicht lediglich als ein ökonomisch-technisches Organisationsprinzip des Marktgeschehens zu begreifen; Wettbewerbspolitik im weitesten Sinne dient der Durchsetzung gerechter Entscheidungen und verhindert die Erstarrung des Lebens in vorgefaßten ideologischen Normen oder gesellschaftlichen Zuständen. Eine so verstandene Politik wird darum auch am besten dem gesellschaftspolitischen Wunsch und Willen gerecht, das Bewußtsein der Selbstverantwortung des Staatsbürgers zu stärken, aus der die Kraft fließt, sich durch Leistung bewähren zu wollen. Das Wettbewerbsprinzip ist die Wurzel des sozialen, wirtschaftlichen und gesellschaftlichen Aufstiegs überhaupt und besitzt darum Gültigkeit nicht etwa nur für die Schicht der Unternehmer, sondern für die Angehörigen aller Berufe.

Hieran anknüpfend möchte ich nur auf wenige spezielle Maßnahmen und Überlegungen hinweisen. So erwähne ich den Kartellbericht, den die Bundesregierung dem Parlament am 22. August 1962 zugeleitet hat. Eine baldige Beratung wäre um so wünschenswerter, als sich in diesem Zusammenhang die Möglichkeit bieten wird, das Problem der Zusammenarbeit der mittleren und kleineren Unternehmungen im Vorfeld des Marktes zu behandeln. Zu diesem Fragenkreis gehören auch Kooperationsrichtlinien, die das Bundesministerium für Wirtschaft in den nächsten Tagen der Öffentlichkeit übergeben wird. Bei der Beratung des Kartellberichts wird sich das Hohe Haus ferner mit der Behandlung marktbeherrschender Unternehmer sowie der Preisbindung der zweiten Hand zu befassen haben. Die Bundesregierung sieht keine Veranlassung, in der Beurteilung dieser beiden Probleme von dem durch das frühere Kabinett gebilligten „Kartellbericht“ abzuweichen.

Die Bedeutung des Mittelstandes und die Notwendigkeit seiner Erhaltung und Festigung wird von mir erneut bekräftigt.

Bei dem betonten Willen zur Erhaltung der Stabilität von Währung und Wirtschaft ist auch die Wichtigkeit der Arbeit des Sachverständigenrats, der auf Grund des von Ihnen einstimmig beschlossenen Gesetzes zu bilden ist, deutlich gekennzeichnet. Der Bundeswirtschaftsminister wird dem Kabinett unverzüglich seine Vorschläge für die Besetzung dieses Gremiums unterbreiten. Ich hoffe, daß sich hervorragende Persönlichkeiten für diese so wichtige Aufgabe zur Verfügung stellen.

Eine gesunde wirtschaftliche Entwicklung kann sich nicht allein am Wachstum, sondern muß sich, wie gesagt, nicht minder auch am Ziele der Stabilität der Währung orientieren. Eine so verstandene erfolgreiche Wirtschaftspolitik dient zugleich der Erhaltung der politischen Ordnung. Gerade die Geschichte der Weimarer Republik zeigt die enge Beziehung zwischen Politik und Wirtschaft auf. In diesem Zusammenhang kommt der Fortentwicklung des konjunkturpolitischen Instrumentariums zunehmende Bedeutung zu. Zwischen autonomen nationalen Entscheidungen und der internationalen Kooperation im Rahmen der EWG und der OECD besteht eine enge Wechselwirkung.

Die Bundesregierung ist sich bewußt, daß ihr der hohe Anteil der öffentlichen Ausgaben an der gesamten Nachfrage nicht nur eine Handhabe bietet, sondern sogar die Verpflichtung auferlegt, durch eine sinnvolle Beeinflussung der öffentlichen Ausgaben vor allem im Investitionsbereich die Wirtschaftstätigkeit anzuregen oder gegebenenfalls auch zurückzudämmen. Dem gleichen Ziel würde ein Einwirken auf die private Nachfrage durch eine bewegliche Steuer- und Abschreibungspolitik dienen. Gewiß ist es leichter, diese Erkenntnis auszusprechen, als sie praktisch zu verwirklichen. Die Schwierigkeiten sollten uns aber nicht hindern, an der Lösung dieses Problems zu arbeiten.

Die Erfahrung lehrt, daß die Praxis der einjährigen Haushaltsansätze modernen konjunkturpolitischen Bedürfnissen nicht mehr gerecht wird. Es erweist sich vielmehr als notwendig, die üblichen Jahreshaushalte in längerfristige, etwa 4 Jahre währende Haushaltsüberlegungen einzubetten, um auf solche Weise sichere Maßstäbe für Wert und Rangordnung der einzelnen Ausgaben zu gewinnen. Die Bundesregierung kann erfreulicherweise bei diesen Überlegungen an weit gediehene Vorarbeiten anknüpfen. Ich werde das Bundeswirtschafts- und das Bundesfinanzministerium sogleich beauftragen, in enger Zusammenarbeit mit den beteiligten Ressorts und den Ländern dem Bundeskabinett zweckentsprechende konkrete Vorschläge zur Verwirklichung dieser Ideen zu unterbreiten.

Wenn ich im öffentlichen Sektor für eine planvolle Vorausschau eintrete, dann gerate ich wohl nicht in den Verdacht, der nationalökonomischen Modeerscheinung, wie sie in dem fast schon zum Schlagwort gewordenen Begriff der „Planifikation“ Ausdruck findet, zu frönen. Wer allerorts Rückschläge und Mißerfolge des Dirigismus in anderen Ländern beobachtet, begreift schwer, daß ausgerechnet die Bundesrepublik nach einer langen Reihe von Jahren, die durch anerkannte Erfolge ihrer Wettbewerbspolitik gekennzeichnet sind, zu einer planifizierten Wirtschaft übergehen soll. Niemand wird von mir erwarten, daß ich meine Haltung gegenüber solchen Ideen ändern könnte.

Auch die Umsatzsteuerreform mit der Abkehr vom derzeitigen System und dem Übergang zu der Mehrwertsteuer steht unter dem Leitgedanken der Förderung des Wettbewerbs. Die Behandlung dieser Materie in den kommenden Ausschußberatungen wird Zeit und Gelegenheit zur gedanklichen Vertiefung und Verbesserung bieten. Aber wenn sich das Hohe Haus darin einig ist, daß von der Umsatzsteuer keine konzentrationsfördernden Anreize ausgehen dürfen und die Verzerrungen im Außenhandel beseitigt werden sollen, dann wird die Reform geradezu zu einem zwingenden Gebot. Dabei ist es gewiß nicht Sinn und Absicht der Systemänderung, etwa die freien Berufe zu benachteiligen oder dem Mittelstand höhere Lasten aufzubürden.

Dies mag auch daraus ersichtlich werden, daß die Bundesregierung im Zusammenwirken mit den Ländern noch in dieser Legislaturperiode den geltenden Einkommensteuertarif überprüfen wird, um in einem finanziell vertretbaren Rahmen steuerliche Unausgeglichenheiten im Bereich vor allem der mittleren Einkommen zu bereinigen.

Zu den die deutsche Öffentlichkeit mehr und mehr erregenden Fragen zählen zweifellos der Verkehr, die Parkraumnot, der Straßenbau und die Verkehrssicherheit. Weil das Automobil in unserer heutigen Gesellschaft zu mehr als einem nur technischen Hilfsmittel geworden ist, muß jedes Kalkül über die künftigen Aufgaben im Verkehrswesen von einer weiterhin rasch und stark zunehmenden Zahl von Personenkraftwagen ausgehen. Der Bund hat bis heute im Straßenbau große Anstrengungen unternommen und gewaltige Investitionen getätigt. Dennoch werden ihm Versäumnisse und unzulängliches Handeln vorgeworfen. Gerade weil dieses Urteil in solcher Vereinseitigung nicht gerechtfertigt ist, scheint es mir dringend geboten, daß von der Bundesregierung eine Initiative ausgeht, ihre eigenen Bemühungen mit denen der Länder und Gemeinden besser aufeinander abzustimmen. Ein gemeinsam erarbeitetes Rahmenprogramm würde der gemeinsamen Aufgabe nur dienlich sein. Ich hoffe auf die bereitwillige Mitwirkung der Länder und Gemeinden.

Auch die Wettbewerbsverhältnisse zwischen den Verkehrsträgern müssen neu überdacht werden, vor allem in Hinblick darauf, daß jedem von ihnen diejenigen Leistungen zufallen, zu deren Bewältigung sie auf Grund ihrer technischen und kostenwirtschaftlichen Eigenart besonders geeignet sind. Das heißt, daß die Verkehrspolitik nicht nur den von der Öffentlichkeit in erster Linie darunter verstandenen Straßenbau im Auge zu haben hat. Die Tarifpolitik ist ein nicht minder wichtiges Instrument der Verkehrspolitik. Mit den Verkehrs-Änderungs-Gesetzen von 1961 ist zwar in dieser Hinsicht ein neuer Weg erschlossen worden, der aber von den Verkehrsträgern bis heute nur unzulänglich begangen wird. Ich kann diese nur ermuntern, von den Chancen einer freieren Tarifgestaltung reicher, als es seit dem Inkrafttreten der Verkehrsnovelle geschehen ist, Gebrauch zu machen.

Daß bei der Bevölkerungsdichte in der Bundesrepublik den strukturellen Fragen der Raumgliederung, der Ansiedlung von Gewerbebetrieben sowie der Städteplanung nicht nur unter verkehrspolitischem Aspekt, sondern z. B. auch im Zusammenhang mit der Agrarpolitik große Bedeutung zukommt, wird aus meinen Ausführungen noch deutlich werden.

Ich möchte diesen Teil meiner Erklärung nicht abschließen ohne ein Wort der Anerkennung für die Leistungen von Bundesbahn und Bundespost, die nur durch den hingebungsvollen Einsatz aller Mitarbeiter dieser großen Organisationen möglich sind.

Eine erfolgreiche Lösung der agrarpolitischen Fragen liegt mir besonders am Herzen, denn wir alle verkennen nicht die Bedeutung, die der Agrarpolitik und ihrer Fortentwicklung unter veränderten Umweltbedingungen zukommt. Niemand soll an meinem guten Willen und an dem festen Entschluß zweifeln dürfen, alles Zweckmäßige zu unternehmen, um ein lebenskräftiges deutsches Bauerntum zu erhalten und die in ihm tätigen Menschen von der Unruhe und Unsicherheit zu befreien, daß es für sie keine gesicherte und glückliche Zukunft geben könne. Die nach dem Kriege von der deutschen Landwirtschaft erbrachten Leistungen können sich auch im internationalen Vergleich sehen lassen. Sie berechtigen zur Zuversicht und sollen auch die Landwirtschaft in dem Glauben an die eigene Kraft stärken.

Es wird und muß durch eine positive Agrarpolitik auch in einer enger zusammenrückenden Welt gelingen, die Agrarwirtschaft immer organischer in die deutsche Volkswirtschaft einzufügen. Wenn auch die Landwirtschaft ihre eigenen Gesetze kennt, so muß doch die Agrarpolitik als Teil der allgemeinen Wirtschaftspolitik verstanden werden. Damit bringe ich zum Ausdruck, daß an einer Erhaltung und Festigung der Landwirtschaft nicht allein die bäuerliche Bevölkerung interessiert ist, sondern daß auch alle anderen Volksschichten und Berufsgruppen Verständnis für die Landwirtschaft bezeugen sollten. Die europäische Agrarpolitik stellt uns zweifellos vor schwierige Fragen der Anpassung und Umstellung. Wir alle sind uns dabei einig, daß es die deutsche Landwirtschaft als Ansatzpunkt einer allgemein gültigen Agrarpolitik nicht gibt, daß vielmehr aus unterschiedlichen Ursachen differenzierte Mittel und Methoden Platz greifen müssen.

Die Aufgabenstellung ist aber im Großen dennoch zu umreißen:

Die moderne Wirtschaft mit ihrem hohen Mechanisierungs- und Technisierungsgrad, vor allem auch mit dem hohen Preis, den sie für die menschliche Arbeitskraft zu zahlen gewillt und in der Lage ist, verlangt von der ursprünglich nahezu ausschließlich arbeitsintensiven Landwirtschaft eine tiefgreifende Umstellung. Der Umstand, daß die Verbraucher sich von dem Verzehr von Grundnahrungsmitteln, wie z. B. Getreideerzeugnissen, zunehmend höherwertigen Nahrungsmitteln zuwenden, zwingt die deutsche Landwirtschaft, wenn sie für die Zukunft ihr Einkommen verbessern will, der Veredelungswirtschaft noch höhere Bedeutung beizumessen. Eine moderne Agrarpolitik wird sich aus den vorerwähnten Gründen um eine stärkere Differenzierung und Variierung des Angebots wie auch um eine organische Verbindung von Produktion und Markt zu bekümmern haben.

Die bäuerliche Bevölkerung weiß sehr wohl, daß die Absatzmöglichkeiten für Veredelungsprodukte und hochwertige landwirtschaftliche Erzeugnisse wesentlich von der Mehrung des allgemeinen Wohlstands abhängen, der seinerseits wieder die enge Verflechtung mit der Weltwirtschaft zur Voraussetzung hat. Damit wird sich für die kommende Zeit die Agrarpolitik mit Spezialfragen zu befassen haben, deren Bedeutung offen zutage liegt. Wenn ich in Verbindung mit der europäischen Agrarpolitik das Problem des deutschen Getreidepreises berühre, so möchte ich dazu erklären, daß der derzeitige Preis nach Maßgabe der nicht zuletzt durch die Struktur der Betriebe bedingten Kostenverhältnisse und der Ertragslage der Landwirtschaft im allgemeinen zu Beanstandungen keinen Anlaß gibt und deshalb mit gutem Gewissen vertreten werden kann. Gleichwohl ist bekannt genug, daß diese Frage innerhalb der Europäischen Gemeinschaft noch vor Beginn der Kennedy-Runde zur Erörterung ansteht. Die deutsche Landwirtschaft kann davon überzeugt sein, daß ich bei diesen Verhandlungen ein fairer Sachwalter auch der Interessen der deutschen Landwirtschaft sein werde.

Bei der Bewältigung der von mir skizzierten Aufgaben und Probleme wird die Bundesregierung der Landwirtschaft entschlossen zur Seite stehen. Sie wird die Mittel des Grünen Plans konsequent für eine Gesundung der Landwirtschaft wie für die Stärkung ihrer Wettbewerbsfähigkeit einsetzen. Die Steigerung der Arbeitsproduktivität in dem Betrieb selbst und seine rationelle Verbindung zum Markt bleiben eine ständige Aufgabe.

Die Bundesregierung wird nicht nur die von Bundespräsident Lübke seinerzeit so erfolgreich begonnenen Agrarstrukturmaßnahmen fortsetzen. Darüber hinaus wird sie die Möglichkeit für technisch, betriebs- und marktwirtschaftlich sinnvolle Investitionen in den einzelnen Betrieben verbessern und beim Ausbau geeigneter Produktions- und Verarbeitungsmaßnahmen Hilfen gewähren. Die Verwirklichung solcher Vorstellungen erfordert, wie sich die Bundesregierung bewußt ist, einen großen Kapitalaufwand. Sie wird dieses Problem sorgfältig prüfen und dabei auch die Frage der Zinsbelastung nicht außer acht lassen.

Soweit Betriebe nicht existenzfähig sind, sollen sie zu Voll-Erwerbsbetrieben aufgestockt werden oder sollten zu ihrem eigenen Vorteil ihre Flächen zur Aufstockung anderer Betriebe zur Verfügung stellen. Dabei sind finanzielle Anreize mannigfacher Art zu entwickeln.

Hierzu gehört auch die Intensivierung der regionalen Wirtschaftspolitik, die der Existenzsicherung der von dem Strukturwandel berührten bäuerlichen Bevölkerung dienen soll. Nicht minder wichtig ist es, den Bildungs- und Erziehungseinrichtungen auf dem Lande größeres Augenmerk zuzuwenden. Auf diesem Gebiet scheinen mir Reformen dringend geboten zu sein.

Aus soziologischen Gründen ist es ferner bedeutsam, daß die Erhaltung des ländlichen Wohneigentums einer weiteren Abwanderung aus manchen ohnedies dünnbesiedelten Gebieten vorzubeugen hat. Eine phantasievolle und aufgeschlossene Agrarpolitik hat den bäuerlichen Familienbetrieb in den Mittelpunkt zu stellen. Sie soll dem Bauern für die Gegenwart und die Zukunft wieder Mut und Sicherheit geben.

Meine Damen und Herren, wir Deutschen bedürfen nach den Brüchen in unserer jüngeren Geschichte neuer Ausdrucksformen in allen Äußerungen unseres gemeinsamen Lebens. Wir sind zu bewußter Solidarität aufgerufen. Gerade die Industriegesellschaft braucht einen starken Staat. Je größer der Druck der Verbände und Gruppen auf den Gang der Politik, je ungehemmter der Egoismus von Teilgewalten sich entfesselt, um so entschiedener ist es allen verantwortlichen Kräften — und in besonderem Maße der Bundesregierung — aufgegeben, für die Respektierung des Gemeinwohls Sorge zu tragen. Wir werden die großen Zukunftsaufgaben der deutschen Politik nur meistern können, wenn die gesellschaftliche Kraft der Verbände nicht ausschließlich den eigenen Interessen nutzbar gemacht wird. Es würde einen gewaltigen Fortschritt in den öffentlichen Dingen unseres Staates bedeuten, wenn die große Macht und der Sachverstand der Interessengruppen und die Fülle der Talente auch für die allgemeinen Aufgaben des Gemeinwesens zur Verfügung stünden.

Die Zielstrebigkeit unserer Politik und ihre Vitalität bedeuten keine Machtpolitik; sie ist, wie eingangs gesagt, eine Politik der Mitte, die um die Notwendigkeit der Verständigung und des Ausgleichs weiß. In einer Welt, die immer mehr in die Weite strebt, bedarf ein freies Volk eines gesunden nationalen Selbstbewußtseins. Nur wer sicher in sich selbst ruht und um seine Wurzeln weiß, wird diesen Weg gehen können, ohne sich zu verlieren.

Wir haben die Schuld, die während jener tragischen zwölf Jahre der Gewaltherrschfat im Namen Deutschlands allen Deutschen aufgebürdet wurde, schonungslos offenbart. Wir werden diese Schuld vollends abtragen, soweit Menschen dazu in der Lage sind. Darum betrachten wir die Wiedergutmachung als eine bindende Verpflichtung. Wir wissen es zu würdigen, wenn Menschen aus ihrem eigenen Erleben heraus noch nicht bereit sind, sich mit dem neuen Deutschland zu versöhnen. Aber wir haben keinen Sinn für jene Bestrebungen, die aus vergangener Barbarei für alle Zeit eine deutsche Erbsünde herleiten und als politisches Mittel konservieren möchten.

Unser Tun dient nicht nur der Stunde, dem Tag oder diesem Jahr. Wir haben die Pflicht, in Generationen zu denken und unseren Kindern und Kindeskindern ein festes Fundament für eine glückliche Zukunft zu bauen.

Ich lege vor jedem Bürger unseres Volkes das Versprechen ab, all meine Kraft, mein Wissen und meine ganze Erfahrung für die Sicherung unserer inneren und äußeren Freiheit, für die Festigung des demokratischen Lebens und für das Wohlergehen des deutschen Volkes einzusetzen. In einer sich bewegenden Welt werden wir nicht erstarren dürfen, aber wir haben die Pflicht, in der Verfolgung der Ziele unserer Politik fest zu bleiben.

Denn der Mensch, der zur schwankenden Zeit auch schwankend gesinnt ist,
Der vermehret das Übel und breitet es weiter und weiter;
Aber wer fest auf dem Sinne beharrt, der bildet die Welt sich.

Regierungserklärung vom 10. November 1965

Bundeskanzler Dr. Erhard

Herr Präsident! Meine Damen und Herren! Die Wahlen zum 5. Deutschen Bundestag standen unter der Forderung nach Sicherheit und Stabilität unseres wirtschaftlichen und sozialen Lebens. Die Wahlentscheidung selbst bewies, wie eng im Bewußtsein der Wähler der Zusammenhang zwischen wirtschaftlicher Stabilität und politischer Sicherheit geworden ist. Die Bundesregierung hat ein überzeugendes Mandat für eine solche Politik erhalten. Den Wählern ist für ihr Vertrauen nicht besser zu danken, als ihren Auftrag in den kommenden Jahren sehr ernst zu nehmen und die zur Sicherung dieser Ordnung notwendigen Aufgaben schnell und entschlossen anzupacken. Es entsprach dieser Notwendigkeit, daß die Bundesregierung sogleich nach ihrer Bildung den Plan für den Haushaltsausgleich 1966 erarbeitet und dem Bundesrat zugeleitet hat.

Der Wahlkampf hat manche Wunden hinterlassen. Sie zu heilen sollte unser aller Bestreben sein. Niemand in diesem Hohen Hause wird mir widersprechen, wenn ich sage, daß die Wahl nicht nur einen Auftrag an die Regierung bedeutet, sondern an alle Parteien des Deutschen Bundestages. Wir alle — und ich meine damit auch die Opposition — haben ein hohes Maß an Verantwortung zu tragen, haben gemeinsam ans Werk zu gehen, wobei ich unter Gemeinsamkeit nicht Gleichheit, geschweige denn mangelnde Opposition verstehe. Als Staatsbürger sind wir alle Gewinner dieser Bundestagswahl, weil sich in ihr die deutsche Demokratie als eine stabile Ordnung erwiesen hat.

Der 5. Deutsche Bundestag wurde im 20. Jahr nach dem Ende des 2. Weltkrieges gewählt. 167 seiner 518 Abgeordneten erreichten erst nach 1945 das Alter der Wählbarkeit. Zwei Drittel unseres Volkes waren im Jahre 1933 Kinder oder noch nicht geboren. Für nahezu die Hälfte aller Menschen in unserem Lande sind die Jahre 1933 bis 1945 geschichtliche Vergangenheit ohne persönliche Erinnerung. Für nahezu die Hälfte aller Völker der Erde liegt die Stunde Null ihrer nationalstaatlichen Geschichte nach dem Jahre 1945. Alle Generationen unseres Volkes tragen zwar an den Folgen einer im deutschen Namen von 1933 bis 1945 geübten Politik. Die Bezugspunkte in der Arbeit des 5. Deutschen Bundestages und der Politik der Bundesregierung dürfen dennoch nicht mehr der Krieg und die Nachkriegszeit sein. Sie liegen nicht hinter uns, sondern vor uns. Die Nachkriegszeit ist zu Ende! Deutschland ist geteilt, ist zur Hälfte dem Machtanspruch e i n e r Siegernation unterworfen. So wahr das ist und so schwer wir das empfinden, würden wir uns dennoch irren, wollten wir darauf bauen, für die Völker der Erde sei das geteilte Deutschland ein politisches Gebiet, das wegen seiner Teilung ohne weiteres auf Sympathie und Hilfe rechnen könne. Die Wiedervereinigung Deutschlands wird nicht zuletzt von unserer Fähigkeit abhängen, die uns freundschaftlich verbundenen und die uns vorerst indifferent begegnenden, ja sogar gegnerischen Mächte an dieser Wiedervereinigung politisch und wirtschaftlich zu interessieren.

Dieses Jahr 1965 liegt hinter jener weltpolitischen Phase, die wir als Nachkriegszeit bezeichnen — die Nachkriegszeit, in der die Bundesrepublik entstand, in der sie zunächst als Objekt der Weltpolitik, später als aktiv handelnde Macht Gewicht erlangte. Die Nachkriegszeit war weltpolitisch betrachtet keine „Friedenszeit". Sie war Jahre hindurch bestimmt durch den Zerfall der im Kriege siegreichen Mächte-Koalition in zwei Blöcke. In der Nachkriegszeit war der Bundesrepublik die außenpolitische Linie klar vorgezeichnet: Eine Politik „zwischen den Blöcken" wäre utopisch und am Ende sogar selbstmörderisch gewesen.

Die Bundesrepublik wurde zu einem festen Teil der westlichen Welt. Die Freundschaft zwischen unserem Volk und dem französischen ist ein Unterpfand der Hoffnung aller Europäer, daß dieser Kontinent politische Gestalt finde. Auf dieses Ziel hin sind alle Möglichkeiten des deutsch-französischen Freundschaftsvertrages voll auszuschöpfen.

Viel weniger vorgegeben — im Gegenteil immerfort hart umkämpft, von innen wie von außen kritisiert oder angefeindet waren die Richtlinien unseres wirtschaftlichen Aufstiegs und der sozialen Gesundung unseres Volkes. Inzwischen wurde dieser wesentliche politische Inhalt deutscher Nachkriegszeit über die Parteien hinweg zur allgemeinen Grundlage deutscher Innenpolitik. Unser deutsches Modell einer modernen Wirtschafts- und Sozialordnung gerät aus dem Höhenflug des einstmals als „Wunder" erschienenen Erfolges in die natürliche Phase alltäglicher Bewährung. Es stellt sich uns die Frage, ob wir eingetretene Verkrustungen dieser Ordnung lösen, bislang außerhalb der sozialen Marktwirtschaft gebliebene Schutzbereiche in den Fortschrittsprozeß organisch einbeziehen und damit der immer noch anzutreffenden Neigung zu einer sterilen Verzünftelung sogenannter Besitzstände ein Ende bereiten können. Es geht darum, ob dieses Volk, dieses Parlament, diese Bundesregierung, ob wir n u r in spannungsvoller Nachkriegszeit, in der Zeit des Wiederaufbaus zielstrebig Kraft und Phantasie zu entwickeln imstande waren.

Mochte in der Nachkriegszeit mit einfachen Alternativen von schwarz und weiß, gut und böse, falsch und richtig die eine oder die andere innen- oder außenpolitische Illusion parlamentarischer Einzelgänger noch hingehen; heute indessen muß vor jeder öffentlichen Äußerung die Frage nach der politischen Verantwortbarkeit derlei individueller Aussagen stehen. In dem permanenten Spannungsverhältnis zwischen dem kurzfristig oft leicht Durchsetzbaren und dem langfristig Richtigen und Notwendigen werden Bundestag und Bundesregierung in den kommenden vier Jahren schwere Entscheidungen zu treffen haben.

Wenn meine Regierungserklärung von Sorge und Zuversicht zugleich bestimmt ist, so deshalb, weil sich im Prozeß des deutschen Wiederaufbaus wichtige wirtschafts-, sozial- und außenpolitische Daten verändert haben. Dieser neuen Lage gerecht zu werden und aus gewonnenen Einsichten praktische Nutzanwendungen zu ziehen, das ist die Aufgabe der Politik in der vor uns liegenden Legislaturperiode.

Im folgenden gebe ich Ihnen eine nüchterne Analyse unserer wirtschafts- und finanzpolitischen Situation und der sich daraus ergebenden notwendigen Maßnahmen.

Unsere wirtschaftliche Situation und die Lage der Staatsfinanzen kann nicht ohne Sorge betrachtet werden. Sie unterscheidet sich aber in einem grundsätzlich von wirtschaftlichen Vorgängen der zwanziger und dreißiger Jahre. Heute sind wir dank besserer Einsichten und auf Grund eines weit entwickelten Instrumentariums in der Lage, Ursachen klar zu erkennen und — wenn wir wollen — auch Abhilfe zu schaffen. Wir stehen dank der unlösbaren weltwirtschaftlichen Verflechtung Schwierigkeiten dann nicht machtlos gegenüber, wenn der Staat — die Bundesregierung und alle öffentlichen Hände — vor allem aber auch Arbeitgeber und Gewerkschaften bereit sind, unsere stabile und sozial-verpflichtete, freiheitliche Wirtschaftsordnung zu erhalten und sie gegen jede Aufweichung zu verteidigen. Das wiederum ist angesichts der verfassungsrechtlichen und sonstigen Gegebenheiten zwar nur eine Erwartung, die sich aber erfüllt, wenn alle erkennen und anerkennen, daß nur eine enge Kooperation den Interessen aller Rechnung trägt. Dabei dürfen wir uns in der Haushaltsgestaltung nicht darauf beschränken, uns nur innerhalb der von der Währungsstabilität gezogenen Grenzen zu bewegen. Wir müssen vielmehr bewußter und wirksamer als bisher im Bundeshaushalt ein Instrument dafür erkennen, die Aufgaben der Zukunft zu meistern. Das erfordert sowohl die Fixierung politischer Prioritäten als auch eine langfristige Haushaltsplanung.

Erfolg werden wir nur haben, wenn wir auf die Dauer und auf allen Gebieten diesem Ziel der Stabilität zu dienen bereit sind. Die öffentliche Zustimmung ist uns auf lange Sicht gewiß, wenn wir nur entschlossen handeln. Aber die Regierung wäre verpflichtet, auch dann zu handeln, wenn sie dieser öffentlichen Zustimmung nicht in jedem Augenblick gewiß sein könnte. Denn die Idylle eines trügerischen Wohlergehens um den Preis einer inflationären Entwicklung müßte mit der Zerreißung unserer wirtschaftlichen und finanziellen Ordnung enden.

So umstritten oder einseitig es erscheinen könnte, angesichts der vielfältigen Aufgaben außen-, sicherheits- und verteidigungspolitischer Art Walther Rathenaus Aussage zuzustimmen, daß die Wirtschaft unser Schicksal sei, ist doch nicht zu verkennen, daß die starke wirtschaftliche Stellung der Bundesrepublik, ihre Leistungskraft und handelspolitische Geltung der deutschen Außenpolitik ein besonders wirksames Instrument an die Hand geben. Wirtschaftliche Kraft münzt sich um in politische Stärke, wie umgekehrt politische Sicherheit der Wirtschaft und Gesellschaft zu gedeihlicher Entwicklung verhilft. Jedenfalls würde eine wirtschaftliche Schwächung unseres Landes, neben den schwerwiegenden innenpolitischen Folgewirkungen, unserem außenpolitischen Rang und unserer Handlungsfähigkeit in der Welt schweren Schaden zufügen.

Die deutsche Außenpolitik muß sich bei der Verteidigung deutscher Lebensinteressen und der politischen Anliegen unseres gespaltenen Landes in überzeugender Weise auf ein sozial stabiles und wirtschaftlich lebenskräftiges Deutschland stützen können. Die uns gezollte Achtung und Anerkennung der Welt gilt neben der vom deutschen Volk bezeugten demokratischen Haltung der gesellschaftlichen Ordnung, die wir aus dem Chaos schufen, und dem erstaunlich raschen und erfolgreichen Wiederaufbau. Auf diese Weise sind wir — ich sage es ohne Überheblichkeit — wieder etwas geworden. Das deutsche Kräftepotential hat innerhalb des Bündnisses Gewicht erlangt; dies wird auch im gegnerischen Lager, wenn auch mit anderen Vorzeichen, registriert.

Was aber macht das deutsche Kräftepotential aus? Es sind die Menschen, ihr Wille und ihre Fähigkeit zu arbeiten, geistige und wirtschaftliche Leistungen zu vollbringen. Dieses Potential erwächst aus der Dynamik einer freiheitlichen Ordnung. Vor allem aber beruht es auf einem modernen Gesellschaftsgefüge, das die Grundlagen bildet für alle in die Zukunft gerichteten kulturellen und sozialen Anstrengungen.

Nach den geschichtlichen Erfahrungen unseres Volkes, die das Bewußtsein der Abhängigkeit aller von allen geweckt und bestärkt haben, hat die deutsche Gesellschaft den Charakter einer Klassengesellschaft verloren. An ihre Stelle ist eine Leistungsgemeinschaft getreten. Trotzdem dürfen wir nicht verkennen, daß diese noch von innen bedroht ist, nämlich durch allzu viele Versuche, partiellen Interessen ein Übergewicht zu verschaffen.

Wollen wir auf dem Weg des bisherigen Erfolges, des Fortschritts, des politischen und sozialen Friedens bleiben, so muß die deutsche Gesellschaft weitere Schritte in jene moderne Ordnung tun, die ich als formierte Gesellschaft charakterisiere. Sie wird nicht durch eine Aktion geschaffen, sondern entfaltet sich aus einem Prozeß. Sie ist auch nicht ständestaatlich gegliedert; vielmehr beruht sie auf der Überzeugung, daß die Menschen nicht nur durch Gesetze, sondern aus Einsicht das ihrem eigenen Wohle Dienende zu tun bereit sind.

Die formierte Gesellschaft ist jedoch alles andere als eine philantropische Vision. Sie geht also nicht von einem weltfremden idealtypischen Menschenbild aus. Diese moderne Leistungsgesellschaft ist gewiß auch nicht frei von Interessengegensätzen. Aber diese sind nicht mehr Elemente des Zerfalls ihrer Einheit, sondern werden immer mehr Motor eines permanenten Interessenausgleichs unter dem Gesichtspunkt des allgemeinen Wohls.

Diese neue Ordnung ist die gesellschaftspolitische Konsequenz der sozialen Marktwirtschaft. Gerade am Beispiel der sozialen Marktwirtschaft läßt sich aufzeigen, daß die formierte Gesellschaft keine Utopie ist. 1948 und in den nachfolgenden Jahren wurden mit scheinbar guten Gründen Sorgen vorgetragen, die völlige Liberalisierung der deutschen Nachkriegswirtschaft könnte vor allem zu Lasten der sozial schwachen Gruppen gehen. Befürchtungen wurden laut, daß die infolge dieser Wirtschaftsform und der technologischen Entwicklung notwendig werdenden sozialen Umschichtungen nicht wiedergutzumachende Schäden am Volksganzen verursachen würden oder daß die geringe Produktion zur Abdeckung der Kaufkraft nicht ausreichen könnte. Mittlerweile haben alle Schichten und Gruppen unseres Volkes erfahren, daß die Vertretung der eigenen Interessen nicht notwendig den Konflikt mit anderen auslösen muß, sondern daß der verständnisvolle Ausgleich ein gutes Mittel demokratischer Politik ist.

Eine so formierte Gesellschaft setzt eine informierte Gesellschaft voraus. Der Bürger kann sich nur richtig verhalten, wenn er Bescheid weiß. Über Handlungen und Absichten des Staates muß er rasch, korrekt und umfassend unterrichtet werden. Da die Informationsnotwendigkeit auch in umgekehrter Richtung für den Staat besteht, ist die Ausnutzung neuester technischer Möglichkeiten sowie die rasche Auswertung wissenschaftlicher Erkenntnisse erforderlich.

Bei ihrem Bemühen, der Welt ein Bild Deutschlands zu zeichnen, das der politischen Realität von heute und der historischen Wahrheit entspricht, ist die Bundesregierung auf die verantwortungsbewußte Hilfe der öffentlichen Meinungsträger angewiesen.

Die formierte Gesellschaft ist ihrem Wesen nach eine friedliche Gesellschaft, die auf der dynamischen Kraft des innen- und außenpolitischen Interessenausgleichs beruht. Das eben heißt auch, daß der Selbstdarstellung unseres Staates im Ausland, als Hilfsmittel, ja teilweise sogar als Voraussetzung unserer Außenpolitik, große Bedeutung zukommt. Alle Aufgaben, die sich auf diesem Feld stellen, verdienen vorrangige Lösung.

Dieser neuzeitlichen Gesellschaftsform erwachsen auf allen politischen Gebieten neue große Aufgaben. Ihre rationale Klarheit und Überschaubarkeit sollen den einzelnen in die Lage versetzen, an den öffentlichen Dingen teilzuhaben. Diese Gesellschaft wird die staatliche Autorität so weit stärken, daß notwendige Reformen und die Festsetzung von Prioritäten bei der Lösung der Gemeinschaftsaufgaben Anerkennung finden und dadurch politisch möglich werden.

Wir haben uns vielleicht allzu selbstverständlich der Täuschung hingegeben, daß in einer expansiven, dynamischen Volkswirtschaft der Ausweitung des privaten Verbrauchs, der Investitionstätigkeit und der Ausgabensteigerung der öffentlichen Hand überhaupt keine Grenzen mehr gesetzt seien. Unsere Wirtschaft war in der Vergangenheit, wenn auch nicht ohne Preissteigerungen, im ganzen doch in der Lage, das jeweilige

Nachfrage-Mehr durch kurz darauffolgende Produktionsausweitungen weitgehend aufzufangen.

Mit der Erschöpfung der deutschen Arbeitskraftreserven zeichnet sich aber immer deutlicher eine grundlegende Änderung ab. Diese Wende wurde, weil sie sich aus einem längeren Prozeß heraus entwickelte, in ihrer ganzen Tragweite von vielen nicht rechtzeitig und nicht voll gewürdigt. Die zunehmende Beengung des Arbeitsmarktes bot den Arbeitnehmern die Möglichkeit, bessere materielle Arbeitsbedingungen durchzusetzen, während die Arbeitgeber in Ausnutzung ihrer Marktchancen bereit waren, nicht nur höhere Tariflöhne zu akzeptieren, sondern die Effektivlöhne nicht unerheblich über dieses Niveau hinaus anzuheben. Für Anklage und Rechtfertigung ist hier also kein Raum.

Lassen wir darum Fakten sprechen! In den letzten fünf Jahren, d. h. von 1960 bis einschließlich 1964, erziehlte die Bundesrepublik in ihrer Handelsbilanz einen jährlichen Überschuß von durchschnittlich 5½ Milliarden DM; er machte noch im Jahre 1964 6,1 Milliarden DM aus, während die ersten neun Monate 1965 nur noch ein Ausfuhrplus von 616 Millionen DM ausweisen. Besonders beachtenswert ist der Umstand, daß die Verschlechterung der Handelsbilanz in weitestem Umfange, ja fast ausschließlich, aus verstärkten Exporten der EWG-Länder in die Bundesrepublik resultiert.

Diese Entwicklung ist gewiß nicht nur aus einer Ursache heraus zu erklären. Immerhin aber muß es bedenklich stimmen, wenn in einem freien und offenen Markt, in dem die Zölle nur mehr 20 % der ursprünglichen Sätze ausmachen, die deutsche handelspolitische Position schwächer geworden ist. Wir dürfen nicht an der Erkenntnis vorübergehen, daß diese Verschlechterung wesentlich auf der inneren Über-Nachfrage beruht. Eine weitere fortdauernde Aufblähung der Einkommen und eine anhaltende Kostensteigerung müßten unsere Wettbewerbsfähigkeit ernsthaft gefährden.

Die Rechnung konnte eben nicht aufgehen, wenn der Zuwachs des Sozialprodukts wesentlich hinter dem privaten Verbrauch, den Ausgaben der öffentlichen Hand und den Investitionen zurückblieb. Das heißt, daß im laufenden Jahre 1965 ein Mehr an Sozialprodukt von rund 20 Milliarden DM zur Verfügung steht, während für die obigen Zwecke rund 40 Milliarden DM verausgabt werden. Dieses Problem ist auch nicht durch eine Um- oder Andersverteilung des Volkseinkommens zu lösen, denn mit solchen Prozeduren läßt sich die kaufkräftige Nachfrage nicht verringern.

Bundesregierung und Bundestag stehen heute nicht vor einem „Soll", sondern vor einem harten „Muß". In ihrer Hand und der von Ländern und Gemeinden liegt es, die überaus starke Zunahme der öffentlichen Ausgaben mindestens auf das noch vertretbare Maß der Steuereinnahmen zu reduzieren.

Daraus folgt:

1. Die Bundesregierung ist entschlossen, die Politik der Sozialen Marktwirtschaft konsequent fortzuführen und dadurch die ökonomischen Grundlagen für eine in Freiheit und Frieden festigende Gesellschaft sicherzustellen.

2. Für die Folgezeit sieht sich die deutsche Wirtschaft in ihrem Wachstum vor veränderte Bedingungen gestellt. In den kommenden Jahren werden erheblich mehr Menschen aus dem Erwerbsleben ausscheiden, als neue hinzutreten. Das bringt zugleich eine Erhöhung der Rentenlast mit sich. Der deutsche Arbeitsmarkt ist erschöpft. Die Heranziehung von noch mehr ausländischen Arbeitskräften stößt auf Grenzen. Nicht zuletzt führt sie zu weiteren Kostensteigerungen und zusätzlicher Belastung unserer Zahlungsbilanz.

Diese zuverlässig voraussehbaren und unabänderlichen Tatsachen haben zur Folge, daß in den Jahren bis 1970 in der Bundesrepublik aus der natürlichen Bevölkerungsentwicklung weniger Erwerbstätige zur Verfügung stehen werden als gegenwärtig. Der Schaden würde sich noch potenzieren, wenn dazu mit einer weiteren Verkürzung der Arbeitszeit gerechnet werden müßte.

3. Ein Volk, das sich vor gewaltige politische Aufgaben gestellt sieht, das um seiner Sicherheit willen Opfer bringen muß, das Wiedergutmachung und andere Hilfe in der Welt zu leisten hat, — ein Volk, das auf breitester Grundlage den Wohl-

stand mehren und auch in Arbeitnehmerhand die Vermögensbildung fördern will, — ein Volk, das neben dem wirtschaftlichen Wiederaufbau hohe Kriegsfolgelasten zu tragen hat, — ein Volk, das, um auf dem Weltmarkt wettbewerbsfähig zu bleiben, ständig hohe Investitionen vornehmen muß, — ein Volk, das die sozialen Leistungen noch immer weiter ausbauen möchte, obwohl die Bundesrepublik nach Aussage des Internationalen Arbeitsamtes in Genf von allen Ländern der freien Welt bereits die höchsten Leistungen tätigt; — ein solches Volk sollte sich nicht Überlegungen nach Verkürzung der Arbeitszeit hingeben. Es muß sich vielmehr ernsthaft, und zwar nicht nur theoretisch, die Frage stellen — und ich tue es hier in aller Form —, ob es ihm nicht besser anstünde und ob es in seiner Lage nicht zweckmäßiger und sinnvoller wäre, die tariflich vereinbarte wöchentliche Arbeitszeit um eine Stunde zu erhöhen. Dieses Problem kann und darf kein Tabu sein. Wenn es auch außerordentlich schwer ist, die Auswirkungen einer solchen Maßnahme rechnerisch exakt zu ermitteln, kann doch kein Zweifel bestehen, daß ein Mehr an geleisteten Arbeitsstunden zu einer zusätzlichen Steigerung des Sozialprodukts, zu höherem Warenangebot, zu besserem Marktausgleich und damit sowohl zu einer Preisberuhigung als auch zu einem höheren Steueraufkommen führen würde. Eines steht in jedem Falle fest, die Nutznießer einer solchen Neuorientierung werden alle sein. Deshalb dürfen wir nicht zögern, die notwendigen Verhandlungen über diese Frage unverzüglich aufzunehmen.

4. Eine Forcierung arbeitssparender Investitionen kann, selbst wenn sie vom finanziellen Einsatz her möglich wäre, die Beengung des Arbeitsmarktes nicht grundlegend verändern. Die Obergrenze des möglichen Wirtschaftswachstums wird in den nächsten Jahren unter den heute gegebenen Bedingungen keinesfalls höher liegen als bisher. Es gibt keinen anderen Ausweg: Wir müssen unsere Ansprüche zurückstecken oder mehr arbeiten.

5. Jede Fehlentscheidung in der Wirtschafts-, Finanz- und Sozialpolitik wiegt unter diesen Umständen besonders schwer.

Deutlicher als in der zurückliegenden Zeit stürmischen Wirtschaftswachstums werden sich die schädlichen Wirkungen ausprägen, wenn wir den Grundsatz höchster Rationalität in der Wirtschaft mißachten. Großzügigkeit in der Subventionspolitik, Nachsicht gegenüber protektionistischen Forderungen bedeuten volkswirtschaftlichen Luxus, den wir uns nicht leisten können.

Das kostbare Gut menschlicher Arbeitskraft darf nicht vergeudet werden. Der Wechsel des Arbeitsplatzes von strukturell schrumpfenden Bereichen zu produktiveren Tätigkeiten gehört daher zu den Anpassungsvorgängen, die von der Bundesregierung zu fördern sind, wenn diese zugleich alles tut, um soziale Härten zu vermeiden, und den Betroffenen sogar zu besserer und sicherer Berufsausübung verhilft.

6. Aus der Sorge um die Erhaltung weiteren Wirtschaftswachstums unter Wahrung der Stabilität wird die Bundesregierung bei den finanzpolitischen Entscheidungen strengste Maßstäbe anlegen. Das Problem des Bundeshaushalts 1966 ist nicht nur eine Frage der Finanzierung oder Deckung; es schließt nicht minder das Problem ein, die gesamtwirtschaftlichen Wirkungen zu bedenken, die von Art und Umfang der Bundesfinanzen ausgehen.

7. Die Entscheidung dieses Hohen Hauses sowie die Folgerungen, die die Bundesländer in ihrem Haushaltsgebaren aus dieser finanziellen Situation ziehen, werden nicht nur für die Entwicklung des Jahres 1966 bestimmend sein. Sie müssen für viele Jahre unsere innere Stabilität und unsere gesellschaftliche Ordnung gewährleisten.

8. Die für unsere Zukunft entscheidende Investitionstätigkeit müßte schweren Schaden leiden, wollte der Bund die konsumtive Nachfrage über Gebühr anheben. Das hätte zur Folge, daß die außenwirtschaftliche Bilanz noch tiefer ins Defizit geraten müßte. Wir würden die hart erarbeiteten Reserven vergeuden.

9. Der von Jahr zu Jahr steigende Subventionsaufwand der öffentlichen Hand nimmt bedenkliche Ausmaße an und ist geeignet, die Durchschlagskraft der Kreditpolitik zu schmälern.

Im Rahmen eines längerfristigen Programms muß das Subventionsvolumen systematisch abgebaut werden.

Insbesondere gilt das für die Deutsche Bundesbahn, deren Defizit nach Gesetz vom Bund zu decken ist. Wenn dieses Defizit bereits für den Bundeshaushalt 1966 mit 3,2 Milliarden DM angemeldet war, ist leicht einzusehen, daß ohne einschneidende Maßnahmen sich der Fehlbetrag von Jahr zu Jahr ins Unangemessene erhöhen müßte. Unbeschadet bestimmter, aber doch auch begrenzter Tariferhöhungen wird die Bundesregierung in Kürze einen längerfristigen Plan vorlegen, der durch Rationalisierungsmaßnahmen und Personaleinsparungen zu einer fortschreitenden finanziellen Gesundung der Bundesbahn führen wird. Die dafür von der Bundesregierung eingesetzte Kommission wird noch in diesem Jahr ihre Arbeiten beenden.

10. Die Bundesregierung konnte bei dieser Sachlage im Hinblick auf den Haushaltsausgleich 1966 nicht darauf verzichten, auch Ausgabeverpflichtungen auf Grund bereits bestehender Gesetze in ihr Ausgleichsprogramm einzubeziehen. Sie hat das mehrfach vor den Bundestagswahlen vor aller Öffentlichkeit angekündigt. Der Haushalt 1966 wird ein Volumen von 69,4 Milliarden DM haben. Das bedeutet eine Erhöhung gegenüber dem Vorjahr um rund 5,5 Milliarden DM. Um eine Begrenzung der Ausgaben in dieser Höhe sicherzustellen, ist der Bundesminister der Finanzen beauftragt worden, in den Ressortverhandlungen die Anforderungen um 2,1 Milliarden DM zu kürzen. Durch Kabinettsentscheidung wurden ferner die Ausgabenansätze um weitere 2,2 Milliarden DM reduziert. Darüber hinaus hat die Bundesregierung dem Bundesrat den Entwurf eines Haushaltssicherungsgesetzes zugeleitet, durch das die dann noch verbleibende Deckungslücke in Höhe von 2,9 Milliarden DM geschlossen werden soll.

Die Bundesregierung ist für die Zukunft gewillt, neue Gesetze, die zu Mehrausgaben oder Einnahmeausfällen führen, von schwerwiegenden Sonderfällen abgesehen, erst dann einzubringen, wenn sichergestellt ist, daß die erforderlichen Deckungsmittel bereits zum Zeitpunkt des Inkrafttretens neuer

Gesetze auch tatsächlich zur Verfügung stehen. Die Bundesregierung bittet das Hohe Haus, diese Bemühungen zu unterstützen und insbesondere bei der Einbringung haushaltswirksamer Anträge die gleiche Zurückhaltung zu üben. Mit großer Genugtuung hat die Bundesregierung von Überlegungen innerhalb des Bundestages Kenntnis genommen, denen zufolge ausgabewirksame Gesetze künftig nur mehr in Verbindung mit der Verabschiedung des Bundeshaushalts bzw. eines Nachtragshaushalts beschlossen werden sollen.

Die Bundesregierung hat einschneidende Sparmaßnahmen im Bundeshaushalt eingeleitet. Sie erwartet, daß sich auch die Länder in ihrer Haushaltspolitik dem vordringlichen Ziel der Stabilisierung unterordnen und sich in ihren Ausgaben ebenfalls größte Mäßigung auferlegen.

Die Bundesregierung wird ihre schon eingeleiteten Koordinierungsbemühungen zur baldigen Besserung der Lage am Kapitalmarkt fortsetzen und auf eine weitere Abstimmung der Kapitalmarktwünsche der öffentlichen Hand drängen. Insbesondere wird sie sich bei der Aufnahme von Krediten für den Bundeshaushalt sowie für die Sondervermögen des Bundes Zurückhaltung auferlegen und ihre Ansprüche der Leistungsfähigkeit anzupassen bestrebt sein.

Die haushaltspolitische Stabilisierungsaufgabe kann dauerhaft nur dann bewältigt werden, wenn die jährlichen Haushalte in eine längerfristige Zielsetzung der Stabilitäts- und Wachstumspolitik eingeordnet werden. Eine an diesem Ziel orientierte Haushalts- und Finanzpolitik hat vor allem Vorsorge zu treffen, daß Umfang und Struktur der öffentlichen Einnahmen und Ausgaben jeweils den gesamtwirtschaftlichen Erfordernissen angepaßt werden. Diese Aufgabe verlangt, daß die haushaltspolitischen Entscheidungen von den Einjahreszufälligkeiten gelöst und auf der Grundlage mehrjähriger und nach Maßgabe sachlicher und politischer Dringlichkeit geordneter Rahmenpläne vollzogen werden. Eine umfassende Reform des Haushaltsrechts ist auch im Hinblick auf diese Aufgabe vordringlich.

Ein Schwerpunkt unserer künftigen Arbeit wird die Finanzreform sein. Die im März 1964 eingesetzte Sachverständigenkommission wird noch vor Ende dieses Jahres ihre Vorschläge vorlegen. Neben der Neuabgrenzung der Aufgaben und Ausgaben von Bund und Ländern und der darauf aufbauenden Neuverteilung des Steueraufkommens einschließlich einer Neuordnung der Gemeindefinanzen wird die Kommission für die Finanzreform auch Vorschläge unterbreiten, die den wirtschaftlichen Zusammenhang der öffentlichen Haushalte insgesamt berücksichtigen. Sie wird voraussichtlich auch Regelungen zur Abwehr akuter Gefahren für die Geldwertstabilität sowie Vorstellungen über die gemeinschaftliche Finanzierung überregionaler Gemeinschaftsaufgaben durch Bund und Länder zur Debatte stellen.

In diesem Zusammenhang regt die Bundesregierung an, gemeinsam mit dem Hohen Hause die Frage der Zweckmäßigkeit einer Novellierung des Art. 113 des Grundgesetzes zu prüfen, um auch von daher für eine geordnete Haushaltswirtschaft des Bundes Vorsorge zu treffen. Es dürfte auch Übereinstimmung darüber bestehen, daß § 96 der Geschäftsordnung des Hohen Hauses einer Revision bedarf.

Die Vorschläge der Finanzreform-Kommission zur Finanzierung von Gemeinschaftsaufgaben sollen durch die Errichtung eines Deutschen Gemeinschaftswerkes ergänzt werden. Dieses Deutsche Gemeinschaftswerk soll in voller Wahrung des föderalistischen Prinzips die Zusammenarbeit zwischen Bund und Ländern bei der gemeinsamen Programmierung und Finanzierung von überregionalen Gemeinschaftsaufgaben fördern. Insbesondere soll das Gemeinschaftswerk mehrjährige Investitionsprogramme aufstellen, die im Rahmen einer sachlichen und zeitlichen Dringlichkeitsordnung auch eine Grundlage für eine antizyklische Ausgabenpolitik der öffentlichen Hand bilden können. Die Bundesregierung wird ihre Vorschläge alsbald nach Abschluß der Arbeiten der Sachverständigenkommission für die Finanzreform mit den Ländern abstimmen und vorlegen.

Bei seiner Programmierung sollen dem Gemeinschaftswerk auf längere Sicht, unbeschadet der in den Haushalten von Bund

und Ländern wie bisher für Gemeinschaftsaufgaben vorgesehenen Mittel, zusätzlich und so weit wie möglich diejenigen Steuereinnahmen des Bundes und der Länder zur Verfügung stehen, die als Folge der Steuerprogression über den jeweiligen realen Zuwachs des Bruttosozialprodukts hinausgehen.

Die Bundesregierung würde es begrüßen, wenn sich möglichst bald ein Einvernehmen mit den Ländern herstellen ließe und die Arbeiten für die Finanzreform und die Errichtung des Deutschen Gemeinschaftswerkes so beschleunigt werden könnten, daß die erforderlichen Verfassungsänderungen und die Ausführungsgesetze im Laufe der Legislaturperiode verabschiedet werden können.

Über die im Rahmen der Finanzreform vorgesehene Neuordnung hinaus soll das jetzige Umsatzsteuersystem durch Einführung einer Netto-Umsatzsteuer auf der Grundlage des bereits in der letzten Legislaturperiode eingebrachten Gesetzentwurfs umgebaut werden.

Das Besteuerungsverfahren soll durch die bereits eingeleitete Reform der Reichsabgabenordnung modernisiert und das Steuerverfahrensrecht neuzeitlichen rechtsstaatlichen Erkenntnissen angepaßt werden.

Der weiteren Förderung des Sparens kommt nach wie vor große Bedeutung zu. Die Bundesregierung ist, wie der 4. Deutsche Bundestag zum Ausdruck brachte, der Meinung, daß die gegenwärtigen Sparförderungsmaßnahmen zu überprüfen und neu zu ordnen sind. Hierbei soll der Grundsatz der breiten Eigentumsstreuung folgerichtig und auch vorausschauend mit den haushaltsmäßigen Möglichkeiten in Einklang gebracht werden.

Das gleiche Maß an Disziplin, das das deutsche Volk mit Recht vom Staat verlangt, muß aber auch von den Sozialpartnern hinsichtlich der Preis-, Lohn- und Arbeitspolitik gefordert werden. Die Bundesregierung steht auf dem Boden freier Unternehmerentscheidungen und der Tarifautonomie, die beide und zusammen unverzichtbare Bestandteile unserer freiheitlichen Wirtschafts- und Sozialordnung sind. Die Sozialpartner verletzen jedoch ihre Pflicht, wenn sie sich auf Kosten der Allgemeinheit einigen.

Aus grundsätzlichen rechtlichen, volkswirtschaftlichen und politischen Erwägungen kann sich die Bundesregierung zu einer Ausdehnung der Mitbestimmung über den Montanbereich hinaus nicht verstehen. Andererseits wendet sie sich aber gegen Bestrebungen, die dem bewußten und erkennbaren Zweck einer Aushöhlung der gegenwärtigen qualifizierten Mitbestimmung dienen.

Die eingangs dargestellte Wettbewerbssituation der deutschen Wirtschaft im Zusammenhang mit der Tendenz unserer Zahlungsbilanz zwingt uns, alles zu tun, um das Vertrauen in die Stabilität unserer wirtschaftlichen und sozialen Entwicklung zu stärken, klare Rechts- und Zuständigkeitsverhältnisse zu schaffen, wie umgekehrt, alles zu unterlassen, was in- und ausländische Kapitalanleger hindern könnte, sich an deutschen Unternehmungen zu beteiligen und Wertpapiere zu erwerben. Dieser Gesichtspunkt erlangt um so mehr Bedeutung, als mit der Freizügigkeit des Kapitalflusses in immer größer werdenden Märkten vergleichende Überlegungen hinsichtlich der Qualität und Geschlossenheit der Unternehmensführung angestellt werden. Das führt heute zu der Feststellung, daß in keinem Land eine so weitgehende Mitbestimmung besteht, wie sie dem Modell innerhalb des deutschen Montanbereiches entspricht. Im übrigen hat die Bundesregierung im Betriebsverfassungsgesetz eine in der ganzen Welt als vorbildlich anerkannte Form der Mitberatung und Mitwirkung der Arbeitnehmer am Schicksal des Unternehmens verwirklicht.

Um die Einsicht in die gesamtwirtschaftlichen Notwendigkeiten und ein entsprechendes Verhalten zu fördern, wird die Bundesregierung mit den Repräsentanten aller wichtigen sozialen Gruppen einen regelmäßigen, häufigeren, umfassenden und intensiven Dialog einleiten.

Die Bundesregierung wird sich im internationalen Bereich weiterhin für ein höheres Maß an Koordinierung der Osthandelspolitik einsetzen. Die Kreditpolitik gegenüber den Oststaaten bedarf nach Art, Umfang und Laufzeit sowohl nach wirtschaftlichen als auch nach finanziellen Maßstäben einer Überprüfung und besseren gemeinsamen Ausrichtung. Es erscheint gerechtfertigt, diese Frage als ein gemeinsames Anliegen friedlicher politischer Strategie anzusehen.

Die zunehmende Verflechtung der nationalen Volkswirtschaften untereinander läßt die Kooperation auf konjunktur- und währungspolitischem Gebiet immer dringlicher erscheinen. Die Bundesregierung wird auf internationaler Ebene mit Nachdruck für die Währungsdisziplin und die Sicherung der finanziellen Stabilität eintreten. Die viel diskutierte Ausweitung der internationalen Liquidität darf einer weltweiten Inflationierung nicht Vorschub leisten.

Unserem gesellschaftspolitischen Leitbild entspricht eine Ergänzung der Wettbewerbspolitik durch eine aktive Strukturpolitik. Es ist keineswegs deren Ziel, durch dauernde Abschirmung nicht mehr wettbewerbsfähige Unternehmen oder Branchen künstlich zu erhalten. Es geht vielmehr darum, die Anpassung an Strukturveränderungen zu erleichtern, um die knappe Arbeitskraft so produktiv wie nur möglich einzusetzen. Die Bundesregierung wird aus gesellschaftspolitischen Gründen darum bemüht sein, die Wettbewerbsfähigkeit der Mittel- und Kleinbetriebe gegenüber den Großunternehmen zu stärken, um die Begründung selbständiger wirtschaftlicher Existenzen zu fördern. Sie ist bestrebt, dabei die Voraussetzungen für die Eigenkapitalausstattung zu verbessern. Es ist nicht zu verkennen, daß der wirtschaftliche und technische Fortschritt, der europäische Großmarkt und die weltwirtschaftliche Verflechtung in vielen Bereichen zunehmende Betriebsgrößen erfordern. Ein wirksames Gegengewicht hierzu stellt die zwischenbetriebliche Kooperation kleiner und mittlerer Betriebe dar. Es bleibt das unablässige Bemühen der Wirtschaftspolitik, mißbräuchliche wirtschaftliche Machtausnützung zu verhindern.

Die Bundesregierung wird sich auch künftig der energiewirtschaftlichen Probleme mit Sorgfalt annehmen. Für die gesamtwirtschaftliche Entwicklung und für die Erhaltung der Wettbewerbsfähigkeit der Wirtschaft ist eine preisgünstige und sichere Versorgung mit Energie von grundlegender Bedeutung. Durch ihre Energiepolitik wird die Bundesregierung dafür sorgen, daß die Vorteile des derzeitigen Strukturwandels im Energiebereich der gesamten Wirtschaft optimal nutzbar gemacht werden.

Die Bundesregierung ist indessen gewillt, ihre Bemühungen um eine Gesundung der Verhältnisse im Steinkohlenbergbau fortzusetzen. Vom Steinkohlenbergbau erwartet sie, daß dieser alle seine Kräfte mobilisiert und alle Möglichkeiten zur Steigerung seiner Leistungskraft wahrnimmt.

Die besondere Förderung wirtschaftlich schwach entwickelter oder einseitig strukturierter Regionen ist nicht nur eine gesellschaftspolitische Notwendigkeit, sondern auch ein wichtiges Instrument der Wachstumspolitik. Regionalpolitische Maßnahmen sollen dazu beitragen, die Wirtschafts- und Lebensbedingungen in den verschiedenen Teilen unseres Landes anzugleichen und die wirtschaftlichen Vorteile der einzelnen Regionen besser zu nutzen. Um diesem Ziele näherzukommen, wird die Bundesregierung ihre regionalen Förderungsprogramme ausbauen. Die zusätzlich erforderlichen Mittel können allerdings nur durch Einsparung an anderer Stelle aufgebracht werden. Der politischen Bedeutung und der wirtschaftlichen Situation des Zonenrandgebietes wird die Bundesregierung weiterhin Rechnung tragen.

Die Aufgaben der Sozialpolitik in einer modernen Gesellschaft müssen in der immer notwendiger werdenden Unterscheidung zwischen ihren klassischen Prinzipien und dem Bereich gesehen werden, den wir heute viel zutreffender Gesellschaftspolitik nennen. Die Bedeutung der Sozialpolitik liegt im Grundsätzlichen aber auch darin, daß sie in starkem Maße den Stil der gesamten inneren Politik bestimmt. Deshalb darf die Sozialpolitik nicht einfach zu einer Politik der Befriedigung sozialer Interessengruppen werden. Sie muß sich an objektiven Maßstäben und gesamtgesellschaftlichen Zielen orientieren.

Eine der Kernfragen der modernen Sozialpolitik lautet dahin, ob sich die klassischen Prinzipien der Sozialpolitik zu einem allgemeinen, allumfassenden gesellschaftlichen Versicherungsprinzip verdichten sollen. Die Bundesregierung lehnt die Einführung eines derartigen staatlichen Totalversicherungssystems aus grundsätzlichen Erwägungen ab. Sie erblickt in einer Totalversicherung den Ansatz zu einer sich selbst nährenden inflationistischen Entwicklung. Sie möchte aber auch ein ungewolltes Hineingleiten des einzelnen in die immer stärkere Abhängigkeit vom Staat vermeiden.

Eine moderne Sozialpolitik hat vielmehr danach zu trachten, daß jedermann sich als freier selbstverantwortlicher Staatsbürger in der Gemeinschaft bewegen kann. Dieser Grundsatz findet in der bestehenden Rentenversicherung durch die Bemessung der Renten nach der individuellen Lebensleistung Anerkennung.

Deshalb ist es das Ziel der deutschen Sozialpolitik, alle sozialen Gruppen vor einer Entwicklung zu bewahren, in der sie zunehmend bloß Objekte staatlicher Fürsorge sind. Die Bundesregierung verkennt dabei nicht die Notwendigkeit, eine Politik umfassender Daseinsvorsorge für unsere gesamte Gesellschaft zu treiben. Aber dieses Ziel läßt sich nur durch eine weitsichtige Strukturpolitik der Gesellschaft erreichen, nicht durch eine strukturlose Expansion sozialer Subventionen.

Zu einer solchen Strukturpolitik gehört heute in erster Linie die zielbewußte Förderung des beruflichen Ausbildungswesens, das einen immer engeren Zusammenhang mit dem allgemeinen Bildungswesen gewonnen hat. Soziale, berufliche und allemeine Bildung sind heute bereits zu einer Ganzheit zusammengewachsen, deren Bedeutung für unsere Gesellschaft, für ihre Leistungsfähigkeit, für ihre soziale Sicherheit, für ihre zukünftige Lebensform erst in den Anfängen sichtbar geworden ist.

Angesichts dieser außerordentlichen Differenzierung, die die verschiedenen Stufen des beruflichen Ausbildungswertes in Deuschland charakterisiert — und diese Differenzierung ist kein chaotischer Wildwuchs, sondern spiegelt die Anforderungen einer modernen arbeitsteiligen Wirtschaft —, wäre es verfehlt, einer Reform dieser beruflichen Ausbildung im Sinne einer bloßen Vereinfachung das Wort zu reden. Wir müssen diese Ausbildung vielmehr in ihrer ganzen Mannigfaltigkeit verbessern, d. h. weiterentwickeln und überschaubarer machen. Die Bundesregierung hat die Verbesserung einer weitgespannten Politik der Ausbildungs- und Weiterbildungsförderung in die Wege geleitet, und zwar sowohl institutionell wie individuell. Sie wird die Methoden dieser Förderung zügig und zielbewußt weiterentwickeln und auch das Berufsausbildungsrecht auf eine bessere und klarere Basis als bisher stellen.

Regionale Wirtschaftspolitik, Raumordnung und Städtebau, Verkehrspolitik und Förderung des Bildungswesens, alle diese Maßnahmen müssen neben ihrer speziellen Bedeutung nicht zuletzt als Sozialinvestitionen großen Ausmaßes gelten. Von der Fruchtbarmachung dieser Investitionen wird die Leistungsfähigkeit unseres Volkes abhängen, nicht von einer Steigerung des bloßen Sozialkonsums. Wir sind stolz darauf, daß die Bundesrepublik in ihren sozialen Leistungen an der Spitze der westlichen Industrienationen steht. Aber wir haben auch Grund zur Sorge, daß sich hinter diesen Leistungen zum Teil lediglich Zahlungen und Subventionen verbergen, die auf längere Sicht unsere Leistungsfähigkeit und damit unsere soziale Sicherheit nicht fördern, sondern schwächen.

Gerade deshalb wird die Bundesregierung alles tun, um zu verhindern, daß durch eine opportunistische Befriedigung von Gruppeninteressen die Sozialpolitik zu einer Hypothek für die Leistungs- und Konkurrenzfähigkeit unserer Wirtschaft wird. Eine Politik, wie sie die Bundesregierung im Auge hat, fordert angesichts der hohen Kosten aller dieser Maßnahmen, daß Prioritäten, Rangfolgen und Schwerpunkte der einzelnen Maßnahmen längerfristig festgelegt werden. Die Bundesregierung wird dem Bundestag dazu entsprechende Vorschläge machen.

Allein von hier aus, d. h. von einer solchen weitgespannten gesellschaftlichen Strukturpolitik aus, läßt sich eine Verbesserung unserer Sozialpolitik im engeren Sinne entwickeln. Die Bundesregierung erwartet sehr bald den Bericht über die Sozialenquete. Sie erwartet davon auch einen nützlichen Beitrag für die Reform der sozialen Krankenversicherung sowie für die mit der Lohnfortzahlung zusammenhängenden Probleme. Der Arbeiter soll in gleicher Weise wie der Angestellte wirtschaftlich gesichert sein. Weitere bereits laufende Untersuchungen sollen die Situation der alten Menschen und die Stellung der Frau in Beruf und Familie erhellen. Die Bundesregierung wird prüfen, welche Konsequenzen aus diesen Untersuchungen gezogen werden können, damit die Lebensbedingungen von alten Menschen, aber auch vieler Frauen verbessert werden können.

Es ist für die Bundesregierung selbstverständlich, dafür zu sorgen, daß die neun Millionen Rentner weiterhin am Fortschritt unserer wirtschaftlichen Leistungsfähigkeit teilnehmen. Ebenso hat sie Verständnis dafür, daß auch Gruppen von Selbständigen zur Sicherung ihrer Altersversorgung die Mitgliedschaft in der gesetzlichen Rentenversicherung anstreben. Diese Frage erfordert jedoch neben einer gesellschaftspolitischen Bewertung nicht zuletzt auch eine verantwortungsbewußte finanzpolitische Überprüfung.

Ähnliches gilt für die Kriegsopfer, vor allem für diejenigen, die in ihrer beruflichen Leistungsfähigkeit empfindlich und dauernd geschwächt sind. Die Bundesregierung steht zu ihrer Zusage, daß die Kriegsopferrenten unter Berücksichtigung der wirtschaftlichen Leistungsfähigkeit und des realen Zuwachses der Volkswirtschaft periodisch überprüft werden.

Zu einer dynamischen Sozialpolitik gehört die weitere Förderung der Eigentums- und Vermögensbildung in breiten Schichten unseres Volkes, weil sie mehr als alles andere geeignet ist, die Freiheit, Selbständigkeit und Verantwortlichkeit des einzelnen in der modernen Gesellschaft zu stützen.

Der Bericht über die Lage der Jugend hat uns bestätigt, vor welch wichtigen Aufgaben im Bereich der Jugendpolitik wir auch in dieser Legislaturperiode stehen.

Die außerschulische Bildung und Erziehung unserer Jugend erlangt von Jahr zu Jahr größere Bedeutung. Auf ihre Einbeziehung in die gesamte Bildungsplanung kann nicht mehr verzichtet werden. Die Bundesregierung erblickt hier eine wichtige Aufgabe des neuen Bildungsrates. Sie hält eine sinnvolle, sachgerechte Koordinierung für unerläßlich und strebt daher an, den Bundesjugendplan weiterzuentwickeln.

Die Bundesregierung wird ihren Teil dazu beitragen, daß alle bildungswilligen und bildungsfähigen jungen Menschen in unserem Volke unabhängig von wirtschaftlichen Voraussetzungen die Ausbildung erhalten, die ihrer Begabung und Neigung entspricht.

Es gehört ferner zu den Aufgaben der kommenden Jahre, die Familienpolitik fortzuentwickeln. Das gilt auch für den Familienlastenausgleich. Die Familienpolitik darf sich aber nicht nur in materiellen Leistungen erschöpfen. Deshalb begrüßt die Bundesregierung den Beschluß des 4. Deutschen Bundestages, daß alle zwei Jahre ein Bericht über die Lage der Familie vorzulegen ist.

Die Bundesregierung ist sich bewußt, daß sie auf diesem Gebiet allein nicht alles Erforderliche und Wünschenswerte tun kann. Dies ergibt sich schon aus der immer größeren Differenzierung unserer Lebensverhältnisse. Sie hält deshalb eine engere Zusammenarbeit mit den Ländern und Kommunen für unerläßlich mit dem Ziel, die familienpolitischen Vorstellungen und Leistungen aufeinander abzustimmen und ihnen gezielt die größtmögliche Wirksamkeit zu geben.

Die Bedeutung der Gesundheitspolitik für die moderne Industriegesellschaft brauche ich nicht eigens zu unterstreichen. Auf den klassischen Gebieten der Medizin, im Bereich des Lebensmittelwesens sowie der Umwelt- und Sozialhygiene ist bereits Wesentliches geleistet worden. Die Bundesregierung wird ihre bisherige Politik fortsetzen und sich um eine noch intensivere Beratung durch Hochschulen und Institute, durch die Ärzteschaft und den Bundesgesundheitsrat bemühen.

Einige Aufgaben dürften besonders geeignet sein, im Rahmen eines Deutschen Gemeinschaftswerkes verwirklicht zu werden. Ich denke dabei an die Modernisierung von Krankenhäusern, an die Förderung der Aus- und Fortbildung von Angehörigen der Heil- und Hilfsberufe und die Aufklärung der Bevölkerung in gesundheitlichen Fragen durch eine eigene Bundeszentrale.

Andere Aufgaben stehen in so engem Zusammenhang mit der Gesetzgebung, daß die Frage berechtigt ist, ob die derzeitigen Gesetzgebungskompetenzen des Bundes auf dem Gebiete des Gesundheitswesens, wie sie von der Mehrheit der Länder ausgelegt werden, den neuzeitlichen Anforderungen noch entsprechen. Wichtige Gesetzesvorhaben aus der Mitte des Bundestages sind bekanntlich in der vergangenen Legislaturperiode an dieser Auslegung gescheitert. Es ist meine Absicht, hierüber bald mit den Regierungschefs der Länder freimütig zu sprechen.

Die bisher getroffenen Maßnahmen zum Schutz der Gewässer, zur Reinhaltung der Luft und zur Bekämpfung des Lärms haben einen großen Teil von dem aufgeholt, was in Jahrzehnten versäumt worden war.

Die großen gesellschaftspolitischen Ziele, die diese Regierung sich gestellt hat, können nur erreicht werden, wenn die Frauen nicht nur in der Familie, sondern auch im Beruf und im öffentlichen Leben alle Möglichkeiten haben, voll mitzuarbeiten und echte Mitverantwortung zu übernehmen.

Die von der Bundesregierung in Auftrag gegebene Enquete über die Stellung der Frau wird uns wertvolle Hilfe geben.

Die Förderung von Turnen und Sport, gleichviel ob in den Schulen, in Vereinen oder auf andere Weise betrieben, ist in unserer Gesellschaft auch eine öffentliche Aufgabe. Die Bundesregierung wird mit den Ländern und Organisationen des Sports diese Frage eingehend erörtern.

Die Bundesregierung stellt daneben mit Genugtuung fest, daß die Eingliederung der Vertriebenen und Flüchtlinge als Gemeinschaftsleistung unseres Volkes große Fortschritte gemacht hat. Gleichwohl bedarf es noch weiterer Maßnahmen. Neben einer 19. Novelle zum Lastenausgleich nach Maßgabe vorhandener und liquide zu machender Reserven wird ein Gesetz zum Währungsausgleich für Deutsche aus der SBZ als Weiterführung gleichstellender Maßnahmen möglichst bald in Angriff zu nehmen sein. Die Bundesregierung läßt sich auch in Zukunft die Eingliederung vertriebener und geflüchteter Bauern angelegen sein. Im Rahmen der finanziellen Möglichkeiten werden wir uns um einen Abschluß der Kriegsfolgengesetzgebung bemühen.

Sowohl die durch den Krieg verursachten Veränderungen wie auch die Fortentwicklung der Industrialisierung haben zu einem tiefgreifenden Wandel der räumlichen Struktur Deutschlands geführt und regionale Struktur- und Raumordnungspolitik zu einer Aufgabe ersten Ranges werden lassen. Die Bundesregierung wird ihre Raumordnungspolitik im Rahmen des neugeschaffenen Raumordnungsgesetzes fortführen. Neben der Abstimmung raumwirksamer Planungen und Maßnahmen des Bundes ist dazu, wie in zahlreichen anderen Bereichen, eine enge Zusammenarbeit von Bund, Ländern und Gemeinden unerläßlich. Die Bundesregierung erstrebt deshalb ein Verwaltungsabkommen mit anderen Ländern. Sie wirkt auf die Aufstellung von Regionalplänen unter Mitwirkung der Gemeinden und Gemeindeverbände hin.

Die Grundsätze der Raumordnung müssen auch bei der Neuverteilung der Einnahmen und Ausgaben von Bund, Ländern und Gemeinden berücksichtigt werden. Ebenso ist die baldige Verabschiedung des Städtebauförderungsgesetzes geboten. Außer der notwendigen Gesundung und Erneuerung unserer Städte und Dörfer wird es immer dringlicher, zum Zwecke regionaler Strukturverbesserung kleine und mittlere Orte zu größeren Gemeinwesen zu entwickeln.

Der soziale Wohnungsbau wird als Gemeinschaftsaufgabe von Bund, Ländern und Gemeinden im gesamten Bundesgebiet fortgeführt. Die Bildung von Wohnungseigentum für breite Schichten des Volkes behält aber ihren Vorrang. Die Bundesregierung ist sich überdies bewußt, daß die Förderung des sozialen Wohnungsbaues zugunsten kinderreicher Familien, alter Menschen und junger Ehepaare ihre Bedeutung behält. Die unter großem Einsatz von öffentlichen Mitteln geschaffenen $3^1/_2$ Millionen Sozialwohnungen sollen auch in Zukunft dem gesetzlich bestimmten Personenkreis erhalten bleiben.

Zum Zwecke verstärkter Eigentumsbildung müssen die Gemeinden in die Lage versetzt werden, das Angebot an baureifen Grundstücken zu erhöhen und neues Bauland zu erschließen.

Die Verwirklichung der vor uns liegenden großen Aufgaben im Bereich der Raumordnung, des Städtebaues und des Wohnungswesens bedarf auch der Mithilfe der unternehmerischen Wohnungswirtschaft. Deren Rechte aber müssen in Übereinstimmung mit den heutigen gesellschaftspolitischen Zielen in einem Wohnungswirtschaftsgesetz neu geordnet werden. Dabei gilt es insbesondere, das Recht der gemeinnützigen Wohnungsunternehmen mit der Bemühung der Bundesregierung um die Schaffung von privatem Eigentum an der Wohnung in Einklang zu bringen.

Nun zur deutschen Landwirtschaft. Sie hat — gefördert durch die Grünen Pläne — eine Produktivität erzielt, die noch vor wenigen Jahren nicht für erreichbar gehalten wurde. Trotzdem bedarf die Landwirtschaft angesichts der besonderen und erschwerten Bedingungen im Gemeinsamen Markt für die Erzeugung und den Absatz ihrer Produkte auch noch in Zukunft der Hilfestellung des Staates.

Seit Ende des vorigen Jahrhunderts genoß die Getreidewirtschaft eine bevorzugte Stellung. Die Agrarpolitik der EWG brachte eine entscheidende Wende. Außerdem erfordern veränderte Konsumgewohnheiten und erhöhte Qualitätsansprüche sowie neue Absatzformen große Anstrengungen der Landwirtschaft, die jahrzehntelang fast nur auf Mengenproduktion eingestellt war. Die Bundesregierung wird ihr dabei durch Investitionshilfen für die Rationalisierung der Betriebe sowie durch Maßnahmen zur Verbesserung der Marktstruktur zur Seite stehen. Wir können mit Genugtuung feststellen, daß sich die bäuerliche Bevölkerung der modernen Entwicklung gegenüber durchaus aufgeschlossen gezeigt hat. Die deutsche Landwirtschaft nimmt auch nach internationalen Maßstäben einen geachteten Platz ein.

Die Landwirtschaft weiter Teile Deutschlands leidet aber noch immer unter Flurzersplitterung, unzureichenden Betriebsgrößen und beengter Dorflage. Die Verbesserung der Agrarstruktur bleibt deshalb eine wichtige Aufgabe.

Unser Ziel ist bei alledem, die Vollerwerbsbetriebe — insbesondere die bäuerlichen Familienbetriebe — im internationalen Wettbewerb zu stärken. Betriebe mit einer nicht ausreichenden Existenzgrundlage können nur durch Aufstockung oder Intensivierung wirtschaftlich gesunden. Finanzielle Anreize zur Landabgabe sollen die Aufstockung wirksam beschleunigen. Soweit erwerbsfähige Personen aus einer hauptberuflichen landwirtschaftlichen Tätigkeit ausscheiden, ist ihnen die Umstellung zu erleichtern. Neue gewerblich-industrielle Arbeitsplätze auf dem Lande, verbunden mit der Erhaltung des Wohneigentums und von Nebenerwerbsstellen, sollen einer Abwanderung in die Ballungsräume entgegenwirken. Ich brauche nicht besonders zu betonen, daß alle Maßnahmen zur Verbesserung der Agrarstruktur im Einklang stehen müssen mit den Bestrebungen zur Erneuerung der Dörfer und ländlichen Regionen unter den Gesichtspunkten der Raumordnung.

Die Bundesregierung wird die Interessen der deutschen Landwirtschaft in der Europäischen Wirtschaftsgemeinschaft und bei internationalen Verhandlungen stets verteidigen. Das Zusammenwachsen der sechs Landwirtschaften des Gemeinsamen Marktes mag wohl vorübergehend Schwierigkeiten mit sich bringen. Die Bundesregierung wird jedoch besorgt bleiben, daß bei dem Anpassungsprozeß der Landwirtschaft Härten, soweit nur immer möglich, vermieden werden. Über den Augenblick hinaus ist jedoch entscheidend, durch die Wohlstandsentwicklung im großen gemeinsamen Markt einen vermehrten Absatz von qualitativ hochwertigen landwirtschaftlichen Erzeugnissen zu angemessenen Preisen zu erzielen. Künftig wird es also mehr als bisher darauf ankommen, die Marktbedingungen vor allem auch für Veredelungsprodukte so zu verbessern, daß der deutschen Landwirtschaft ein angemessener Anteil an der Marktversorgung mit Ernährungsgütern gesichert bleibt. Ziel der gemeinsamen Agrarpolitik bleibt es, die landwirtschaftliche Bevölkerung zu der Leistung zu befähigen, die ihr auf die Dauer einen gesicherten Platz in unserer modernen Industriegesellschaft gibt.

Schwerpunkt der Verkehrspolitik in den kommenden Jahren wird der umfassende Verkehrsträger im Rahmen langfristiger Planungen sein. Die Verwirklichung dieser aufeinander abgestimmten Vorhaben ist unerläßlich, wenn die weitere gedeihliche Entwicklung unserer Gesellschaft verbürgt sein soll. Den Investitionen kommt innerhalb dieses Sektors eine hohe Priorität zu.

Besonders stellt die unvermindert stark anwachsende Motorisierung die Verantwortlichen vor große und dringliche Aufgaben. Die bisherigen außerordentlichen Anstrengungen des Bundes für den Ausbau des Fernstraßennetzes werden fortgesetzt werden. Der gleiche Rang kommt aber nicht minder der Verbesserung der Verkehrsverhältnisse in den Gemeinden zu. Gestützt auf die von der sogenannten Enquete-Kommission ausgesprochenen Empfehlungen hat die Bundesregierung die Initiative ergriffen, um in enger Zusammenarbeit mit den Ländern rasche und wirksame Hilfe zu leisten.

Über die besondere Lage und Problematik der Deutschen Bundesbahn habe ich bereits an früherer Stelle gesprochen. Es muß durch ein koordiniertes Vorgehen mit allen beteiligten Stellen ehestens eine optimale Lösung im Sinne einer volkswirtschaftlich und technisch rationellen Aufgabenteilung im Verkehr gefunden werden. Das Auflaufen immer höherer Defizite kann einfach nicht hingenommen werden.

Die Bundesregierung wird es sich angelegen sein lassen, die mittelständischen Unternehmen des Güterkraftverkehrs und der Binnenschiffahrt durch geeignete Maßnahmen in die Lage zu versetzen, in dem sich verstärkenden nationalen und europäischen Wettbewerb im wesentlichen aus eigener Kraft zu bestehen. Auch wird sie im Rahmen des Möglichen ihre Politik auf dem Gebiet der Luftfahrt konsequent fortführen und die Entwicklung der deutschen Seeschiffahrt weiterhin fördern.

Das Post- und Fernmeldewesen ist für jede entwickelte Volkswirtschaft ein unentbehrlicher Faktor. Unser hochindustrialisiertes Land muß, um sich in der Weltwirtschaft frei entfalten zu können, über moderne und leistungsfähige Nachrichtenmittel und Transportmöglichkeiten verfügen. Die Deutsche

Bundespost muß daher ihre Anlagen technisch und betrieblich den Anforderungen ihrer Nutzer entsprechend weiter ausbauen und vervollkommnen. Nach Vorlage des Gutachtens der vor Jahresfrist berufenen Sachverständigenkommission wird die Bundesregierung prüfen, welche Maßnahmen zur Verbesserung der wirtschaftlichen Lage der Bundespost geeignet und finanziell möglich sind.

In meiner Regierungserklärung vom 18. Oktober 1963 habe ich ausgeführt, daß die Aufgaben der Bildung und Forschung für unsere Zeit den gleichen Rang einnehmen wie die soziale Frage für das 19. Jahrhundert. Die verfassungsmäßige Kompetenz des Bundes ist auf diesem Gebiet begrenzt; es ist jedoch in den letzten Jahren die Erkenntnis der Notwendigkeit einer engen, vertrauensvollen Zusammenarbeit von Bund und Ländern weiter gewachsen. Die großen Fragen der Förderung der Wissenschaft, für die der Bund ein hohes Maß Mitverantwortung trägt, können nur im Gesamtzusammenhang der Bildungsdiskussion und der Bildungspolitik richtig verstanden und gelöst werden. Deshalb begrüße ich es besonders, daß nach den früheren Vereinbarungen über die Zusammenarbeit im Wissenschaftsrat, die Finanzierung des Ausbaues der Hochschulen und der großen Forschungsorganisationen und der Studienförderung am 15. Juli 1965 ein grundsätzliches Einvernehmen auch über die Errichtung des Bildungsrates erzielt wurde.

Mit vielen gewichtigen Stimmen der Wissenschaft, Wirtschaft und Publizistik weiß sich die Bundesregierung darin einig, daß die schnelle Entwicklung von Forschung und Technik erheblicher zusätzlicher Anstrengungen bedarf. Nur so kann die Bundesrepublik ihre Stellung als eine der führenden Industrienationen behaupten. Man hat mit Recht gesagt, daß die Forschung von heute der Wohlstand von morgen ist.

Wir werden diesen Vorrang der Aufwendungen für Wissenschaft, Bildung und Ausbildung und für andere bedeutsame Sozialinvestitionen freilich nicht in einem Wettlauf von Forderungen und Versprechungen sicherstellen, sondern das Ziel nur erreichen, wenn wir auch den Mut zur Begrenzung anderer Wünsche haben.

Der Bund wird die seit 1960 mit ständig steigenden Beiträgen unterstützte Förderung des Ausbaues der wissenschaftlichen Hochschulen auf der Grundlage der Empfehlungen des Wissenschaftsrates weiterführen. Dort, wo die moderne Forschung und Entwicklung ernste Gefahrenquellen für Mensch und Umwelt mit sich bringen, wird die Bundesregierung auch in Zukunft für Schutzmaßnahmen Sorge tragen, wie das bereits erfolgreich auf dem Gebiet der friedlichen Nutzung der Atomkernenergie geschehen ist. Die Förderung der allgemeinen wissenschaftlichen Forschung, insbesondere der Grundlagenforschung, und die Förderung der technischen Entwicklungen, die auch in anderen Staaten von der Wirtschaft noch nicht allein vorgenommen werden kann, müssen in einem ausgewogenen Verhältnis zueinander stehen.

Den Grundfragen des Rechts und der Rechtspolitik kommt in unserem Rechtsstaat große Bedeutung zu. Die Bundesregierung wird bemüht bleiben, unser Gesetzesrecht so zu gestalten, daß es, von der allgemeinen Rechtsüberzeugung getragen und auf klaren, zeitgemäßen rechtspolitischen Grundsätzen aufgebaut, übersichtlich und allgemein verständlich ist. Es gilt vor allem, die Reform des Strafgesetzbuches zu vollenden und die Reformen des Strafverfahrens und des Strafvollzugs tatkräftig zu fördern. Die Überlegungen und Arbeiten, die bereits in der vergangenen Legislaturperiode zur Reform der Zivilgerichtsbarkeit eingeleitet worden sind, werden mit Nachdruck fortgesetzt.

Besonders wichtig erscheint mir auch die Feststellung, daß die Bundesregierung jede Anstrengung unternehmen wird, um vor Beendigung der Verjährungsfrist die weitere Untersuchung und strafrechtliche Verfolgung der nationalsozialistischen Gewaltverbrechen sicherzustellen. Die Bundesregierung richtet in diesem Zusammenhang erneut den Appell an die Welt, sie bei diesem Bestreben zu unterstützen und ihr insbesondere vorhandenes Beweismaterial zur Verfügung zu stellen.

Ich komme nunmehr zur Außenpolitik. Vor zehn Jahren, am 5. Mai 1955, hat die Bundesrepublik Deutschland ihre Souveränität erlangt; gleichzeitig trat sie dem nordatlantischen Bündnis bei.

Damals standen sich in der Welt zwei große Machtblöcke gegenüber. Der Graben, der sie trennte, schien unüberbrückbar zu sein. Die Völker lebten in der Furcht, der „Kalte Krieg" könne zu einer großen atomaren Auseinandersetzung führen. Im Spannungszentrum aber stand das geteilte Deutschland.

Inzwischen hat sich die weltpolitische Lage in mancher Hinsicht verändert. Eine große Zahl junger Nationen ist zur Selbständigkeit gelangt. Der innere Zusammenhalt der beiden großen Machtblöcke hat sich sowohl in Ost wie in West gelockert. Insbesondere ist das kommunistische China als selbständiger politischer Faktor in Erscheinung getreten.

Die Gefahr eines atomaren Krieges ist nicht gebannt, wenngleich auch unsere Gegner anscheinend vermeiden wollen, zur Durchsetzung ihrer Ziele die Welt an den Rand einer Katastrophe zu treiben. Hier und da hat sich die Erstarrung im Verhältnis der beiden großen Machtblöcke zueinander etwas gelöst; die begrenzten Fortschritte reichen jedoch nicht hin, um bereits von einer echten Entspannung sprechen zu können. Eine Frage aber ist von dieser Entwicklung unberührt geblieben: das Problem des geteilten deutschen Volkes.

Als im September vor zehn Jahren die Bundesregierung und die sowjetische Regierung übereingekommen waren, diplomatische Beziehungen aufzunehmen, erklärten sie in einem Kommuniqué:

> Beide Seiten gehen davon aus, daß die Herstellung und Entwicklung normaler Beziehungen zwischen der Bundesrepublik Deutschland und der Sowjetunion zur Lösung der ungeklärten Fragen, die das ganze Deutschland betreffen, beitragen und damit auch zur Lösung des nationalen Hauptproblems des gesamten deutschen Volkes — der Wiederherstellung eines deutschen demokratischen Staates — verhelfen werden.

Diese Hoffnung hat sich nicht erfüllt. Das lag weder an mangelndem Willen noch an Trägheit oder an doktrinärer Unbeweglichkeit der deutschen Politik, sondern allein an der Tatsache, daß die Sowjetunion die Wiedervereinigung des deutschen Volkes in Freiheit bisher nicht gewollt hat und noch immer nicht will.

Noch vor zehn Jahren, in der Direktive der Regierungschefs der Vier Mächte vom 23. Juli 1955, hatte die Sowjetunion, wie es wörtlich hieß, einer Lösung der Frage der „Wiedervereinigung Deutschlands durch freie Wahlen im Einklang mit den nationalen Interessen des deutschen Volkes sowie im Interesse der europäischen Sicherheit" zugestimmt. Auch dieses Versprechen wurde nicht eingelöst.

Sie hat im Gegenteil im Herbst 1958 mit einem massiven Druck auf Berlin begonnen und ihre Absicht bekundet, diese Stadt von uns zu trennen, d. h. sie zunächst zu einem dritten, selbständigen Teil Deutschlands zu machen mit dem Ziel, Berlin in die SBZ einzugliedern. Das ist dank der Standhaftigkeit unserer Verbündeten, unserem festen Willen, aber vor allem dank der tapferen Haltung der Berliner nicht gelungen.

Die Zukunft Berlins wird auch künftig auf folgenden Grundsätzen und Grundforderungen beruhen, die wir verteidigen: auf der Anwesenheit der drei Verbündeten in Berlin, dem uneingeschränkten freien Zugang nach Berlin, der Zugehörigkeit Berlins zum freien Teil Deutschlands, dem Verlangen, daß jede Vereinbarung über Berlin den eindeutigen Willen der Berliner zu respektieren hat.

Nachdem die Sowjetunion mit ihren ultimativen Drohungen nicht zum Ziel ihrer Deutschlandpolitik kam, versucht sie nunmehr, den gegenwärtigen Status zunächst einmal sanktionieren zu lassen, indem sie mit dem Begriff der friedlichen Koexistenz operiert. Sie arbeitet gleichwohl offensiv auf die Zerstörung des westlichen Sicherheitssystems hin. Sie versucht, die Anerkennung der Sowjetzone in der Welt durchzusetzen und West-Berlin als besondere politische Einheit hinzustellen. Sie unternimmt große Anstrengungen, den Eindruck zu erwecken, als störe der Wunsch des deutschen Volkes nach Wiedervereinigung die Entspannung in der Weltpolitik. Sie bezeichnet die Wiedervereinigung als Sache der, wie sie behauptet, „beiden deutschen Staaten" und möchte sich selbst willkürlich aus der Vier-Mächte-Verpflichtung lösen.

Die Bundesregierung besteht darauf, daß das ganze deutsche Volk in Selbstbestimmung über sein Schicksal entscheiden kann und daß die vier Mächte ihre Verpflichtung einlösen.

Die Bundesregierung hat ebenso wie ihre Verbündeten immer wieder die Lösung der Deutschlandfrage auf der Grundlage dieser beiden Prinzipien gefordert. Um unserem Volke und der Weltöffentlichkeit die Intensität dieser Bemühungen erneut vor Augen zu führen, wird die Bundesregierung darüber ein Weißbuch veröffentlichen.

Der Sowjetunion gegenüber hat sich die Bundesregierung mehrfach bereit erklärt, falls eine Einigung über das wichtigste zwischen uns und der Sowjetunion bestehende Problem, nämlich die Wiedervereinigung, nicht sofort möglich sei, doch Schritte zur Verbesserung des gegenseitigen Verhältnisses zu unternehmen. Sie hat zu erkennen gegeben, daß sie über vieles mit sich reden lasse, darunter auch — wie ich hier am 15. Oktober 1964 erklärt habe — über Sicherheitsgarantien für den Fall der Wiedervereinigung. Ich habe das unmittelbare Gespräch mit den sowjetischen Führern gesucht, und es war auch erreicht, daß der frühere Ministerpräsident Chruschtschow Bonn zu besuchen bereit war. Die sowjetische Regierung aber beharrt in ihrem Irrtum, daß es der Sowjetunion mehr diene, wenn Deutschland geteilt, als wenn es wiedervereinigt sei. Sie soll indessen wissen — und wir haben auch das erklärt: Das deutsche Volk und jede gesamtdeutsche Regierung werden bereit sein, dafür Garantien zu geben, daß Rußland und unseren östlichen Nachbarn aus der Wiedervereinigung Deutschlands keine Gefahr erwächst.

Die Bundesregierung wird alles tun, um den inneren Zusammenhalt zwischen den beiden Teilen unseres getrennten Volkes zu festigen, aber sie wird, um der Klarheit vor aller Welt willen, keinen politischen Preis dafür zahlen. Insbesondere werden wir uns zu keinen Maßnahmen bereit finden, die geeignet sind, die Bedingungen für eine Wiedervereinigung in Freiheit zu verschlechtern. Denn wir haben auch für unsere

Landsleute in der Zone einzustehen und für deren große Hoffnung, eines Tages endlich wieder unter einer freiheitlichen und demokratischen Ordnung in einem wiedervereinigten Deutschland leben zu dürfen. Den Leistungen, die unsere deutschen Landsleute unter schwersten Bedingungen beim Wiederaufbau in der Zone vollbringen, zollen wir um so mehr Bewunderung, als sie in einem unwürdigen und unfruchtbaren Gesellschaftssystem erzielt werden.

Ein Regime, das aus Angst um seine Existenz dazu greift, in der geteilten Hauptstadt Berlin eine Mauer zu errichten und sich mit Stacheldraht und Wachttürmen zu umgeben, verurteilt sich selbst und kann nur Ablehnung und Verachtung finden.

Die Bundesregierung hält seit ihrem Bestehen an ihrem Alleinvertretungsrecht für alle Deutschen fest. Das heißt, daß wir in einer Anerkennung oder einer internationalen Aufwertung der Zone einen unfreundlichen Akt erblicken würden, der sich gegen die Wiederherstellung der deutschen Einheit richtet. Wir werden in unseren Anstrengungen, eine solche Entwicklung zu verhindern, nicht nachlassen, selbst auf die Gefahr hin, da oder dort als Störenfried zu gelten. Wie würden andere Nationen handeln, wenn sie in unserer Lage wären? Ich bin gewiß, kein Volk von geschichtlichem Anspruch wäre bereit, seine Einheit und sein Recht preiszugeben.

Die sowjetische Propaganda wirft uns vor, daß unser Wunsch, die Sowjetunion möge unseren Landsleuten das Recht auf Selbstbestimmung gewähren, ein Element der Spannung in die Weltpolitik trage. Diese Agitation stellt die Tatsachen auf den Kopf. Würde nämlich die Sowjetunion den Deutschen in der Zone das Selbstbestimmungsrecht gewähren und damit die Wiedervereinigung unseres Volkes ermöglichen, so würde sie vielmehr ein entscheidendes Hindernis für eine dauernde Entspannung zwischen Ost und West beseitigen. Wir wünschen nicht weniger Entspannung, wir wünschen mehr Entspannung.

Dieser Weg mag weit sein. Er wird von uns auch Entbehrungen und Opfer fordern. Wir werden ihn dennoch gehen. An seinem Ende wird ein Friedensvertrag stehen, verhandelt und geschlossen von einer frei gewählten gesamtdeutschen Regierung. Nur mit und in diesem Vertrag können und müssen die endgültigen Grenzen Deutschlands festgestellt werden, das nach gültiger Rechtsauffassung in seinen Grenzen vom 31. Dezember 1937 fortbesteht, solange nicht eine frei gewählte gesamtdeutsche Regierung andere Grenzen anerkennt. Die Wiedervereinigung Deutschlands ist der Friede Europas.

Der Deutsche Bundestag hat die Bundesregierung am 14. Juni 1961 in einer einstimmig angenommenen Entschließung aufgefordert,

> eine Ostpolitik zu führen, deren Ziel die Wiederherstellung eines freien Gesamtdeutschlands ist, das auch mit der Sowjetunion und allen osteuropäischen Staaten friedliche und gedeihliche Beziehungen unterhält. Zu diesem Ziel soll die Bundesregierung jede sich bietende Möglichkeit ergreifen, um ohne Preisgabe lebenswichtiger deutscher Interessen zu einer Normalisierung der Beziehungen zwischen der Bundesrepublik und den osteuropäischen Staaten zu gelangen.

Wir sind uns darüber klar, daß wir erst am Anfang einer solchen Politik stehen und daß sie fortgesetzt werden muß.

Die Bundesregierung wird auch in Zukunft bestrebt sein, die Beziehungen zu den Staaten in Ost- und Südeuropa weiterzuentwickeln, den Handel zu fördern, die kulturellen Kontakte zu verstärken und gegenseitiges Verständnis zu wecken.

Es besteht Übereinstimmung darüber, daß Wiedervereinigungspolitik, Sicherheitspolitik und Außenpolitik eine Einheit bilden. Das bedeutet, daß eine erfolgreiche deutsche Außenpolitik um die Gewährleistung unserer äußeren Sicherheit besorgt sein muß. Die deutsche Sicherheitspolitik ist auf den friedlichen Ausgleich der Interessen gerichtet. Sie will niemandem ihren Willen aufzwingen, aber auch nicht der Willkür anderer unterworfen sein. Gerade in Europa kann es keinen Frieden und keine Sicherheit geben, wenn nicht die Ursache der herrschenden Spannungen beseitigt wird: das aber ist die unselige Teilung Europas durch Stacheldraht, Minenfelder und Mauern, das ist das Unrecht, das ist die Unmenschlichkeit. Nur die Freiheit kann den Frieden geben, nur die Sicherheit gibt uns Freiheit.

Deutschland kann sich nicht allein verteidigen, aber ohne Deutschland kann auch Europa nicht verteidigt werden. Europa kann seine Freiheit nicht ohne Amerika bewahren, aber auch Amerikas Freiheit ist im letzten von der Verteidigung Europas abhängig.

Die Bundesregierung hat die allgemeine kontrollierte Abrüstung seit jeher als eines ihrer Hauptziele betrachtet. Wir bekennen uns erneut dazu und erklären uns bereit, alle jene internationalen Bemühungen zu unterstützen, die die Welt diesem Ziel näherbringt.

Aber täuschen wir uns nicht; Abrüstung allein ist kein Allheilmittel gegen die Unruhe der Völker, gegen Spannungen und Konflikte, die die Welt erschüttern. Solange Unterdrükkung und Aggression in ihren verschiedensten Ausprägungen, wie vor allem auch die Anwendung von Gewalt, nicht aus dieser Welt getilgt sind, müssen die freiheitlich gesinnten Staaten imstande sein, sich wirksam zu verteidigen. Darum muß eine Abrüstungspolitik, wie die Bundesregierung sie versteht, Hand in Hand gehen mit der Politik, die — ich wiederhole es — darauf gerichtet ist, die Spannungs- und Unruheherde zu überwinden. Das eigentliche Ziel, nämlich größere Sicherheit für a l l e, würde sonst nicht erreichbar sein.

Ein allgemeines Abrüstungsprogramm muß auch umfassend sein, umfassend in dreifachem Sinne: Es muß die nukleare wie die konventionelle Rüstung einschließen, es muß alle Staaten verpflichten, auf die es ankommt, und es darf kein Land diskriminieren.

Eine zweite grundsätzliche Forderung, die im Einklang mit uns viele Regierungen erheben, geht dahin, daß die Abrüstungsmaßnahmen das Kräftegleichgewicht weder global noch regional einseitig verschieben dürfen.

Und drittens: Es muß sich um ein Gesamtprogramm handeln, auch wenn dieses nur stufenweise verwirklicht werden kann.

Die Bundesregierung ist bereit, alle Vorschläge daraufhin zu überprüfen, ob sie von politischen Fortschritten begleitet werden oder solche Fortschritte selbst herbeiführen können.

Wir werden nachhaltig darauf hinwirken, daß kein System von Abrüstungs-, Entspannungs- oder Sicherheitsmaßnahmen auf der Konzeption eines geteilten Deutschlands errichtet wird und dadurch die Spaltung unseres Landes noch mehr vertieft wird.

Ich möchte an dieser Stelle nochmals in Erinnerung rufen, daß die Bundesrepublik Deutschland im Jahre 1954 ihren Verbündeten gegenüber freiwillig darauf verzichtet hat, ABC-Waffen auf ihrem Gebiet herzustellen. Wir würden es begrüßen, wenn möglichst viele andere Staaten diesem deutschen Beispiel folgten. Mit dieser Verpflichtung haben wir das wesentliche Element eines Vertrages über die Nichtweitergabe von Atomwaffen vor bereits elf Jahren erfüllt.

Das nordatlantische Bündnis hat sich bewährt. Die große militärische Macht unserer Allianz hat Westeuropa geschützt und schützt es weiterhin. Die NATO bildet die Grundlage unserer Verteidigungspolitik.

Sie ist außerdem seit langem ein wichtiges politisches Konsultationsorgan der Verbündeten. In Krisenzeiten hat uns die NATO auch politisch geholfen. Ihre Mitglieder haben sich für die Wiedervereinigung Deutschlands in Freiheit eingesetzt.

Angesichts der waffentechnischen Entwicklungen kann die NATO ihre Aufgaben jedoch nur erfüllen, wenn sie bereits im Frieden so organisiert ist, daß sie jeden Gegner davon abhält, einen Angriff zu wagen oder Erpressungen zu versuchen. Die Funktion der Waffen als Mittel der Politik hat sich in unseren Vorstellungen gewandelt. Sie sind für uns und alle friedliebenden Völker nicht mehr dazu bestimmt, einen Krieg zu führen, sondern dazu, ihn durch ihre Abschreckungskraft zu verhindern. Immer mehr werden sie ein Instrument politischer Strategie, die auf friedlichen Ausgleich gerichtet ist.

Die Bundesregierung glaubt, daß eine Anpassung der NATO an neue politische und militärische Sachverhalte notwendig ist. Insbesondere müssen jene Probleme gelöst werden, die sich aus der Tatsache ergeben, daß nunmehr einige Mitglieder der Allianz über eigene Kernwaffen verfügen, andere aber nicht. An der nuklearen Verteidigung müssen indessen die Bundesgenossen nach dem Grad ihrer Bedrohung und dem Grad ihrer Leistungen beteiligt werden.

Wir denken dabei an Formen einer gemeinsamen nuklearen Organisation und beteiligen uns an Beratungen mit den verbündeten Mächten. Wir haben wiederholt bekundet, daß wir keine nationale Kontrolle über Kernwaffen anstreben. Wir sollten aber nicht von jeder nuklearen Beteiligung deshalb ferngehalten werden, weil wir ein geteiltes Land sind. Die Spaltung Deutschlands ist ein Unrecht. Dem darf nicht ein zweites dadurch hinzugefügt werden, daß man uns, die wir Wesentliches für das westliche Bündnis tun, die Verteidigung gegen die offene Bedrohung aus dem Osten erschwert. Solche Ansichten schwächen die Allianz, gleichzeitig bestärken sie die Sowjets, auf der Spaltung unseres Kontinents zu beharren.

Wir haben besondere Beziehungen zu den Vereinigten Staaten, Großbritannien und Frankreich. Sie finden ihre Erklärung nicht bloß in völkerrechtlichen, politischen, wirtschaftlichen und militärischen Gegebenheiten. Sie sind vielmehr im Laufe der Jahre in einem Prozeß, auf den wir gemeinsam stolz sein können, zu freundschaftlichen Beziehungen zwischen den Regierungen u n d den Völkern entwickelt worden.

Die Vereinigten Staaten tragen die Hauptverteidigungslast der NATO. Sie besitzen ein Arsenal von Kernwaffen, das dem der Sowjets überlegen ist. Sie unterhalten darüber hinaus voll einsetzbare Truppen in Stärke von 240 000 Soldaten in Deutschland, die einen unverzichtbaren Bestandteil der gemeinsamen Verteidigung ausmachen. Sie haben entscheidend dazu beigetragen, die Freiheit West-Berlins und die Verbindung zu dieser Stadt zu erhalten. Unser Lebensinteresse gebietet uns, mit den USA politisch und militärisch eng zusammenzuarbeiten.

Lassen Sie mich aber im besonderen von Europa sprechen. Der große Plan eines europäischen Zusammenschlusses war, ist und bleibt Ziel unserer Politik.

Der Gedanke und der Glaube an ein geeintes Europa haben unseren politischen Willen geprägt und uns Hoffnung gegeben. Die alte, die überlieferte europäische Ordnung genügt nicht mehr dem Geist und den Erfordernissen unseres Jahrhunderts. Mit Allianzen, Verträgen und Einzelabsprachen alten Stils ist es nicht mehr getan. Ein neues, ein vereintes und großes Europa muß neben den Vereinigten Staaten und der Sowjetunion jene Geltung erlangen, die der geschichtlichen, geistigen und kulturellen Leistung seiner Völker entspricht. Europa muß sich politisch, wirtschaftlich und militärisch formieren.

Die Entwicklung in den letzten beiden Jahrzehnten hat uns in der Erkenntnis bestärkt, daß hierin die einzige Chance liegt, unserem alten Kontinent auf fester und dauerhafter Grundlage weltpolitischen Rang zu sichern.

Die Politik der europäischen Einigung, die sich zunächst auf die Kooperation der Volkswirtschaften erstreckte, ist in eine Krise geraten. Wir müssen konstatieren, daß das Zusammengehörigkeitsgefühl der europäischen Völker derzeit politisch noch nicht organisierbar zu sein scheint. Trotzdem darf und wird die deutsche Politik in ihrem Streben nach der Einigung Europas nicht nachlassen. Unser Ziel bleibt unverändert.

Wir werden insbesondere alles tun, um zu erhalten und zu bewahren, was die drei europäischen Gemeinschaften bereits erreicht haben. Wir wollen dabei nicht dogmatisch vorgehen, aber wir werden andererseits auch sorgsam die Gefahren bedenken, die dem schon weit gediehenen Werk drohen, falls die Grundlagen der geschlossenen und gültigen Verträge in Frage gestellt würden. Wir sind bereit, unseren wirtschaftlichen Beitrag zur Einigung Europas auch weiterhin zu leisten. Dabei erwarten wir allerdings, daß sich der Fortschritt in den wesentlichen Teilbereichen des gemeinsamen Marktes gleichzeitig vollzieht. Hierzu gehört vor allem ein ausgewogenes Verhältnis der wirtschaftlichen Weiterentwicklung der Gemeinschaften auf a l l e n Gebieten. Es wird langwieriger, schwieriger Verhandlungen bedürfen, um eine Übereinstimmung der Interessen der europäischen Völker herbeizuführen.

Die Bundesrepublik hat einer Politik der europäischen Solidarität bewußt den Vorzug gegenüber einer Politik des nationalen Egoismus gegeben. Sie wird konsequent auf diesem Wege bleiben. Das war auch der gute Sinn meiner bisherigen Bemühungen, eine Plattform für politische Gespräche unter den Sechs auf höchster Ebene zu finden.

Ziel muß bleiben, die europäische Einigung nicht auf die EWG-Staaten zu beschränken, sondern rechtzeitig das ganze freie Europa einzuschließen.

Wir hoffen daher, daß sich dieser Einigung weitere Länder anschließen werden. Es ist naheliegend, dabei in erster Linie an Großbritannien zu denken; darüber hinaus aber sind auch die nordischen Staaten und letztlich alle, die ein Europa der Freien und Gleichen wollen, unmittelbar angesprochen. Wir sollten diesen Gedanken gerade auch in der gegenwärtigen Situation nicht aus dem Auge verlieren.

Der Bundesregierung ist an einer friedlichen Zusammenarbeit mit allen Staaten dieser Erde gelegen. Der Friede in Europa ist für die Völker Afrikas, Asiens und Lateinamerikas von genauso großer Bedeutung, wie uns jede Störung des Friedens in diesen Erdteilen unmittelbar berührt.

Zu einem dauerhaften Frieden in Europa gehört die gerechte Lösung der sogenannten deutschen Frage. Unsere Beziehungen zu fremden Völkern werden davon beeinflußt, wie sie sich in dieser Frage verhalten. Das gilt nicht zuletzt auch für die Entwicklungshilfe.

Wir haben die Entwicklungshilfe grundsätzlich ohne politische Bedingungen gegeben. Die Zusammenarbeit zwischen uns und den Entwicklungsländern setzt aber Verständnis für die wechselseitigen Interessen voraus. Wenn wir das Streben dieser Länder nach Stabilität und Unabhängigkeit anerkennen, dürfen und müssen wir erwarten, daß sie auch unseren Wunsch respektieren, die Teilung unseres Landes durch freie Selbstbestimmung des gesamten deutschen Volkes zu überwinden, und uns in ihrer Haltung dabei unterstützen. Wir verlangen damit nicht mehr als die Achtung und Anerkennung eines Grundsatzes, auf dem die Existenz der meisten dieser jungen Staaten beruht. Diese Form der wirtschaftlichen Zusammenarbeit mit Nationen, deren industrielle Entwicklung erst beginnt, dient auf lange Sicht auch unserem eigenen Nutzen. Nur Volkswirtschaften, die über eigene, d. h. selbsterarbeitete Kaufkraft verfügen, sind ernsthafte Handelspartner.

Nicht zuletzt aber auch aus humanitären Gründen bekennen wir uns zu einer Politik, die hilft, soziale Spannungen in der Welt zu beseitigen und das Gefälle zwischen industrialisierten und unterentwickelten Ländern zu verringern. Das weist sie als eine Politik des Friedens aus. Wir werden auch in Zukunft den Einsatz unserer Entwicklungshilfe danach bemessen, ob sie für das Empfängerland sinnvoll ist und ob das Hilfe empfangende Land auch für Deutschland die Prinzipien der Selbstbestimmung und der nationalen Einheit anerkennt, die es für sich selbst in Anspruch nimmt.

In diesem Zusammenhang ein Wort über den Stand unserer Beziehungen zu den arabischen Staaten. Wir verstehen das Streben der arabischen Völker nach Einheit und ihren Wunsch nach wirtschaftlichem und sozialem Fortschritt. Wir haben beides unterstützt. Wir sind bereit, diese Unterstützung auch in Zukunft zu gewähren. Voraussetzung ist allerdings, daß die arabischen Staaten Verständnis zeigen für die Lage, in der sich Deutschland auf Grund der gemeinsamen Teilung befindet. Voraussetzung ist ferner, daß die arabischen Völker Verständnis dafür aufbringen, wie sehr uns Deutschen daran gelegen sein muß, normale Beziehungen zu Israel zu unterhalten. Wir wollen den arabischen Regierungen, die in diesem Frühjahr den bedauerlichen Schritt des Abbruchs diplomatischer Beziehungen zu uns getan haben, den Weg zur Wiederaufnahme solcher Beziehungen offenhalten. Lassen Sie mich darum an dieser Stelle ein Wort des Dankes für die besonnene und ausgewogene Politik an die Regierungen jener arabischen Staaten richten, die sich jenem Schritt nicht angeschlossen haben.

Der Botschafteraustausch mit Israel, 20 Jahre nach dem Ende des NS-Staates, ist ein entscheidender Beitrag zu einem Neubeginn. Er eröffnet Möglichkeiten einer friedlichen Zusammenarbeit mit einer aufstrebenden Nation und der Fortsetzung eines fruchtbaren geistigen Dialogs mit einem alten Kulturvolk.

Die Bedeutung der auswärtigen Kulturpolitik kann kaum hoch genug veranschlagt werden. Sie ist, unabhängig von den Veränderungen der jeweils aktuellen Lage, in hohem Maße berufen, den wechselnden Konstellationen der Interessen die dauerhaften Grundlagen zu geben, auf denen unsere Beziehungen zu fremden Völkern ruhen. Unsere auswärtige Kulturpolitik fördert das Verständnis für Deutschland, indem sie von den Leistungen unserer Zivilisation, der Größe ihrer Tradition, der Lebendigkeit ihrer Gegenwart Kunde gibt. Die Chancen der auswärtigen Kulturpolitik sind freilich nicht allein von der Bundesrepublik bestimmbar, die dazu nur Mittel und politische Unterstützung sowie Instrumente und Administration stellen kann. Im eigentlichen und letzten hängen sie ab von der Kraft und Vitalität, der Originalität und Faszination der Ausprägung unseres kulturellen Lebens.

Die Bundesregierung erkennt mit Dankbarkeit und Stolz an, daß diese eigentliche, erste Voraussetzung auswärtiger Kulturpolitik erfüllt ist. Nicht nur die darstellenden Künste, nicht nur Wissenschaft und Technik — die Literatur, die bildende Kunst, die moderne Musik haben in unserem Land in den letzten Jahren Leistungen hervorgebracht, die die Aufmerksamkeit der Welt verdienen und unserer eigenen kulturellen Vergangenheit würdig sind.

Die Bundesrepublik erklärt, daß sie ihre Anstrengungen für die auswärtige Kulturpolitik steigern wird. Wir werden mehr Mittel bereitstellen müssen, um Auslandsschulungen und deutsche kulturelle Einrichtungen im Ausland auszubauen; wir werden der deutschen Sprache im internationalen Verkehr die Geltung zu verschaffen suchen, auf die sie nach Verbreitung und Bedeutung Anspruch hat; wir wollen das Bild Deutschlands, das als Handels- und Industrienation der Welt geläufig ist, durch jene Züge ergänzen, die zum Bild Deutschlands gehören: die Züge des Geistes und der menschlichen Gesittung.

Die Bundeswehr wird während der kommenden Legislaturperiode ihr inneres Gefüge weiter zu festigen und ihre Kampfkraft so zu erhöhen haben, daß sie in der Lage ist, auf der dann erreichten geistigen, personellen und materiellen Grundlage den militärischen Erfordernissen voll gerecht zu werden.

Die Bundesregierung wird den Entwurf eines Organisationsgesetzes vorlegen und geeignete Maßnahmen ergreifen, die der Überwindung des Personalengpasses dienen. Die dienstrechtliche, wirtschaftliche und soziale Stellung des Soldaten soll so ausgestaltet werden, daß den berechtigten Erwartungen auf eine angemessene Laufbahn Rechnung getragen wird.

In der Rüstung wird das Ziel verfolgt, die Bewaffnung zu modernisieren und damit Feuerkraft und Beweglichkeit zu erhöhen. Ferner sollen die logistische Unterstützung der Streitkräfte vervollständigt und alle Möglichkeiten zur Standardisierung von Waffen und Gerät ausgeschöpft werden.

Besondere Aufmerksamkeit wird auch dem Aufbau der Territorialverteidigung zu widmen sein.

Alle diese Vorhaben bedürfen der tatkräftigen Unterstützung des Bundestages und der wachsenden Anteilnahme unseres Volkes an den Aufgaben und Anliegen unserer Soldaten.

Die militärische Verteidigung bliebe ohne den großen Bereich dessen, was wir „zivile Verteidigung" nennen, nur ein Torso. In ihrem Aufbau sieht die Bundesregierung auch einen finanziell wichtigen Beitrag zur NATO wie zur WEU.

Zur zivilen Verteidigung gehört auch das Problem der Verfassungsergänzung für den Notstandsfall. Mit dieser Frage hat sich der letzte Bundestag in zwei Lesungen und vielen Ausschußberatungen eingehend befaßt, aber die vorgesehene Ergänzung des Grundgesetzes kam nicht mehr zustande. Die neue Bundesregierung wird in erneuten Verhandlungen mit der parlamentarischen Opposition ehestens zu klären haben, ob es in der neuen Legislaturperiode gelingen wird, unsere Verfassung durch eine Regelung zu ergänzen, die rechtsstaatlich den Notwendigkeiten der inneren und äußeren Sicherheit im Ernstfall gerecht zu werden vermag, aber dazu auch praktikabel ist.

Die immer noch fortbestehenden Vorbehaltsrechte der Drei Mächte beziehen sich nicht nur auf das Gebiet der Notstandsverfassung, sondern sie gestatten den Drei Mächten auch jederzeit Beschränkungen des Post- und Fernmeldegeheimnisses.

Die Bundesregierung wird alles daransetzen, daß in dieser Legislaturperiode die zahlreichen in diesem Zusammenhang auftretenden schwierigen Probleme bewältigt und insbesondere die Vorbehaltsrechte auch auf diesem Gebiet endlich durch ein deutsches Gesetz abgelöst werden.

Die innere Sicherheit unseres Staates ruht auf einer breiten und festen Grundlage. Dies zeigt nicht zuletzt die deutliche Absage, die unser Volk allen rechts- und linksextremen Gruppen bei den letzten Wahlen erteilt hat. Es darf aber nicht vergessen werden, daß der Kommunismus seine Zerstörungsarbeit unvermindert fortsetzt. Unsere Wachsamkeit darf nicht erlahmen. Ein Gleiches gilt hinsichtlich aller Erscheinungsformen des in sich zerstrittenen Rechtsradikalismus.

Herr Präsident! Meine Damen und Herren! Die Bundesregierung weiß, daß das Ende der Nachkriegszeit die Bundesrepublik Deutschland im Innern und nach außen vor neue Aufgaben stellt, zu neuen Pflichten ruft, daß eine neue Lage mit neuen Mitteln gemeistert werden muß, daß eine Periode nüchterner Besinnung vor uns liegt.

Der Aufstieg der Bundesrepublik, die Wandlung Deutschlands und der Deutschen, die sich darin manifestiert, ist ständig von einer kritischen öffentlichen Meinung begleitet gewesen, die uns wohl vor der Versuchung der Selbstzufriedenheit bewahrt hat, die aber auch oft genug die Identifikation der Deutschen mit ihrem Staat und mit ihrer Leistung nach dem Krieg erschwerte. Ich möchte darum sagen, daß die Politik eines großen Landes nicht ohne politisches Selbstbewußtsein gestaltet werden kann und daß gerade ein Volk, das geteilt ist wie das deutsche, die Überzeugung an das eigene Recht, die eigene Aufgabe braucht, den Glauben an die Legitimität seiner Politik und seiner Interessen. Diesen Tatbestand sollte auch die politische Kritik respektieren; sie mag im übrigen meine Regierung und mich angreifen, wie es ihr Gesinnung, Anlässe und Pflichtbewußtsein gebieten.

Ich habe vor dem Deutschen Bundestag als der Vertretung des deutschen Volkes das Programm der Bundesregierung vorgetragen. Es ist ein Programm ohne Überschwang und ohne

Selbsttäuschung. Die Bundesregierung erkennt nüchtern die Grenzen ihrer Möglichkeiten. Aber sie ist entschlossen, diese Möglichkeiten ihres Handelns zu nutzen — gemäß dem Auftrag des Wählers und dem Geheiß der Verfassung. Sie geht nun ans Werk — im guten Glauben an die Sache Deutschlands, in der Erwartung, daß das deutsche Volk sie unterstützt. Sie als die Abgeordneten des deutschen Volkes ruft die Bundesregierung auf: Lassen Sie uns prüfen, was zu tun ist; lassen Sie uns streiten, wo noch Zweifel herrscht, über das Richtige; lassen Sie uns gemeinsam handeln, wo Gewißheit besteht, lassen Sie uns einstehen für das Recht, die Freiheit und die Einheit des Landes, dem wir dienen.

Regierungserklärung vom 13. Dezember 1966.

Bundeskanzler Dr. Kiesinger

Herr Präsident! Meine Damen und Herren! Der Bildung dieser Bundesregierung, in deren Namen ich die Ehre habe zu Ihnen zu sprechen, ist eine lange, schwelende Krise vorausgegangen, deren Ursachen sich auf Jahre zurückverfolgen lassen. Ihr offener Ausbruch erfolgte kaum ein Jahr nach den Wahlen zum 5. Deutschen Bundestag, die einen eindrucksvollen Vertrauensbeweis für meinen Vorgänger, Professor Ludwig Erhard, erbracht und den Parteien der bisherigen Regierungskoalition deren Fortsetzung ermöglicht hatte. In der Folge belasteten innenpolitische Schwierigkeiten, innerparteiliche Auseinandersetzungen und außenpolitische Sorgen die Arbeit der Regierung, bis schließlich die Uneinigkeit über den Ausgleich des Bundeshaushalts 1967 und über die auf lange Sicht notwendigen finanzpolitischen Maßnahmen zum Auseinanderbrechen der bisherigen Koalition und zu einem Minderheitskabinett führten.

Aus den dadurch notwendig gewordenen Koalitionsverhandlungen ist die neue Regierung der Großen Koalition hervorgegangen. Die Verhandlungen der Parteien haben zu der wohl bisher gründlichsten Bestandsaufnahme der Möglichkeiten und Notwendigkeiten deutscher Politik vor einer Regierungsbildung geführt.

Zum erstenmal haben sich die Christlich-Demokratische und Christlich-Soziale Union und die Sozialdemokratische Partei auf der Ebene des Bundes zur Bildung einer gemeinsamen Regierung entschlossen. Das ist ohne Zweifel ein Markstein in der Geschichte der Bundesrepublik, ein Ereignis, an das sich viele Hoffnungen und Sorgen unseres Volkes knüpfen.

Die Hoffnungen richten sich darauf, daß es der Großen Koalition, die über eine so große, zwei Drittel weit übersteigende Mehrheit im Bundestag verfügt, gelingen werde, die ihr gestellten schweren Aufgaben zu lösen, darunter vor allem die

Ordnung der öffentlichen Haushalte, eine ökonomische, sparsame Verwaltung, die Sorge für das Wachstum unserer Wirtschaft und die Stabilität der Währung.

Dies alles sind Voraussetzungen des privaten und öffentlichen Wohles in unserem wie in jedem anderen Lande. Sie verbürgen der Regierung und dem Parlament die nötige Kraft zum Handeln in allen Bereichen der Innen- und der auswärtigen Politik. Die Sorgen vieler gelten den möglichen Gefahren einer Großen Koalition, der nur eine verhältnismäßig kleine Opposition gegenübersteht.

Wir sind entschlossen, soviel an uns liegt, die auf uns gesetzten Hoffnungen zu erfüllen und die befürchteten Gefahren abzuwehren. In dieser Koalition, meine Damen und Herren, werden keine Macht und Pfründen zwischen Partnern geteilt, keine Mißstände vertuscht und die Kräfte des parlamentarischen Lebens nicht durch Absprachen hinter den Kulissen gelähmt werden, wie es ihr mit dem Schlagwort „Proporzdemokratie" unterstellt wird. Die Opposition wird alle parlamentarischen Möglichkeiten haben, ihre Auffassung zur Darstellung und Geltung zu bringen.

Die stärkste Absicherung gegen einen möglichen Mißbrauch der Macht ist der feste Wille der Partner der Großen Koalition diese nur auf Zeit, also bis zum Ende dieser Legislaturperiode fortzuführen. Während dieser Zusammenarbeit soll nach Auffassung der Bundesregierung ein neues Wahlrecht grundgesetzlich verankert werden, das für künftige Wahlen zum Deutschen Bundestag nach 1969 klare Mehrheiten ermöglicht. Dadurch wird ein institutioneller Zwang zur Beendigung der Großen Koalition und eine institutionelle Abwehr der Notwendigkeit zur Bildung von Koalitionen überhaupt geschaffen. Die Möglichkeit für ein Übergangswahlrecht für die Bundestagswahl 1969 wird von der Regierung geprüft.

Dieser Entschluß, nur eine zeitlich begrenzte Koalition zu bilden, wird uns aber nicht davon abhalten, in der Zeit unseres Koalitionsbündnisses alle wichtigen Aufgaben mit äußerster Entschlossenheit zu bewältigen.

Unsere nächstliegende Sorge ist, den Haushalt 1967 auszugleichen. Dies muß rasch geschehen. Das Finanzplanungsgesetz, das Steueränderungsgesetz 1966 und das Ergänzungshaushaltsgesetz 1967 reichen nicht aus, um die Deckungslücken des Haushalts voll zu beseitigen. Trotz der drei Gesetze müssen wir 1967 mit einer Deckungslücke von rund 3,3 Milliarden DM rechnen. Die Regierung wird alsbald neue Ausgleichsvorschläge in dieser Höhe vorlegen.

In den kommenden Jahren bietet die Finanzlage des Bundes ein noch düstereres Bild. Im Jahresdurchschnitt drohen Deckungslücken, die etwa so groß sind wie das gesamte Haushaltsvolumen eines der finanzstärksten Länder der Bundesrepublik, und dies trotz der vom Hohen Hause inzwischen verabschiedeten drei Gesetze.

Wie kam es zu dieser Entwicklung?

1. Es fehlte an der mittelfristigen Vorausschau. Hätten wir schon rechtzeitig die schlichten Finanzprognosen, wie wir sie heute aufstellen, erarbeitet, so wäre diese Entwicklung vermieden worden. Aber die in der Hochkonjunktur anschwellenden Staatseinnahmen, eine überalterte Haushaltspraxis, die verwirrende Vielfalt der öffentlichen Aufgaben, aber auch zu große Nachgiebigkeit gegenüber Interessengruppen und Überschätzung unserer Möglichkeiten haben dazu verführt, Jahr für Jahr neue fortlaufende Ausgaben und fortwirkende Einnahmeverminderungen zu beschließen, ohne ihre Folgen für die Zukunft genügend zu bedenken.

2. Noch 1965 wurden die Bundeshaushalte durch Einnahmeverzichte und Ausgabeerhöhungen zusätzlich mit insgesamt 7,2 Milliarden DM belastet. Die beiden Steueränderungsgesetze führten für Bund und Länder zu Einnahmeverlusten in Höhe von 3,1 Milliarden DM; zusätzliche Ausgaben in Höhe von 6 Milliarden DM wurden beschlossen. Hinzu kommt, daß sich 1965 erstmals die 1964 beschlossene Übernahme des Kindergeldes auf den Bundeshaushalt mit einem vollen Jahresbetrag von rund 2,8 Milliarden DM auswirkte. Die Unzulänglichkeit des Art. 113 des Grundgesetzes und auch die unbegründete Furcht vor der Ungunst der Wähler haben eine Korrektur die-

ser Entscheidungen vor den Bundestagswahlen verhindert. Auch nach den Wahlen gelang es nicht, den eingeschlagenen Weg ins Defizit zu verlassen. Das Haushaltssicherungsgesetz 1966 war eine Krücke, die nur über die Schwierigkeiten eines einzigen Jahres hinweghalf: Von 3,1 Milliarden DM Ausgabekürzungen waren nur rund 400 Millionen DM Dauereinsparungen; die übrigen Ausgaben wurden lediglich um 1 bis 2 Jahre verschoben.

Das ist die Wahrheit, die wir uns eingestehen müssen und die wir unserem Volk nicht vorenthalten dürfen. Wäre von vornherein das getan worden, was wir nunmehr tun müssen, wären nicht jene Erwartungen und Gewöhnungen entstanden, die heute enttäuscht werden müssen.

Die Gesundung der Bundesfinanzen ist weniger eine Frage des Sachverstandes als des politischen Mutes und der Einsicht aller Mitverantwortlichen. Die Regierung weiß das und wird die Entscheidungen vorbereiten, die nötig sind, um die ab 1968 drohenden Deckungslücken auszugleichen, und dafür sorgen, daß vorrangige Aufgaben besser erfüllt werden können. Dies wird nicht allein durch Maßnahmen gelingen, die niemandem wehtun.

Bei der Neuorientierung der Haushaltspolitik und der Auswahl der Maßnahmen zur Ausgabeverminderung oder Einnahmeerhöhung wird die Bundesregierung von folgenden Leitlinien ausgehen:

1. Wir werden uns um eine Normalisierung der Kapitalmarktlage bemühen und Investitionsausgaben, soweit das wirtschaftspolitisch und konjunkturpolitisch vertretbar ist, durch Kredite finanzieren.

2. Wirtschaftswachstum, Erhöhung der Produktivität und Vollbeschäftigung müssen gesichert bleiben. Nur eine vollbeschäftigte und beständig wachsende Wirtschaft kann uns jene Staatseinnahmen erbringen, die für die öffentlichen Aufgaben gebraucht werden.

3. Die notwendigen Einschränkungen und Belastungen müssen möglichst gleichmäßig auf alle Gruppen und Schichten des Volkes verteilt werden.

4. Die großen Blöcke der Konsumausgaben im Bundeshaushalt müssen ohne Scheu vor Tabus überprüft werden.

Niemandem, am wenigsten den scheinbar Begünstigten, würde eine wirklichkeitsfremde Politik nützen, der die Finanzgrundlage fehlt oder die nur zu Lasten anderer für unser Volk lebenswichtiger Zukunftsaufgaben finanziert werden könnte. Die Bundesrepublik wendet von ihrem Bruttosozialprodukt für soziale Leistungen so viel auf wie kein anderes Land. Das ist kein Wohlstandsübermut; wir müssen Milliarden für Kriegsopfer, Vertriebene und Flüchtlinge ausgeben und immer mehr alte Menschen versorgen, — eine Folge der Kriegsverluste und der großen Geburtenausfälle während der beiden Weltkriege und der Wirtschaftskrise um 1932.

Politik ist in allen Bereichen die Kunst des Möglichen. Eine fortschrittliche Gesellschaftspolitik setzt eine gesunde, wachsende Wirtschaft und eine stabile Währung voraus. Sie würde den Boden unter den Füßen verlieren, wenn sie die Leistungen so stark ausdehnen wollte, daß das Wachstum unserer Wirtschaft die Stabilität der Währung gefährdete und die die Zukunft unseres Volkes sichernden Infrastrukturinvestitionen unterbleiben müßten.

In unserem System der Sozialversicherung werden wir am Prinzip der dynamischen Rente festhalten. Bei den Sozialleistungen, die der Lebenssicherung dienen, soll weder der Besitzstand gemindert noch sollen sie auf die gegenwärtige Höhe festgelegt werden. Wir müssen aber sehr ernsthaft die Bemessung der jährlichen Zuwachsraten der Sozialleistungen und der Bundeszuschüsse prüfen und sie mit den Möglichkeiten und Grundsätzen einer gesunden Finanzpolitik in Einklang bringen.

5. Andere Zuwendungen aus dem Bundeshaushalt sollten nicht mehr ohne Rücksicht auf die Wirtschaftslage des Empfängers, sondern nur dann gewährt werden, wenn der Bedarf gesellschaftspolitisch gerechtfertigt ist. Wir werden prüfen, wo Einkommensgrenzen eingeführt werden sollen. Wir können es uns nicht leisten, öffentliche Mittel unterschiedslos nach dem Gießkannenprinzip zu verteilen. Unter diese Erwägungen fällt die Sparförderung ebenso wie Leistungen, die nicht Fürsorge-

charakter haben. Aber wenn die notwendigen Mittel fehlen, kann eben auch hier nur das Mögliche und Dringlichste geschehen.

6. Unsere Außenverpflichtungen müssen ebenfalls mit unseren Leistungsmöglichkeiten in Einklang stehen oder in Einklang gebracht werden. Die Bundesregierung wird alle bisher eingegangenen Verpflichtungen erfüllen. Sie muß jedoch dafür sorgen, daß in Zukunft die Belastungen durch Beiträge an supranationale oder internationale Einrichtungen — allen voran die EWG — nicht in der bisherigen Weise weiterwachsen. Auch die unvermeidliche Steigerung der Entwicklungshilfe wird unseren finanziellen Leistungskräften angepaßt werden müssen. Ebenso wenig dürften künftige Verpflichtungen zum Ausgleich von Devisenaufwendungen für im Bundesgebiet stationierte Truppen ohne Rücksicht auf unsere Finanzlage übernommen werden.

7. Auch die Personalausgaben müssen der Finanzlage angepaßt werden.

8. Die Gesetzgebung über die Abwicklung von Kriegs- und Nachkriegsfolgen sollte abgeschlossen werden. Die Finanzlage des Bundes beweist, daß wichtige Aufgaben der Zukunftsvorsorge sträflich vernachlässigt werden würden, wenn die kommenden Jahre durch neue Zahlungen für die Vergangenheit belastet würden. Auch die geltenden Regelungen müssen mit dem Ziel überprüft werden, die Ausgabeverpflichtungen mit der Einnahmeentwicklung des Bundes in Einklang zu bringen.

9. Für Sozialinvestitionen aller Bereiche, besonders für Wissenschaft und Forschung, müssen erheblich größere Geldmittel bereitgestellt werden. Dies ist freilich nur möglich durch Einsparungen bei Konsumausgaben, bei Subventionen oder durch Steuererhöhung.

Die Förderung der Forschung in Schlüsselbereichen der technischen Entwicklung — wie der Elektronik, der Atomenergie und der Weltraumforschung — ist für die Zukunft der Gemeinwirtschaft und damit für den Wohlstand unseres Volkes ertragreicher als Subventionen, die nur der Erhaltung von stagnierenden Bereichen dienen. Die Regierung muß insbesondere auch durch gemeinsame Anstrengungen mit befreundeten Staaten der Gefahr eines technologischen Rückstandes entgegenwirken.

10. Die Regierung kann nicht von vornherein auf Steuererhöhungen verzichten. Je breiter die gegeneinander abzuwägenden Möglichkeiten zum Haushaltsausgleich angelegt sind, um so eher sind besondere Härten für einzelne Bevölkerungsgruppen vermeidbar. Das Wachstum der Wirtschaft darf jedoch durch steuerliche Maßnahmen nicht beeinträchtigt werden.

11. Die Auseinandersetzungen zwischen dem Bund und den Ländern über die Anteile an der Einkommen- und Körperschaftssteuer litten in den vergangenen Jahren daran, daß die Maßstäbe für eine gerechte Verteilung fehlten. Diese Maßstäbe müssen erst durch eine vertikale Rangliste der Aufgaben in Bund, Ländern und Gemeinden erarbeitet werden.

12. Der schwierige Anpassungsprozeß, der sich in den Steinkohlengebieten vollzieht, verlangt dringend wohlgeplante Maßnahmen, die eine dauernde Heilung versprechen. Es muß dafür gesorgt werden, daß der Steinkohlenabsatz bei der Elektrizität und der Stahlindustrie stabilisiert wird. Die Ansiedlung von Ersatzindustrien und andere Maßnahmen müssen die wirtschaftliche und soziale Zukunft der von unvermeidlichen Zechenstillegungen gefährdeten Menschen gewährleisten. Die betroffenen Länder vermögen dies aus eigenen Kräften allein nicht. Sie und der Bund müssen gemeinsam Mittel zur Bereinigung der schwierigen Lage bereitstellen.

13. Auch die Verteidigungsausgaben müssen sich nach der Finanzlage des Bundes richten. Der Verteidigungshaushalt ist aber keine Reservekasse für die Korrektur der Haushaltssünden vergangener Jahre.

In unserer künftigen Haushaltspolitik wird es nicht leicht sein, diese allgemeinen Zielsetzungen zu verwirklichen. Konflikte sind unvermeidlich. Wir können nicht einfach mit der Holzaxt das Gestrüpp der für die Zukunft angelegten öffentlichen Ausgaben planlos zu lichten versuchen. Im Gegenteil, diese Bereinigung soll uns instandsetzen, künftige Haushalte als Instrumente einer klaren, vorausschauenden Gesamtpolitik zu benützen, die Wichtigstes von Wichtigem und Wichtiges von nur Wünschenswertem unterscheidet. Ein Haushalt darf nicht nur ein Flickenteppich von Interessen- und Ressortkompromissen sein, er muß vielmehr das Spiegelbild eines politischen Gesamtprogramms darstellen.

Erlauben Sie mir, an dieser Stelle auf eine Problematik hinzuweisen, welche die Verwirklichung eines ausgewogenen politischen Gesamtprogramms in der gesetzgeberischen Praxis erfahrungsgemäß gefährdet, wenn nicht gar behindert. Es ist schon schwierig, ein solches geschlossenes Programm innerhalb der Kabinettsberatungen zu bewahren, da verständlicherweise jedes Ressort um seine eigenen Vorstellungen kämpft und ihnen, oft ohne genügende Rücksicht auf andere Aufgaben, eine zu große Wichtigkeit beimißt. Die Aufgabe des Regierungschefs ist es, diese Ressortwünsche mit dem Gesamtprogramm in Einklang zu bringen, sie also auf das ihnen gebührende Maß zurückzuschneiden.

Im Parlament setzt sich derselbe Prozeß fort. Arbeitskreise, Fraktionen, Ausschüsse sehen vielfach auch nur ihren eigenen Arbeits- und Interessenbereich, vor allem, wenn Gremien so zusammengesetzt sind, daß die Repräsentanten von Gruppeninteressen über ihre eigenen Anliegen entscheiden. Den führenden Kräften des Parlaments, insbesondere den Fraktionsvorständen und -vorsitzenden, kommt hier eine ähnliche Ordnungs- und Führungsaufgabe wie den Regierungschefs im Kabinett zu, wenn eine geordnete Politik, die sich am Gemeinwohl orientiert, gelingen soll.

Um eine solche am Gemeinwohl orientierte und den Rahmen der finanziellen Möglichkeiten nicht überschreitende Politik zu sichern, wird die Bundesregierung zusammen mit dem Entwurf einer Bundeshaushaltsordnung eine Änderung des Art. 113 des Grundgesetzes vorschlagen, die es ermöglichen soll, ihre Zustimmung zu Beschlüssen über zusätzliche oder neue Ausgaben oder über Einnahmeminderungen auf einen bestimmten Höchstbetrag zu beschränken und gleichzeitig eine nochmalige Beschlußfassung des Bundestages zu beantragen. Dies würde eine mittlere Lösung zwischen dem bisherigen deutschen Recht und etwa dem englischen Recht darstellen, nach dem das Parlament zwar Ausgabekürzungen, aber keine Ausgabeerhöhungen beschließen kann. In diesem Zusammenhang begrüßt die Regierung den Initiativantrag einiger Abgeordneter zur Änderung des § 96 der Geschäftsordnung des Bundestages, der eine Stärkung der Einflußmöglichkeiten des Haushaltsausschusses anstrebt.

Meine Damen und Herren, es ist hohe Zeit, daß wir aus dieser Erkenntnis die Folgerungen ziehen. Freilich hat die Gesetzgebung der vergangenen Jahre — und das ist einer der bedenklichsten Sachverhalte — uns schon viele Wege dadurch verlegt, daß auf lange Zeit hinaus wirkende und sich zum Teil außerordentlich steigernde Ausgabeverpflichtungen jeden künftigen Haushalt in gefährlicher Weise vorbelasten. Es muß uns gelingen, den verlorengegangenen finanziellen Spielraum für unsere politischen Entscheidungen wiederzugewinnen. Gelänge dies nicht, dann wären die Haushalte der kommenden Jahre nur noch die Zwangsvollstreckung früherer Regierungsvorlagen und Parlamentsbeschlüsse.

Eine sorgfältige, nicht nur eine Addition der Ressortvorstellungen widerspiegelnde mittelfristige Finanzplanung muß uns in den Stand setzen, diesen notwendigen finanziellen Spielraum wiederzugewinnen und damit die Möglichkeiten zu neuen politischen Entscheidungen wieder zu erlangen.

Wir dürfen bei diesen Überlegungen freilich nicht nur die Bundeshaushalte im Auge haben. Wir leben in einem Bundesstaat, in welchem Bund, Länder und Gemeinden ihre eigenen Aufgabenbereiche zu erfüllen haben. Ob die Aufgabenverteilung durch das Grundgesetz heute noch sachgerecht ist, oder ob etwa bestimmte Bundeskompetenzen auf die Länder, Länderkompetenzen auf den Bund übertragen werden sollten, wird zu prüfen sein im Zusammenhang mit der Reform der Finanzverfassung, welche diese Regierung als eine der großen innenpolitischen Aufgaben betrachtet und verwirklichen will. Ich erwähnte schon, daß die Auseinandersetzungen zwischen dem Bund und den Ländern über die Anteile an der Einkommen-

und Körperschaftsteuer in den vergangenen Jahren darunter litten, daß die Maßstäbe für eine gerechte Verteilung fehlten, und daß diese Maßstäbe erst durch eine vertikale Rangliste der Aufgaben in Bund, Ländern und Gemeinden erarbeitet werden müßten. Das wird aber nur gelingen, wenn auch die Länder und die Gemeinden ihre Haushaltspolitik nach den Grundsätzen gestalten, die ich für die künftige Haushaltspolitik des Bundes dargelegt habe. Das Stabilitätsgesetz wird dafür einen Teil der rechtlichen und politischen Voraussetzungen schaffen. Im übrigen wird es nötig sein, durch einen kooperativen Föderalismus eine gerechte und fruchtbare Ordnung in den Bereichen des Bundes, der Länder und der Gemeinden herbeizuführen.

Meine Damen und Herren, bei unseren politischen Planungen können wir die Rechnung nicht ohne den Wirt machen. Eine gesunde, wachsende Wirtschaft ist die Voraussetzung für das private wie für das öffentliche Wohl. Die Bundesrepublik Deutschland zählt heute zu den großen Industrie- und Handelsnationen der Erde. Es muß das Ziel der Wirtschaftspolitik sein, diesen von unserem ganzen Volk hart erarbeiteten Erfolg zu bewahren. Nur wenn uns dieses gelingt, werden auch wir die erforderlichen Mittel für die Durchführung einer erfolgreichen Politik in allen Bereichen erhalten.

Die Bundesregierung bekennt sich daher ausdrücklich zu den wirtschaftspolitischen Zielsetzungen, die der Deutsche Bundestag im Gesetz über die Bildung des Sachverständigenrates niedergelegt hat: im Rahmen der marktwirtschaftlichen Ordnung gleichzeitig Stabilität des Preisniveaus, hohen Beschäftigungsstand und außenwirtschaftliches Gleichgewicht bei stetigem und angemessenem Wachstum anzustreben.

Diese Aufgabenkombination verlangt von der Wirtschaftspolitik, daß sie sich jeweils auf die Einzelziele konzentriert, die am meisten gefährdet sind. Dies sind nach Auffassung der Bundesregierung zur Zeit das optimale Wirtschaftswachstum und die Sicherung eines hohen Beschäftigungsstandes. Es droht sogar die Gefahr eines gesamtwirtschaftlichen Rückschlages. Meine Damen und Herren, die Vorausschätzungen der wissenschaftlichen Institute und des Sachverständigenrates für 1967 haben den Ernst der Lage deutlich gemacht. Die Talsohle in der Konjunkturentwicklung kann sogar noch vor uns liegen, zumal dann, wenn ein harter Winter einen besonders starken Saisoneinbruch bewirken würde.

Bei dieser Ausgangslage ist daher eine expansive und stabilitätsorientierte Wirtschaftspolitik das Gebot der Stunde. Allerdings hat sich der Wachstumsspielraum der deutschen Wirtschaft gegenüber dem vergangenen Jahrzehnt erheblich verringert, so daß die Preisstabilität schneller gefährdet werden kann. Trotz dieser Schwierigkeit ist die Bundesregierung entschlossen, einem wirtschaftlichen Aufschwung ohne spätere Überhitzungserscheinungen den Weg zu bahnen. Die Bundesregierung sieht in dieser Herausforderung keinen Grund, auch nur eines der gesamtwirtschaftlichen Ziele zu vernachlässigen, sondern sie nimmt sie als Ansporn zu besonderer Leistung. Sie fordert diese Leistung von sich selbst, von den Vertretern der gesellschaftlichen Gruppen und vom einzelnen Staatsbürger.

Die Bundesregierung wird unverzüglich folgende Maßnahmen unterstützen und einleiten:

Erstens: Die Deutsche Bundesbank hat in letzter Zeit mehrfach zu erkennen gegeben, daß sie aus konjunkturpolitischen Gründen eine weitere Lockerung der Kreditrestriktionen ins Auge fassen werde, wenn hieraus keine Gefahren für die Geldwertstabilität erwüchsen. Die Bundesregierung hält nunmehr eine entscheidende Lockerung der Kreditrestriktionen durch die Deutsche Bundesbank für sachlich geboten. Die Bundesregierung würde eine fühlbare Senkung des Diskontsatzes und entsprechende Erleichterungen für den Geld- und Kapitalmarkt begrüßen.

Zweitens bittet die Bundesregierung den Deutschen Bundestag, den Gesetzentwurf zur Abschaffung der Kuponsteuer bald zu beraten. Dabei sollte der enge Zusammenhang mit Zeitpunkt und Ausmaß der erhofften kreditpolitischen Entscheidungen der Deutschen Bundesbank berücksichtigt werden.

Drittens wird die Bundesregierung, wenn es erforderlich ist, durch gezielte Ausgaben die Investitionstätigkeit in unserer

Volkswirtschaft beleben. Für den Straßenbau, für die Modernisierung von Bundesbahn und Bundespost sowie für andere vordringliche Investitionen ist für diesen Fall im Rahmen eines Eventualhaushaltes oder nach Verabschiedung des Stabilitätsgesetzes in Anwendung des § 3 des Entwurfs ein zusätzlicher Betrag bis zu 2,5 Milliarden DM vorzusehen.

Viertens erwartet die Bundesregierung von den genannten Maßnahmen Impulse, die weit über ihre unmittelbaren Wirkungen hinausgehen. Ihre wirtschaftspolitische Aktion ist die Aktion einer stabilen und handlungsfähigen Regierung mit breiter parlamentarischer Grundlage. Diese staatliche Autorität gewährt den Unternehmern die notwendige Sicherheit, um ihre betrieblichen Planungen und ihre Investitionsentscheidungen auf eine Wiederbelebung der Konjunktur zu richten. Nachdem die innenpolitische Unsicherheit gewichen ist, können sich die spontanen Kräfte des Marktes wieder entfalten.

Ein stärkeres Wachstum der Realeinkommen darf aber nicht in eine neue Preissteigerung ausarten. Stabilität im Wachstum kann jedoch nur dann gesichert werden, wenn ein enges Zusammenwirken mit den autonomen Tarifvertragsparteien zustande kommt. Meine Damen und Herren, der Spielraum der Expansionspolitik hängt enscheidend — ich betone: entscheidend — von dem Erfolg einer freiwilligen und gemeinsamen Aktion der Gewerkschaften und Unternehmerverbände zu einem stabilitätsgerechten Verhalten im Aufschwung ab. Die Bundesregierung wird deshalb durch ihr Beispiel und ihr Vorangehen eine solche konzertierte Aktion unterstützen und hierzu sofort die notwendigen Initiativen ergreifen. Beide Tarifpartner haben in der Vergangenheit mehrfach ihre Bereitschaft zu einer solchen freiwilligen Mitarbeit erklärt. Die Bundesregierung erkennt dies ausdrücklich an. Sie wird alle notwendigen Voraussetzungen für eine solche Aktion schaffen, insbesondere wird sie in Zusammenarbeit mit dem Sachverständigenrat den Tarifpartnern Orientierungsdaten für deren eigene Entscheidungen zur Verfügung stellen und diese mit allen Beteiligten erörtern.

Unter den geschilderten Voraussetzungen einer „kontrollierten Expansion" strebt die Bundesregierung eine Wachstumsrate des realen Bruttosozialproduktes in der Größenordnung von 4% an. Wachstumsförderung und Zusammenwirken mit allen verantwortlichen Kräften müssen in eine neue Politik der Globalsteuerung eingeordnet werden. Diese Politik schützt vor der Flucht in den Einzeldirigismus, sichert die marktwirtschaftlich-freiheitliche Ordnung und ist damit allen anderen Systemen weit überlegen. Die Bundesregierung sieht in der Verabschiedung eines umfassenden Gesetzes zur Förderung der Stabilität und des Wachstums der Wirtschaft eine notwendige Voraussetzung für diese Politik.

Die Bundesregierung wird eine Kommission unabhängiger Sachverständiger berufen und sie mit der Auswertung der bisherigen Erfahrungen bei der Mitbestimmung als Grundlage weiterer Überlegungen beauftragen. Die Bundesregierung lehnt Bestrebungen ab, die den bewußten und erkennbaren Zweck einer Aushöhlung der Mitbestimmung verfolgen.

An der Koordinierung der internationalen Währungs- und Konjunkturpolitik wird die Bundesregierung auch in Zukunft intensiv teilnehmen. Sollten sich hier jedoch keine Erfolge zeigen, so muß sich eine Wirtschaftspolitik, die auf Stabilität und Wachstum bedacht ist, gegenüber außenwirtschaftlichen Störungen möglichst zusammen mit anderen, wirtschaftspolitisch gleich orientierten Staaten absichern. Die Entwicklung zu einem europäischen Hartwährungsblock wäre einem nationalen Alleingang vorzuziehen.

Die Wirtschafts- und Finanzpolitik, meine Damen und Herren, aber auch alle übrigen innenpolitischen Bereiche, insbesondere die Gesellschafts-, Agrar-, Verkehrs-, Wohnungsbau- und Sicherheitspolitik müssen langfristig angelegt und aufeinander abgestimmt werden. Ein solches Gesamtprogramm setzt aber eine umfassende Bestandsaufnahme über die gesetzlichen, vertraglichen und internationalen Verpflichtungen voraus, ihre Überprüfung nach Schwerpunkten und Prioritäten und vor allem ihre Anpassung an die finanziellen Möglichkeiten.

Die Bundesregierung wird die Arbeiten für dieses Gesamtprogramm sofort beginnen. Unabhängig von dem wiederkonstituierten Kabinettsausschuß für Wirtschaft hat sie für diese Aufgabe einen Kabinettsausschuß für längerfristige Finanzplanung eingesetzt. Die Bundesregierung wird bemüht sein, diesem Gesamtprogramm einen mehrjährigen Finanzplan und mehrjährige Investitionsprogramme für die öffentliche Hand aller Ebenen zugrunde zu legen, der unter Mitwirkung der Länder aufgestellt und mit den Erfordernissen des gesamtwirtschaftlichen Gleichgewichts in Einklang stehen soll.

Ich bitte das Hohe Haus daher um Verständnis, daß ich heute darauf verzichte, einen Katalog von unverbindlichen Zusagen und Absichtserklärungen für die einzelnen Ressortbereiche vorzutragen.

Alle unsere Bemühungen um die innere Ordnung, um wirtschaftliches Wachstum und soziale Gerechtigkeit, meine Damen und Herren, haben freilich nur Sinn und Bestand, wenn es gelingt, den Frieden und eine freiheitliche Lebensordnung zu bewahren.

Daß der Friede bewahrt werde, ist die Hoffnung aller Völker, und das deutsche Volk wünscht dies nicht weniger als die anderen. Darum ist der Wille zum Frieden und zur Verständigung der Völker das erste Wort und das Grundanliegen der Außenpolitik dieser Regierung. Zwar dient jede Außenpolitik unmittelbar den Interessen des eigenen Volkes; aber in einer Welt, in welcher die Schicksale der Völker so eng miteinander verknüpft sind, darf sich niemand der Mitverantwortung für diese Welt und für den Frieden in dieser Welt entziehen.

Die deutsche Regierung tritt für eine konsequente und wirksame Friedenspolitik ein, durch die politische Spannungen beseitigt und das Wettrüsten eingedämmt werden. Wir werden an Vorschlägen zur Rüstungskontrolle, Rüstungsminderung und Abrüstung mitarbeiten. Die Bundesrepublik hat gegenüber ihren Bündnispartnern auf die Herstellung von Atomwaffen verzichtet und sich entsprechenden internationalen Kontrollen unterworfen. Wir streben keine nationale Verfügungsgewalt über Atomwaffen und keinen nationalen Besitz an solchen Waffen an.

Wir sind entschlossen, mit allen Völkern Beziehungen zu unterhalten, die auf Verständigung, auf gegenseitiges Vertrauen und auf den Willen der Zusammenarbeit begründet sind.

Dies gilt auch für unser Verhältnis zur Sowjetunion, obwohl unsere Beziehungen immer noch durch das ungelöste Problem der Wiedervereinigung unseres Volkes belastet sind. Ich gehörte im Jahre 1955 bei unserem Besuch in Moskau — erlauben Sie mir diese persönliche Erinnerung — zu denjenigen, die mit Nachdruck für die Aufnahme diplomatischer Beziehungen zwischen der Bundesrepublik und der Sowjetunion eintraten. Sicherlich hat die Entwicklung dieser Beziehungen die Erwartungen auf beiden Seiten enttäuscht. Das soll für uns kein Anlaß sein, unsere Bemühungen um eine Verständigung Schritt für Schritt und um zunehmendes, gegenseitiges Vertrauen zu verringern. In meiner letzten Rede im Deutschen Bundestag am 1. Oktober 1958 in Berlin habe ich gesagt, das deutsche Volk hege weder Feindschaft noch Haß gegen die Völker der Sowjetunion, es möchte mit ihnen im Gegenteil in guter friedlicher Nachbarschaft leben, und es denke auch nicht daran, sich in die inneren Verhältnisse der Sowjetunion einzumischen. Ich habe hinzugefügt, es möge für die Sowjetunion im Zusammenhang mit der Wiedervereinigung Deutschlands Probleme geben, deren Lösung ihr schwierig scheine. Politische Klugheit und weitblickender Verständigungswille auf allen Seiten würden aber solche Schwierigkeiten überwinden können. Ich bin auch heute noch dieser Überzeugung. Und diese Regierung wird nach dieser Überzeugung handeln. Die letzte Bundesregierung hat in der Friedensnote vom März dieses Jahres auch der Sowjetunion den Austausch von Gewaltverzichtserklärungen angeboten, um erneut klarzustellen, daß sie nicht daran denke, unsere Ziele anders als mit friedlichen Mitteln anzustreben. Die Bundesregierung wiederholt heute dieses auch an die anderen osteuropäischen Staaten gerichtete Angebot. Sie ist bereit, das ungelöste Problem der deutschen Teilung in dieses Angebot einzubeziehen. Im übrigen hoffen wir, das gegenseitige Verständnis und Vertrauen durch die Entwicklung unserer wirtschaftlichen, geistigen und kulturellen Beziehungen beständig zu fördern und zu vertiefen, um so die Voraussetzungen für künftige erfolgreiche Gespräche und Verhandlungen zu schaffen.

Deutschland war jahrhundertelang die Brücke zwischen West- und Osteuropa. Wir möchten diese Aufgaben auch in unserer Zeit gerne erfüllen. Es liegt uns darum daran, das Verhältnis zu unseren östlichen Nachbarn, die denselben Wunsch haben, auf allen Gebieten des wirtschaftlichen, kulturellen und politischen Lebens zu verbessern und, wo immer dies nach den Umständen möglich ist, auch diplomatische Beziehungen aufzunehmen.

In weiten Schichten des deutschen Volkes besteht der lebhafte Wunsch nach einer Aussöhnung mit Polen, dessen leidvolle Geschichte wir nicht vergessen haben und dessen Verlangen, endlich in einem Staatsgebiet mit gesicherten Grenzen zu leben, wir im Blick auf das gegenwärtige Schicksal unseres eigenen geteilten Volkes besser als in früheren Zeiten begreifen. Aber die Grenzen eines wiedervereinigten Deutschlands können nur in einer frei vereinbarten Regelung mit einer gesamtdeutschen Regierung festgelegt werden, einer Regelung, die die Voraussetzung für ein von beiden Völkern gebilligtes, dauerhaftes und friedliches Verhältnis guter Nachbarschaft schaffen soll.

Auch mit der Tschechoslowakei möchte sich das deutsche Volk verständigen. Die Bundesregierung verurteilt die Politik Hitlers, die auf die Zerstörung des tschechoslowakischen Staatsverbandes gerichtet war. Sie stimmt der Auffassung zu, daß das unter Androhung von Gewalt zustandegekommene Münchener Abkommen nicht mehr gültig ist. Gleichwohl bestehen noch Probleme, die einer Lösung bedürfen, wie zum Beispiel das des Staatsangehörigkeitsrechts. Wir sind uns unserer Obhutspflicht gegenüber den sudetendeutschen Landsleuten wie gegenüber allen anderen Vertriebenen und Flüchtlingen bewußt und nehmen sie ernst. Diese Vertriebenen haben, wie das tschechoslowakische Volk zuvor, bitteres Leid und Unrecht erfahren. Der Bundesregierung liegt daran, dieses trübe Kapitel der Geschichte unserer Völker zu beenden und ein Verhältnis vertrauensvoller Nachbarschaft herzustellen.

Mit den Vereinigten Staaten von Amerika sind wir durch vielfache freundschaftliche Beziehungen und im Nordatlantischen Pakt eng verbunden, dessen Festigung und zeitgerechte Fortentwicklung uns ein wichtiges Anliegen ist. Diese Regierung wird keine der großen Hilfen vergessen, die uns die Vereinigten Staaten in den vergangenen beiden Jahrzehnten geleistet haben. Sie weiß, daß das Bündnis mit den Vereinigten Staaten und den übrigen Partnern des Nordatlantischen Paktes auch heute und in der Zukunft, die wir zu überblicken vermögen, für uns lebenswichtig ist. Jedes Bündnis, meine Damen und Herren, ist nur so viel wert und hat nur so viel Festigkeit wie das Vertrauen der Bündnispartner zueinander, daß ihre vitalen Interessen vom Partner verstanden und berücksichtigt werden. Das gilt auch für die Beziehungen zwischen den Vereinigten Staaten und uns. Vielleicht haben wir in den vergangenen Jahren im Verhältnis zu den Vereinigten Staaten manchmal zu sehr unsere eigenen Sorgen, Nöte und Anliegen betont, was ja bei einem schwächeren und bedrängten Partner naheliegt, und darüber übersehen, daß auch eine große Macht wie die Vereinigten Staaten ihre Sorgen und Probleme hat, für die sie bei ihren Verbündeten Verständnis und, wo dies möglich ist, Unterstützung erwartet. Fast wider ihren Willen ist diese mächtige Nation nach dem letzten Krieg in eine Lage geraten, die sie in allen Kontinenten engagiert. Wir sollten dies nicht vergessen und uns überlegen, wie wir zu unserem Teil an der Bewahrung des Weltfriedens entschiedener als bisher Mitverantwortung übernehmen können.

Freilich muß sich jedes europäische Land, das dazu entschlossen ist, eingestehen, daß seine eigenen Kräfte begrenzt sind und daß die europäischen Völker einen viel stärkeren Beitrag für den Frieden in der Welt und die Wohlfahrt der Völker leisten könnten, wenn sie ihre Kräfte miteinander verbänden. Wir sind daher davon überzeugt, daß die wirtschaftliche und politische Einigung Europas ebenso im Interesse der europäischen Völker wie in dem der Vereinigten Staaten liegt, und ich wage die Hoffnung auszusprechen, daß eines Tages auch die Sowjetunion in einem solchen einigen Europa ein wesentliches Element der Friedensordnung in unserer Welt erblicken wird. Das mag manchem als eine zu kühne Hoffnung erscheinen. Aber die Größe der Aufgabe verlangt von uns, daß wir den Mut haben, über die aktuellen Sorgen und Probleme hinaus eine zukünftige Friedensordnung auf diesem Planeten vorauszudenken.

Wir wollen aber den Willen zur Einigung Europas nicht als Vorwand dafür benützen, das, was uns jetzt zu tun möglich ist, zu unterlassen. Daher ist diese Regierung entschlossen, in einer der Kraft und den Möglichkeiten unseres Volks angemessenen Weise ihren Beitrag für einen gerechten und dauerhaften Frieden zu leisten.

Die bestehenden europäischen Gemeinschaften, welche die vorangegangenen Regierungen der Bundesrepublik mit beständiger Energie gefördert haben, haben große Fortschritte erzielt. Wir werden auf den konsequenten Ausbau der Europäischen Wirtschaftsgemeinschaft und ihrer Institutionen hinwirken. Die Gemeinschaft der Sechs soll allen europäischen Staaten offenstehen, die sich zu ihren Zielen bekennen. Besonders würden wir eine Teilnahme Großbritanniens und anderer EFTA-Länder an den europäischen Gemeinschaften begrüßen. Wir wünschen, unsere Beziehungen zu Großbritannien fortschreitend zu entwickeln und zu vertiefen. Wir werden die enge und vertrauensvolle Zusammenarbeit mit Italien fortsetzen. Dies gilt gleichermaßen für die Niederlande, Belgien und Luxemburg. Diese Regierung wird entschieden darauf drängen, daß gleichzeitig mit der inneren Entwicklung des Gemeinsamen Marktes eine weltoffene Handelspolitik betrieben wird. Sie wird sich daher mit Nachdruck für einen erfolgreichen Abschluß der Kennedy-Runde einsetzen.

Meine Damen und Herren, die entscheidende Rolle für die Zukunft Europas fällt der Entwicklung des deutsch-französischen Verhältnisses zu. Die vom Osten und Westen erhoffte europäische Friedensordnung ist ohne ein enges und vertrauensvolles Verhältnis zwischen Deutschland und Frankreich nicht denkbar. Weitblickende Staatsmänner in unseren Nachbarländern, in den Vereinigten Staaten und in der Sowjetunion haben diese elementare Tatsache, wenn auch unter verschiedenen Gesichtspunkten, erkannt.

In ihrer Haltung gegenüber Frankreich läßt sich die Bundesregierung von folgenden Erwägungen leiten:

Erstens. Aus den Fakten der europäischen Geographie und aus der Bilanz der Geschichte unseres Kontinents ergibt sich unter den Bedingungen der Gegenwart ein besonders hohes Maß an Übereinstimmung der Interessen unserer beiden Völker und Länder.

Zweitens. Gemeinsam mit Frankreich, dem ältesten Verbündeten Amerikas in Europa, halten wir ein solides Bündnis zwischen den freien, sich einigenden Nationen Europas und den Vereinigten Staaten von Amerika für unerläßlich, wie immer auch die Struktur dieses Bündnisses angesichts einer gewandelten Welt künftig gestaltet werden wird. Wir weigern uns, uns eine falsche und gefährliche Alternative der Wahl aufreden zu lassen.

Drittens. Mit Frankreich treten wir ein für die Wiederherstellung der historisch gewachsenen europäischen Völkerfamilie, ein Ziel, das die Beendigung der geschichtswidrigen und unnatürlichen Zerreißung unseres Volkes einschließt.

Viertens. Die deutsch-französische Zusammenarbeit, die wir wünschen, richtet sich gegen kein anderes Volk und Land. Sie ist vielmehr Kristallisationspunkt einer Politik, die sich die Einigung Europas zum Ziel gesetzt hat. Sie ist unerläßlich, wenn Europa ein mitverantwortlicher Partner werden soll. Jenes Europa, das „mit einer Stimme“ spricht, wie es amerikanische Staatsmänner forderten, setzt eine ständig wachsende Übereinstimmung der deutschen und der französischen Politik voraus. Europa kann nur mit Frankreich und Deutschland, nicht ohne oder gar gegen eines der beiden Länder, gebaut werden. Worauf es nun ankommt, sind praktische Schritte auf dem Wege zur Einigung, nicht die unnachgiebige Verfolgung von idealen Vorstellungen. Das Wünschenswerte, meine Damen und Herren, darf das Mögliche nicht verhindern.

Fünftens. Für die Verbesserung des Verhältnisses zu den osteuropäischen Nachbarn ist eine deutsch-französiche Zusammenarbeit auf möglichst vielen Gebieten von größtem Wert.

Sechstens. Aus allen diesen Gründen wünscht die Bundesregierung, die im deutsch-französischen Vertrag vom 22. Januar 1963 enthaltenen Chancen zur Koordinierung der Politik beider Länder so konkret wie möglich zu nützen. Sie wird dafür Vorschläge unterbreiten.

Die besonderen Gegebenheiten unserer beiden Nationen werden auch in Zukunft in manchen Fragen Unterschiede von Interessen und Meinungen aufweisen. Die Bundesregierung ist jedoch überzeugt, daß solche Probleme geringer wiegen als die für das Schicksal unserer beiden Völker und Europas gebieterische Notwendigkeit zu einer immer weitere Bereiche umfassenden wirtschaftlichen, technologischen kulturellen, militärischen und politischen Zusammenarbeit.

Wir sind unseren Verbündeten dafür dankbar, daß sie unseren Standpunkt in der Frage unseres geteilten Volkes und seines Rechtes auf Selbstbestimmung unterstützen. Die politischen Gegebenheiten haben die Wiedervereinigung unseres Volkes bisher verhindert. Und noch ist nicht abzusehen, wann sie gelingen wird. Auch in dieser für unser Volk so entscheidend wichtigen Frage geht es uns um Frieden und Verständigung. Wir sind keine leichtfertigen Unruhestifter, denn wir wollen ja gerade den Unruheherd der deutschen Teilung, die ja auch eine europäische Teilung ist, durch friedliche Verständigung beseitigen und unserem Volk seinen Frieden mit sich und mit der Welt wiedergeben. Auch diese Bundesregierung betrachtet sich als die einzige deutsche Regierung, die frei, rechtmäßig und demokratisch gewählt und daher berechtigt ist, für das ganze deutsche Volk zu sprechen.

Das bedeutet nicht, daß wir unsere Landsleute im anderen Teil Deutschlands, die sich nicht frei entscheiden können, bevormunden wollen. Wir wollen, soviel an uns liegt, verhindern, daß die beiden Teile unseres Volkes sich während der

Trennung auseinanderleben. Wir wollen entkrampfen und nicht verhärten, Gräben überwinden und nicht vertiefen. Deshalb wollen wir die menschlichen, wirtschaftlichen und geistigen Beziehungen mit unseren Landsleuten im anderen Teil Deutschlands mit allen Kräften fördern. Wo dazu die Aufnahme von Kontakten zwischen Behörden der Bundesrepublik und solchen im anderen Teil Deutschlands notwendig ist, bedeutet dies keine Anerkennung eines zweiten deutschen Staates. Wir werden diese Kontakte von Fall zu Fall so handhaben, daß in der Weltmeinung nicht der Eindruck erweckt werden kann, als rückten wir von unserem Rechtsstandpunkt ab.

Die Bundesregierung ist um die Ausweitung des innerdeutschen Handels, der kein Außenhandel ist, bemüht. Sie wird dabei auch eine Erweiterung von Kreditmöglichkeiten anstreben und gewisse organisatorische Maßnahmen zur Verstärkung der innerdeutschen Kontakte ins Auge fassen.

Die Bundesregierung wird alles tun, um die Zugehörigkeit Berlins zur Bundesrepublik zu erhalten, und gemeinsam mit dem Senat und den Schutzmächten prüfen, wie die Wirtschaft Berlins und seine Stellung in unserem Rechtsgefüge gefestigt werden können.

Wir wollen, was zum Wohl der Menschen im gespaltenen Deutschland möglich ist, tun und, was notwendig ist, möglich machen.

In unserer auswärtigen Politik werden wir alle traditionellen guten Beziehungen, die uns mit vielen Völkern der Erde verbinden, bewahren und vertiefen.

Seit dem Ende des letzten Krieges sind in Asien und Afrika viele neue Staaten entstanden, die nun um ihre innere Ordnung und um ihre wirtschaftliche Konsolidierung ringen. Das deutsche Volk, insbesondere seine Jugend, verfolgt diese Entwicklung mit lebhafter Anteilnahme und Sympathie. Unsere Politik, die sich für einen gerechten und dauerhaften Frieden in der Welt verantwortlich weiß, muß diese Völker beim Aufbau ihres wirtschaftlichen und staatlichen Lebens im Rahmen ihrer Möglichkeiten nach besten Kräften unterstützen. Das gilt auch für die Länder Lateinamerikas. Wir erinnern uns dabei an die große Hilfe, die wir selbst und andere europäische Länder nach dem letzten Weltkrieg durch den Marshallplan erhalten haben.

Mit zehn arabischen Staaten haben wir zur Zeit bedauerlicherweise keine diplomatischen Beziehungen. Wir vertrauen aber darauf, daß die traditionell gute Zusammenarbeit im beiderseitigen Interesse bald wieder aufgenommen und fortentwickelt werden kann.

Unter Mißbrauch des Namens unseres Volkes sind gegen jüdische Menschen grauenhafte Verbrechen begangen worden. Diese gestalten unser Verhältnis zu Israel problematisch und schwierig. Es wurde durch die Aufnahme diplomatischer Beziehungen verbessert und gefördert. Die Bundesregierung wird auf diesem Wege fortschreiten.

Die Regierungserklärung hat darauf verzichtet, in der bisher üblichen Weise die ganze Breite der politischen Aufgaben aufzufächern. Sie wollte Neues sagen, wo jetzt Neues zu sagen und zu wagen ist: in der Finanzpolitik, der Wirtschaftspolitik, der Außenpolitik und der Deutschlandpolitik. Es ist nicht die Erklärung einer Regierung, die aus einem glänzenden Wahlsieg, sondern aus einer von unserem Volk mit tiefer Sorge verfolgten Krise hervorging. Aber gerade diese Tatsache verleiht ihr ihre Kraft: zu entscheiden, was entschieden werden muß, ohne Rücksicht auf ein anderes Interesse als das des gemeinen Wohls oder, ich sage es, der Nation und des Vaterlandes.

Dies ist nicht die Geburtsstunde eines neuen Nationalismus in Deutschland, nicht in dieser Regierung, nicht in diesem Hohen Hause, nicht in unserem Volk! Auch bei den letzten Landtagswahlen hat sich die überwältigende Mehrheit der Wähler — in Hessen 92,1 %, in Bayern 92,6 % — zu den demokratischen Parteien bekannt, die während der beiden letzten Jahrzehnte den Aufbau eines demokratischen Staates und die Eingliederung der Bundesrepublik Deutschland in die europäische, die westliche Völkerfamilie vollzogen haben, deren Ideale und deren politisches Ethos wir teilen.

Wenn wir unser Volk von unserem redlichen Willen durch Wort und Tat überzeugen, wenn wir auch den Stil unseres politischen Lebens von dem Verdacht des Interessenschachers oder des ehrgeizigen Ränkespiels befreien, wenn wir ohne Arroganz, aber mit Würde die Sache unseres Volkes vor der Welt vertreten, wenn wir, wie wir es beschworen haben, unsere Kraft dem deutschen Volke widmen, seinen Nutzen mehren, Schaden von ihm wenden, das Grundgesetz und die Gesetze des Bundes wahren und verteidigen, unsere Pflichten gewissenhaft erfüllen und Gerechtigkeit gegenüber jedermann üben werden, dann wird dieses Volk in der Bundesrepublik, vor allem seine Jugend, und einmal das ganze deutsche Volk seinem freien demokratischen Staat vertrauen und zu ihm stehen in Glück und Not.

Regierungserklärung vom 28. Oktober 1969

Bundeskanzler Brandt

Herr Präsident! Meine Damen und Herren! Wir sind entschlossen, die Sicherheit der Bundesrepublik Deutschland und den Zusammenhalt der deutschen Nation zu wahren, den Frieden zu erhalten und an einer europäischen Friedensordnung mitzuarbeiten, die Freiheitsrechte und den Wohlstand unseres Volkes zu erweitern und unser Land so zu entwickeln, daß sein Rang in der Welt von morgen anerkannt und gesichert sein wird. Die Politik dieser Regierung wird also im Zeichen der Kontinuität und im Zeichen der Erneuerung stehen.

Unser Respekt gebührt dem, was in den vergangenen Jahren geleistet worden ist — im Bund, in den Ländern und in den Gemeinden, von allen Schichten unseres Volkes. Ich nenne die Namen Konrad Adenauer, Theodor Heuss und Kurt Schumacher stellvertretend für viele andere, mit denen die Bundesrepublik Deutschland einen Weg zurückgelegt hat, auf den sie stolz sein kann. Niemand wird die Leistungen der letzten zwei Jahrzehnte leugnen, bezweifeln oder geringschätzen. Sie sind Geschichte geworden.

Die Beständigkeit unserer freiheitlichen Grundordnung ist am 28. September erneut bestätigt worden. Ich danke den Wählern für die eindeutige Ablehnung des Extremismus, den es weiterhin zu bekämpfen gilt.

Unsere parlamentarische Demokratie hat 20 Jahre nach ihrer Gründung ihre Fähigkeit zum Wandel bewiesen und damit ihre Probe bestanden. Dies ist auch außerhalb unserer Grenzen vermerkt worden und hat unserem Staat zu neuem Vertrauen in der Welt verholfen.

Die strikte Beachtung der Formen parlamentarischer Demokratie ist selbstverständlich für politische Gemeinschaften, die seit gut 100 Jahren für die deutsche Demokratie gekämpft, sie unter schweren Opfern verteidigt und unter großen Mühen wieder aufgebaut haben. Im sachlichen Gegeneinander und im nationalen Miteinander von Regierung und Opposition ist es unsere gemeinsame Verantwortung und Aufgabe, dieser Bundesrepublik eine gute Zukunft zu sichern.

Die Bundesregierung weiß, daß sie dazu der loyalen Zusammenarbeit mit den gesetzgebenden Körperschaften bedarf. Dafür bietet sie dem Deutschen Bundestag und natürlich auch dem Bundesrat ihren guten Willen an.

Unser Volk braucht wie jedes andere seine innere Ordnung. In den 70er Jahren werden wir aber in diesem Lande nur so viel Ordnung haben, wie wir an Mitverantwortung ermutigen. Solche demokratische Ordnung braucht außerordentliche Geduld im Zuhören und außerordentliche Anstrengung, sich gegenseitig zu verstehen.

Wir wollen mehr Demokratie wagen. Wir werden unsere Arbeitsweise öffnen und dem kritischen Bedürfnis nach Information Genüge tun. Wir werden darauf hinwirken, daß nicht nur durch Anhörungen im Bundestag, sondern auch durch ständige Fühlungnahme mit den repräsentativen Gruppen unseres Volkes und durch eine umfassende Unterrichtung über die Regierungspolitik jeder Bürger die Möglichkeit erhält, an der Reform von Staat und Gesellschaft mitzuwirken.

Wir wenden uns an die im Frieden nachgewachsenen Generationen, die nicht mit den Hypotheken der Älteren belastet sind und belastet werden dürfen; jene jungen Menschen, die uns beim Wort nehmen wollen — und sollen. Diese jungen Menschen müssen aber verstehen, daß auch sie gegenüber Staat und Gesellschaft Verpflichtungen haben. Wir werden dem Hohen Hause ein Gesetz unterbreiten, wonach das aktive Wahlalter von 21 auf 18, das passive von 25 auf 21 Jahre herabgesetzt wird. Wir werden auch die Volljährigkeitsgrenze überprüfen.

Mitbestimmung, Mitverantwortung in den verschiedenen Bereichen unserer Gesellschaft wird eine bewegende Kraft der kommenden Jahre sein. Wir können nicht die perfekte Demokratie schaffen. Wir wollen eine Gesellschaft, die mehr Freiheit bietet und mehr Mitverantwortung fordert. Diese Regierung sucht das Gespräch, sie sucht kritische Partnerschaft mit allen, die Verantwortung tragen, sei es in den Kirchen, der Kunst, der Wissenschaft und der Wirtschaft oder in anderen Bereichen der Gesellschaft.

Dies gilt nicht zuletzt für die Gewerkschaften, um deren vertrauensvolle Zusammenarbeit wir uns bemühen. Wir brauchen ihnen ihre überragende Bedeutung für diesen Staat, für seinen weiteren Ausbau zum sozialen Rechtsstaat nicht zu bescheinigen.

Wenn wir leisten wollen, was geleistet werden muß, brauchen wir alle aktiven Kräfte unserer Gesellschaft. Eine Gesellschaft, die allen weltanschaulichen und religiösen Überzeugungen offen sein will, ist auf ethische Impulse angewiesen, die sich im soladarischen Dienst am Nächsten beweisen. Es kann nicht darum gehen, lediglich hinzunehmen, was durch die Kirchen für die Familie, in der Jugendarbeit oder auf dem Sektor der Bildung geleistet wird. Wir sehen die gemeinsamen Aufgaben, besonders, wo Alte, Kranke, körperlich oder geistig Behinderte in ihrer Not nicht nur materielle Unterstützung, sondern auch menschliche Solidarität brauchen. Im Dienst am Menschen — nicht nur im eigenen Land, sondern auch in den Entwicklungsländern — begegnet sich das Wirken kirchlicher und gesellschaftlicher Gruppen mit dem politischen Handeln.

Wir werden uns ständig darum bemühen, daß sich die begründeten Wünsche der gesellschaftlichen Kräfte und der politische Wille der Regierung vereinen lassen.

Meine Damen und Herren! Diese Regierung geht davon aus, daß die Fragen, die sich für das deutsche Volk aus dem zweiten Weltkrieg und aus dem nationalen Verrat durch das Hitlerregime ergeben haben, abschließend nur in einer europäischen Friedensordnung beantwortet werden können. Niemand kann uns jedoch ausreden, daß die Deutschen ein Recht auf Selbstbestimmung haben, wie alle anderen Völker auch.

Aufgabe der praktischen Politik in den jetzt vor uns liegenden Jahren ist es, die Einheit der Nation dadurch zu wahren, daß das Verhältnis zwischen den Teilen Deutschlands aus der gegenwärtigen Verkrampfung gelöst wird. Die Deutschen sind nicht nur durch ihre Sprache und ihre Geschichte — mit ihrem Glanz und Elend — verbunden; wir sind alle in Deutschland zu Haus. Wir haben auch noch gemeinsame Aufgaben und gemeinsame Verantwortung: für den Frieden unter uns und in Europa. 20 Jahre nach Gründung der Bundesrepublik Deutschland und der DDR müssen wir ein weiteres Auseinanderleben der deutschen Nation verhindern, also versuchen, über ein geregeltes Nebeneinander zu einem Miteinander zu kommen. Dies ist nicht nur ein deutsches Interesse, denn es hat seine Bedeutung auch für den Frieden in Europa und für das Ost-West-Verhältnis. Unsere und unserer Freunde Einstellung zu den internationalen Beziehungen der DDR hängt nicht zuletzt von der Haltung Ostberlins selbst ab. Im übrigen wollen wir unseren Landsleuten die Vorteile des internationalen Handels und Kulturaustausches nicht schmälern.

Die Bundesregierung setzt die im Dezember 1966 durch Bundeskanzler Kiesinger und seine Regierung eingeleitete Politik fort und bietet dem Ministerrat der DDR erneut Verhandlungen beiderseits ohne Diskriminierung auf der Ebene der Regierungen an, die zu vertraglich vereinbarter Zusammenarbeit führen sollen. Eine völkerrechtliche Anerkennung der DDR durch die Bundesregierung kann nicht in Betracht kommen. Auch wenn zwei Staaten in Deutschland existieren, sind sie doch füreinander nicht Ausland; ihre Beziehungen zueinander können nur von besonderer Art sein. Anknüpfend an die Politik ihrer Vorgängerin erklärt die Bundesregierung, daß die Bereitschaft zu verbindlichen Abkommen über den gegenseitigen Verzicht auf Anwendung oder Androhung von Gewalt auch gegenüber der DDR gilt.

Die Bundesregierung wird den USA, Großbritannien und Frankreich raten, die eingeleiteten Besprechungen mit der Sowjetunion über die Erleichterung und Verbesserung der Lage Berlins mit Nachdruck fortzusetzen. Der Status der unter der besonderen Verantwortung der Vier Mächte stehenden Stadt Berlin muß unangetastet bleiben. Dies darf nicht daran hindern, Erleichterungen für den Verkehr in und nach Berlin zu suchen. Die Lebensfähigkeit Berlins werden wir weiterhin sichern. West-Berlin muß die Möglichkeit bekommen, zur Verbesserung der politischen, wirtschaftlichen und kulturellen Beziehungen der beiden Teile Deutschlands beizutragen.

Wir begrüßen es, daß der innerdeutsche Handel wieder zunimmt. Hierzu haben auch die Erleichterungen beigetragen, die durch die Vereinbarung am 6. Dezember 1968 eingetreten sind. Die Bundesregierung hält einen weiteren Ausbau der nachbarlichen Handelsbeziehungen für wünschenswert.

Wir haben das bisherige Ministerium für gesamtdeutsche Fragen entsprechend seinen Aufgaben in Ministerium für innerdeutsche Beziehungen umbenannt. Die Deutschlandpolitik insgesamt kann nicht Sache eines Ressorts sein. Sie ist eine ständige Aufgabe der ganzen Regierung und umfaßt Aspekte der auswärtigen Politik, der Sicherheits- und Europapolitik, ebenso wie die Bemühungen um den Zusammenhalt unseres Volkes und um die Beziehungen im geteilten Deutschland.

Meine Damen und Herren, in unserer Bundesrepublik stehen wir vor der Notwendigkeit umfassender Reformen. Die Durchführung der notwendigen Reformen und ein weiteres Steigen des Wohlstandes sind nur möglich bei wachsender Wirtschaft und gesunden Finanzen. Doch diese Bundesregierung hat ein schwieriges wirtschaftspolitisches Erbe übernommen, das zu raschem Handeln zwang: Seit gestern ist die Parität der Deutschen Mark um 8,5 % verbessert. Die außenwirtschaftliche Absicherung auf steuerlichem Wege wurde endgültig aufgehoben.

Wir werden die Forderungen des Gesetzes zur Förderung der Stabilität und des Wachstums erfüllen. Dieses Gesetz, eine der großen Reformleistungen des 5. Deutschen Bundestages, verpflichtet zum Handeln, wenn das gesamtwirtschaftliche Gleichgewicht gefährdet ist. Diese Pflicht war seit dem Frühjahr 1969 vernachlässigt worden. Der Beschluß der Bundesregierung vom letzten Freitag, vom 24. Oktober, beendet eine Phase der Unsicherheit und beseitigt das fundamentale Ungleichgewicht in unserer Zahlungsbilanz. Außenwirtschaftlich haben wir damit einen entscheidenden Beitrag geleistet, um den Welthandel weiter zu liberalisieren und das Weltwährungssystem zu stabilisieren.

Binnenwirtschaftlich wird die Aufwertung die Preisentwicklung des Jahres 1970 dämpfen. Allerdings wäre mehr zu erreichen gewesen, wenn die vorige Bundesregierung rechtzeitig gehandelt hätte. Der Höhepunkt der Preisentwicklung kann wegen dieses Versäumnisses sogar noch vor uns liegen. Ohne Aufwertung wäre eine weitere Zuspitzung der Konjunkturlage mit der Gefahr einer nachfolgenden Rezession kaum vermeidbar gewesen.

Unser Ziel lautet: Stabilisierung ohne Stagnation. Diesem Ziel dient unser wirtschafts- und finanzpolitisches Sofortprogramm. Es enthält:

1. Eine Finanzpolitik, die eine graduelle Umorientierung des Güterangebots auf den Binnenmarkt hin fördert.

2. Weitere Konsultationen mit der Bundesbank über eine der neuen Lage nach der DM-Aufwertung angemessene Linie der Geld- und Kreditpolitik.

3. Die Fortsetzung und Intensivierung der bewährten Zusammenarbeit mit den Gewerkschaften und Unternehmensverbänden im Rahmen der Konzertierten Aktion, an der in Zukunft auch Vertreter der Landwirtschaft teilnehmen werden.

4. Die Intensivierung der Zusammenarbeit zwischen Bund, Ländern und Gemeinden im Konjunkturrat der öffentlichen Hand.

5. Die aktive Mitarbeit der Bundesregierung an einer stärkeren Koordinierung der Wirtschafts- und Finanzpolitik in den Mitgliedstaaten der Europäischen Gemeinschaft und an der notwendigen Weiterentwicklung des Weltwährungssystems.

Die Aufwertung der D-Mark verlangt von uns einen Einkommensausgleich für die Landwirtschaft. Unsere Verpflichtung gegenüber den deutschen Bauern müssen wir jedoch mit den Römischen Verträgen über den Gemeinsamen Markt in Einklang bringen.

Der Rat der Europäischen Gemeinschaften hat anerkannt, daß der Einkommensverlust der deutschen Landwirtschaft voll ausgeglichen werden muß. Nach stundenlangen Beratungen hat er — der Rat — in den heutigen Morgenstunden folgendes beschlossen:

Auf Antrag der deutschen Delegation wurde zunächst eine Übergangsregelung für die Dauer von 6 Wochen getroffen. Während dieser Zeit werden die Preise nach der bisherigen Parität aufrechterhalten und durch ein Grenzausgleichssystem abgesichert. Nach dieser Zeit erhält die Landwirtschaft den Einkommensausgleich. Dieser Ausgleich kann zum Teil durch eine Änderung des Mehrwertsteuergesetzes herbeigeführt werden. Wie das im einzelnen geschieht, darüber wird dieses Hohe Haus in Kürze beraten müssen. Der Rest wird durch direkte Ausgleichszahlungen gedeckt, an denen sich die Gemeinschaft beteiligen wird. Der Rat der Europäischen Gemeinschaften wird in Kürze erneut zusammentreten, um die Einzelheiten der langfristigen Regelung festzulegen.

Leider hat der Rat dem mehrfach und mit großem Nachdruck vorgetragenen Antrag der Bundesregierung, das bisherige Preisniveau durch ein Grenzausgleichssystem auf Dauer beizubehalten, nicht entsprochen. Unsere Partner in der EWG und die Kommission vertraten den Standpunkt, daß dadurch die Grundlage der gemeinsamen Agrarpolitik und des Gemeinsamen Marktes in Frage gestellt werden würde.

Dieser Kompromiß zeigt deutlich, meine Damen und Herren, daß ein Widerspruch zwischen der weit vorangetriebenen Integration des Agrarmarktes und der mangelnden Koordinierung der Konjunktur- und Währungspolitik besteht. Eine Weiterentwicklung der Agrarpolitik im Rahmen der EWG muß daher in Zukunft stärker auf Fortschritte bei der Wirtschafts- und Währungspolitik abgestimmt werden. Es bleibt das Ziel der Bundesregierung, die nationale Verantwortung für die landwirtschaftliche Strukturpolitik zu erhalten. Bei der notwendigen Strukturverbesserung der Landwirtschaft muß vermieden werden, daß eine Politik des Preisdrucks betrieben wird.

Die vorzeitige Verwirklichung des gemeinsamen Agrarmarkts hat ohne Zweifel die internen Anpassungsprobleme der deutschen Landwirtschaft wesentlich verschärft. Wir halten es deshalb für unausweichlich, der Landwirtschaft bei der Überwindung ihrer Schwierigkeiten zu helfen. Sie soll sich zu einem gleichrangigen Teil unserer modernen Volkswirtschaft entwickeln, der an der allgemeinen Einkommens- und Wohlstandsentwicklung in vollem Umfang teilnimmt.

Unser Sofortprogramm, wie ich es in fünf Punkten skizziert habe, ist ein klares Angebot der Bundesregierung an alle, die unsere Wirtschaft tragen. Eine stetige Wirtschaftsentwicklung ist die beste Grundlage des gesellschaftlichen Fortschritts. Sie schafft das Klima, in dem sich private Initiative, Risikobereitschaft und Leistungsfähigkeit entfalten können. Sie sichert die Arbeitsplätze, schützt die steigenden Einkommen und wachsenden Ersparnisse vor der Auszehrung durch Preissteigerungen.

Auf Dauer können Stabilität und Wachstum nur in einer funktionsfähigen marktwirtschaftlichen Ordnung erreicht werden. Ein wirksamer Wettbewerb nach innen und nach außen ist und bleibt die sicherste Gewähr für die Leistungskraft einer Volkswirtschaft. Allen protektionistischen Neigungen im In- und Ausland erteilen wir eine klare Absage.

Das Gesetz gegen Wettbewerbsbeschränkungen wird modernisiert werden. Unternehmenskonzentration ist zwar in vielen Bereichen notwendig. Sie darf aber nicht zur Ausschaltung des wirksamen Wettbewerbs führen. Deshalb ist eine vorbeugende Fusionskontrolle notwendig. Diese soll sich auf alle Bereiche der Wirtschaft erstrecken. Die Einrichtung einer unabhängigen Monopolkommission kann dazu ein wichtiges Instrument sein. Die Mißbrauchskontrolle marktbeherrschender und marktstarker Positionen muß ausgebaut werden. Dagegen soll die leistungsteigernde Kooperation zwischen Mittel- und Kleinunternehmen, auch im Handwerk und Handel erleichtert werden. Sie darf nicht an dem Verbot von Bagatellkartellen scheitern. Die Klein- und Mittelbetriebe haben ein Recht auf gleiche Startchancen im Wettbewerb und auf einen wirksamen Schutz vor diskriminierenden Praktiken.

Die Fusionskontrolle soll auch für die Presse gelten. Diese Regierung beabsichtigt, ein Presserechts-Rahmengesetz vorzulegen. Im Fernsehen sollen neue technische Möglichkeiten zum besten Nutzen der Gesellschaft, vor allem auch für Bildungsaufgaben, verwendet werden; in jedem Falle sind dabei die Interessen der Öffentlichkeit vorrangig zu sichern.

Ein verbessertes Kartellgesetz muß zum Instrument einer wirksamen und fortschrittlichen Mittelstandspolitik werden. Auf dieser Grundlage können dann weitere Maßnahmen zur Verbesserung der Finanzierungsmöglichkeiten, zum Ausbau des Beratungswesens und zu einer vom Betrieb unabhängigen Alterssicherung für die Selbständigen aufbauen.

Zu den Schwerpunkten der Wirtschafts- und Gesellschaftspolitik dieser Bundesregierung gehört das Bemühen um eine gezielte Vermögenspolitik. Die Vermögensbildung in breiten Schichten — vor allem in Arbeitnehmerhand — ist völlig unzureichend; sie muß kräftig verstärkt werden. Die Bundesregierung wird einen Entwurf zum Ausbau des Vermögensbildungsgesetzes vorlegen. Darin soll als nächster Schritt der Begünstigungsrahmen für vermögenswirksame Leistungen von 312 auf 624 DM erhöht werden. Die Bundesregierung erwartet, daß Gewerkschaften und Arbeitgeber diese Offerte annehmen.

Darüber hinaus soll die Vermögensbildung so gestaltet werden, daß gleichzeitig die Kapitalbildung in der Wirtschaft und die Anlage in Beteiligungswerten erleichtert werden. Ein gesetzliches Zwangssparen entspricht jedoch nicht unserer freiheitlichen Gesellschaftsordnung. Nach der Absicht der Regierung sollen das Sparen im eigenen Betrieb in die allgemeine Sparförderung einbezogen und die Möglichkeiten des Bausparens erweitert werden. Weitere Vorschläge zur Vermögenspolitik, vor allem auch im Zusammenhang mit der notwendigen Reform der Sparförderung werden geprüft. Die Verbesserung des Sparerschutzes und die Reform des Börsenwesens sind dabei wichtige flankierende Maßnahmen.

Dauerhafte Sicherheit kann es in einer entwickelten Gesellschaft nur durch Veränderung geben. Das wird sich in den 70er

Jahren noch deutlicher zeigen. Der permanente wirtschaftliche und soziale Wandel ist eine Herausforderung an uns alle. Er kann ohne die Initiative des einzelnen nicht gemeistert werden. Die Eigeninitiative braucht jedoch die Unterstützung der Politik. Wir dürfen keine Gesellschaft der verkümmerten Talente werden. Jeder muß seine Fähigkeiten entwickeln können. Die betroffenen Menschen dürfen nicht einfach ihrem Schicksal überlassen werden. Im Bewußtsein der Verantwortung für die wirtschaftliche Zukunft unseres Landes in den 70er Jahren werden wir uns besonders intensiv der Ausbildung und Fortbildung sowie der Forschung und der Innovation annehmen.

Dabei gilt es insbesondere, das immer noch bestehende Bildungsgefälle zwischen Stadt und Land abzubauen. Ich bin sicher, daß wir auf diese Weise beträchtliche Leistungsreserven unserer Gesellschaft mobilisieren und die Chancen jedes einzelnen verbessern können.

Meine Damen und Herren, Solidität wird die Richtschnur unserer Finanzpolitik sein. Wir dürfen allerdings nicht verschweigen, daß die Situation weniger günstig ist, als sie von bestimmter Seite dargestellt wurde. Die Bundesregierung steht zunächst vor der Aufgabe, einen mittelfristigen Finanzplan für die Jahre 1969 bis 1973 und — so bald wie möglich — einen Entwurf für den Bundeshaushaltsplan 1970 dem Hohen Hause vorzulegen. Die neue mittelfristige Finanzplanung wird unsere politischen Absichten in Zahlen ausdrücken. Dabei ist all das zu berücksichtigen, was bei der Aufstellung des letzten mittelfristigen Finanzplans des Bundes noch nicht gewollt oder noch nicht absehbar gewesen ist:

1. In dem letzten Finanzplan, der die Jahre 1968 bis 1972 umfaßt, ist eine Vielzahl von Maßnahmen nicht enthalten, die durch die vorige Bundesregierung im letzten Jahr getroffen wurden.

2. Diese Regierung hat die finanziellen Möglichkeiten für die Erfüllung einer Reihe von politischen Forderungen des 5. Deutschen Bundestages zu prüfen.

3. Für die nationale Agrarpolitik stehen im Haushalt 1969 3,4 Milliarden DM, nach den Ansätzen der Finanzplanung im nächsten Jahre nur noch 2,7 Milliarden DM zur Verfügung. Dies dürfte nach den Unterlagen, die der Landwirtschaftsminister vorgefunden hat, keineswegs ausreichen. Die in Zukunft getrennt auszuweisenden Ausgaben für die EWG-Marktordnungen werden im Jahre 1970 um 1,4 Milliarden DM höher sein als bisher veranschlagt.

4. Durch die Verzögerung der Aufwertung der Deutschen Mark sind im Bundeshaushalt besondere Belastungen entstanden: zusätzliche Leistungen im öffentlichen Dienst — ich wiederhole: zusätzliche Leistungen im öffentlichen Dienst als Folge der Situation auf dem Arbeitsmarkt durch die Nichtaufwertung und jetzt höher als im Frühjahr zu veranschlagende Ausgleichsmaßnahmen für die Landwirtschaft.

Meine Damen und Herren, die in der vorigen Legislaturperiode angekündigte Steuerreform wird die Bundesregierung verwirklichen. Wir erfüllen damit auch das Verfassungsgebot zur Schaffung des sozialen Rechtsstaates. Wir haben nicht die Absicht, bestehende Vermögen durch konfiskatorisch wirkende Steuern anzutasten. Wir wollen auch in der Steuerpolitik die Voraussetzungen für eine breitere Vermögensbildung schaffen.

Zunächst werden wir den Bericht der Steuerreformkommission abzuwarten haben. Unser Ziel ist es, ein gerechtes, einfaches und überschaubares Steuersystem zu schaffen. Die Vorlage einer reformierten Abgabenordnung muß beschleunigt erfolgen.

Bei einer rationellen Bewirtschaftung und bei Verwendung moderner, kostensparender Methoden können die öffentlichen Haushalte die in den nächsten Jahren entstehenden Finanzierungsaufgaben erfüllen, ohne daß die Steuerlastquote des Jahres 1969 erhöht wird.

Ohne der Arbeit der Steuerreformkommission vorzugreifen, halten wir es für notwendig, zwei Änderungen vorwegzunehmen:

1. Der Arbeitnehmerfreibetrag, der seit 1964 unverändert 240 DM jährlich beträgt, soll vom 1. Januar 1970 an ver-

doppelt werden. Dies ist ein notwendiger Akt der sozialen Symmetrie zugunsten der Arbeitnehmer.

2. Vom 1. Januar 1970 an soll auch die Einkommensgrenze, von der ab die Ergänzungsabgabe bislang erhoben wird, zugunsten der mittleren Einkommen verdoppelt werden.

Ab 31. Dezember 1970 soll die Ergänzungsabgabe ganz fortfallen; sie war zur Sanierung des Bundeshaushalts nach der finanzwirtschaftlichen Krise im Jahre 1966 eingeführt worden.

Die Bundesregierung wird die Finanzreform vollenden und wird sie in praktische Finanzpolitik umsetzen. Besonders hervorzuheben ist das Zusammenwirken im Finanzplanungsrat. Dieser Rat ist die institutionelle Hilfe, um den Ausgleich zwischen den Interessen von Bund, Ländern und Gemeinden zu vollziehen. Wir sind sicher, daß es auch auf diesen Gebieten zu einer fruchtbaren Zusammenarbeit mit dem Bundesrat kommen wird.

Die Regierung muß bei sich selbst anfangen, wenn von Reformen die Rede ist. Die Zahl der Ministerien wurde vermindert, eine erste Flurbereinigung der Ressortzuständigkeiten vorgenommen. Wir werden diese Bemühungen fortsetzen, um Verantwortlichkeiten klarer festzulegen und Doppelarbeit zu vermeiden. Das Bundeskanzleramt und die Ministerien werden in ihren Strukturen und damit auch in ihrer Arbeit modernisiert.

Dem Bundestag wird eine Übersicht vorgelegt werden, aus der sich die jetzt geltenden Zuständigkeiten ebenso ergeben wie die Zusammensetzung und Arbeitsgebiete der neu gebildeten Kabinettsausschüsse.

Für das Bundespostministerium und das Bundesverkehrsministerium, die künftig gemeinsam von einem Bundesminister geleitet werden, bot es sich schon lange an, zergliederte Zuständigkeitsbereiche zusammenzufassen. Das Post- und Fernmeldewesen kann seine Aufgaben für unsere Gesellschaft besser erfüllen, wenn die ministerielle Aufsicht sich auf das politisch Notwendige beschränkt. Dadurch wird die Eigenständigkeit der Bundespost gestärkt und eine wirtschaftliche Unternehmensführung erleichtert. Die Bundesregierung beabsichtigt daher, der Bundespost eine neue Rechtsform zu geben. Diese Veränderungen, zu deren Vorbereitung eine Kommission eingesetzt wird, werden den Rechten der Postbediensteten ebenso wie den Interessen der Postkunden gerecht werden.

Das Vertriebenenministerium wird in das Innenministerium eingegliedert. Ich begrüße es, daß der Staatssekretär a. D. Dr. Nahm sich bereit erklärt hat, dort seinen früheren Arbeitsbereich zu betreuen. Die Bundesregierung bleibt sich ihrer Verantwortung für die Vertriebenen, Flüchtlinge und Kriegsgeschädigten bewußt. Sie wird die notwendigen Maßnahmen zur Eingliederung vollenden. Sie wird den Lastenausgleich und die Kriegsfolgegesetzgebung, auch im Interesse der Flüchtlinge aus der DDR, zu einem gerechten Abschluß bringen. Sie wird weiter alle vernünftigen Bestrebungen fördern, die der Erhaltung und Entfaltung der kulturellen Leistungen und Werte Ostdeutschlands dienen.

Die Bundesregierung wird in dieser Legislaturperiode ein Gremium schaffen, dem Politiker aus Bund, Ländern und Gemeinden, Verwaltungsbeamte und Wissenschaftler angehören. Es soll Vorschläge zur Fortentwicklung der bundesstaatlichen Struktur ausarbeiten.

Für die Länderneugliederung werden wir von dem nach Art. 29 unseres Grundgesetzes gestellten Auftrag ausgehen. Für die Verwaltungsreform und die Reform des öffentlichen Dienstrechts werden wir Vorschläge unterbreiten.

Verwaltungsreform und Reform des öffentlichen Dienstes sind miteinander zu verbinden. Die Laufbahnreform muß das Leistungsprinzip stärker in den Vordergrund stellen, die Personalführung flexibler gestalten und die Personalentscheidungen transparenter machen. Die Bundesregierung ist der Überzeugung, daß die Angehörigen des öffentlichen Dienstes Anspruch haben auf Teilnahme an dem allgemeinen wirtschaftlichen Fortschritt.

Um die Sicherheit in unserem Lande zu gewährleisten, wird die Bundesregierung die Modernisierung und Intensivierung der Verbrechensbekämpfung energisch vorantreiben. Sie wird unverzüglich die Arbeit an einem Sofortprogramm aufnehmen und dieses dem Deutschen Bundestag im Jahre 1970 zuleiten.

Die Bundesregierung wird die vom Herrn Bundespräsidenten als früheren Bundesminister der Justiz begonnenen Reformen unseres Rechts fortführen. Sie hofft, hierfür eine ebenso große Mehrheit über alle Parteien hinweg zu erhalten, wie sie die vom letzten Bundestag verabschiedeten Reformgesetze gefunden haben. Es geht um mehr als um die erforderliche Anpassung von Rechtsvorschriften an die sich rapide verändernden wirtschaftlichen, technischen und sozialen Verhältnisse. Die Menschen in unserer Industrie- und Dienstleistunggesellschaft erwarten eine soziale und humane Rechts- und Lebensordnung, die allen Bürgern gleiche Chancen und Schutz auch vor dem wirtschaftlich Stärkeren gewährt.

Zunächst wollen wir unsere zersplitterte Rechtspflege für den rechtsuchenden Bürger durchschaubarer machen. Die Zuständigkeiten für die Verwaltungs- und Finanzgerichtsbarkeit werden auf den Bundesminister der Justiz übertragen. Die ordentliche Gerichtsbarkeit soll dreistufig gegliedert werden. Dem Bürger soll außerdem nicht nur ein gutes, sondern auch ein schnelleres Gerichtsverfahren zur Verfügung gestellt werden. Entscheidend ist, daß unsere Richter den ihnen gestellten Aufgaben gewachsen sind. Dazu müssen wir ihre Aus- und Fortbildung überdenken, ihre Verantwortungsfreude — etwa durch die Heraushebung des Einzelrichters — stärken, ihre Mitwirkung in eigenen Angelegenheiten verbessern, ihnen eine ihrer verfassungsrechtlichen Stellung gemäße Besoldung geben und für die Gerichte die Möglichkeiten erschließen, die die moderne Technik bietet. Dem Verfassungsrichter jedenfalls muß das Recht eingeräumt werden, sein von der Mehrheitsmeinung abweichendes Votum zu veröffentlichen.

Im Zivilrecht ist die Reform des Eherechts dringend. Die Bundesregierung wird auf der Grundlage der Empfehlungen der eingesetzten Kommission im kommenden Jahr eine Reformnovelle vorlegen. Weltanschauliche Meinungsverschiedenheiten dürfen uns nicht daran hindern, eine Lösung zu finden, um die Not der in heillos zerrütteten Ehen lebenden Menschen zu beseitigen. Dabei muß verhindert werden, daß im Falle der Scheidung Frau und Kinder die sozial Leidtragenden sind.

Wir meinen, daß in dieser Legislaturperiode die Strafrechtsreform vollendet werden muß, der sich die Fortsetzung der Reform des Strafvollzugs anschließen wird. Mit der Verabschiedung der beiden Strafrechtsreformgesetze ist ein guter Anfang gemacht worden. Die Bundesregierung wird weitere Novellen zum Strafgesetzbuch so rechtzeitig vorlegen, daß sie zusammen mit dem bereits verabschiedeten Gesetz am 1. Oktober 1973 in Kraft treten können.

Die Bundesregierung weiß, daß unsere Soldaten in vielen Einheiten und in vielen Funktionen bis an die Grenzen der Leistungsfähigkeit gefordert werden. Die zur Ausführung nötige Zahl der Berufs- und Zeitsoldaten sowie der Stand der Ausbildung und Ausrüstung entsprechen nicht überall den Aufträgen. Wir wissen, daß darüber hinaus der Wandel unserer Gesellschaft und der Fortschritt der Technik, daß vor allem aber die praktische Erfahrung unserer Soldaten heute eine umfassende kritische Bestandsaufnahme der Bundeswehr nötig gemacht haben. Diese Bestandsaufnahme wird unverzüglich eingeleitet. Soldaten, Wissenschaft und Bundesregierung werden dabei zusammenwirken. Im Verteidigungs-Weißbuch 1970 werden dem Parlament die vorläufigen Ergebnisse dieser generellen Inventur und sogleich die beabsichtigten Veränderungen vorgelegt werden.

Wir müssen die Bundeswehr als integrierten Teil unserer Gesellschaft verstehen. Schon heute will ich in fünf Punkten die Absichten der Bundesregierung klar herausstellen:

1. Wir wollen ein Maximum an Gerechtigkeit durch Gleichbehandlung der wehrpflichtigen jungen Männer schaffen; Wehrdienstausnahmen und -befreiungen werden abgebaut. Ob sich daraus Konsequenzen für die Dauer des Grundwehrdienstes ergeben, werden wir prüfen.

2. Innerhalb des Verteidigungsministeriums sollen die Führungsstäbe die international übliche militärische Arbeitsweise anwenden; sie werden dazu von bürokratischem Ballast be-

freit. Technik und Beschaffung werden nach Methoden modernen industriellen Managements rationalisiert.

3. Wir werden die bisherigen Bemühungen um geeignete Ausbilder, Truppenführer und technische Fachleute fortsetzen und ausbauen. Auch aus diesem Grunde wird die Sorge für die Truppe im Zentrum unserer Bemühungen stehen.

4. Wir vertrauen auch auf die fruchtbare Arbeit des Wehrbeauftragten des Deutschen Bundestages. An den Grundsätzen der Inneren Führung, zu deren Innehaltung Inspekteure, Kommandeure und Soldaten aller Rangstufen sich verpflichtet wissen, werden wir festhalten. Wir wissen, daß auf dem Boden der feststehenden rechtlichen und sittlichen Maßstäbe Anpassungen einzelner Regelungen an Entwicklung und Erfahrungen nötig sein können.

5. Wir halten am Recht der Kriegsdienstverweigerung aus Gewissensgründen fest. Für sie gilt das Prinzip gerechter Gleichbehandlung. Das Verfahren soll entbürokratisiert werden. Die Leistungen der Soldaten und Zivilisten in der Bundeswehr, meine Damen und Herren, werden nur dann voll wirksam, wenn sie von der Anerkennung durch die öffentliche Meinung getragen werden.

Meine Damen und Herren, Bildung und Ausbildung, Wissenschaft und Forschung stehen an der Spitze der Reformen, die es bei uns vorzunehmen gilt. Wir haben die Verantwortung, soweit sie von der Bundesregierung zu tragen ist, im Bundesministerium für Bildung und Wissenschaft zusammengefaßt.

Mit diesem Hohen Haus sind wir uns wohl darin einig, daß die Aufgaben von Bildung und Wissenschaft nur gemeinsam von Bund, Ländern und Gemeinden gelöst werden können. Der 5. Deutsche Bundestag hat für die Zusammenarbeit von Bund und Ländern eine Reihe neuer Möglichkeiten geschaffen, die diese Bundesregierung voll ausschöpfen will; sie will den Ländern — ohne deren Zuständigkeiten anzutasten — helfen.

Schwere Störungen des gesamten Bildungssystems ergeben sich daraus, daß es bisher nicht gelungen ist, die vier Hauptbereiche unseres Bildungswesens — Schule, Hochschule, Berufsausbildung und Erwachsenenbildung — nach einer durchsichtigen und rationalen Konzeption zu koordinieren. Solange aber ein Gesamtplan fehlt, ist es nicht möglich, Menschen und Mittel so einzusetzen, daß ein optimaler Effekt erzielt wird.

Die Bundesregierung hat auf Grund des Art. 91 b des Grundgesetzes eine klare verfassungsrechtliche Grundlage für eine Bildungsplanung gemeinsam mit den Ländern erhalten. Besonders dringlich ist ein langfristiger Bildungsplan für die Bundesrepublik für die nächsten 15 bis 20 Jahre. Dieser dem Bundestag und den Länderparlamenten vorzulegende Plan soll gleichzeitig erklären, wie er verwirklicht werden kann. Gleichzeitig muß ein nationales Bildungsbudget für einen Zeitraum von 5 bis 15 Jahren aufgestellt werden.

Die Bundesregierung wird in den Grenzen ihrer Möglichkeiten zu einem Gesamtbildungsplan beitragen. Das Ziel ist die Erziehung eines kritischen, urteilsfähigen Bürgers, der imstande ist, durch einen permanenten Lernprozeß die Bedingungen seiner sozialen Existenz zu erkennen und sich ihnen entsprechend zu verhalten. Die Schule der Nation ist die Schule. Wir brauchen das 10. Schuljahr, und wir brauchen einen möglichst hohen Anteil von Menschen in unserer Gesellschaft, der eine differenzierte Schulausbildung bis zum 18. Lebensjahr erhält. Die finanziellen Mittel für die Bildungspolitik müssen in den nächsten Jahren entsprechend gesteigert werden.

Die Bundesregierung wird sich von der Erkenntnis leiten lassen, daß der zentrale Auftrag des Grundgesetzes, allen Bürgern gleiche Chancen zu geben, noch nicht annähernd erfüllt wurde. Die Bildungsplanung muß entscheidend dazu beitragen, die soziale Demokratie zu verwirklichen.

Zu den neuen Aufgaben der Bundesregierung gehört es, ein Hochschulrahmengesetz vorzulegen. Ein solches Gesetz wird auch die Lage der bisherigen Fachhochschulen im Rahmen eines Gesamthochschulsystems zu berücksichtigen haben. Fragen der Personalstruktur stehen zunächst im Mittelpunkt. Für Hochschulen und staatliche Forschungseinrichtungen müssen wirksame Vorschläge für die Überwindung überalterter hierarchischer Formen vorgelegt werden. Soweit der Bund vorwiegend betroffen ist, werden entsprechende Maßnahmen beschleunigt getroffen.

Der Ausbau der Hochschulen muß verstärkt vorangetrieben werden. Um eine kurzfristige Erweiterung der Kapazitäten der Hochschulen zu erreichen, soll ein möglichst großer Teil der Mittel für den Hochschulbau sofort für solche Bauten bereitgestellt werden, die durch eine Rationalisierung des Bauverfahrens innerhalb von 12 bis 15 Monaten schlüsselfertig zur Verfügung stehen können.

Die Bundesregierung wird prüfen, wie den Ländern bei der Überwindung des Numerus clausus in wesentlichen Fachbereichen am besten geholfen werden kann. Vordringlich werden auch die modernen Unterrichts-Technologien und das Fernstudium anzuwenden sein.

Die Hochschulreform ist aber nur ein Teil der vor uns liegenden Reformen unseres allgemeinen Bildungswesens. Die Bildungspolitik kann und darf nicht mehr nach Ausbildungsstufen isoliert betrachtet werden. Bildung, Ausbildung und Forschung müssen als ein Gesamtsystem begriffen werden, das gleichzeitig das Bürgerrecht auf Bildung sowie den Bedarf der Gesellschaft an möglichst hochqualifizierten Fachkräften und an Forschungsergebnissen berücksichtigt. Grundlegende Reformen in Bildung und Forschung sind zugleich Bedingung für die zukünftige wirtschaftliche Wettbewerbsfähigkeit unseres Landes.

Meine Damen und Herren, neuerdings wird viel über die technologische Lücke, über das, was einige den Mut zur Lücke nennen, und über rationale Kriterien für die Festsetzung von Prioritäten in und zwischen den verschiedenen Kategorien der Forschung diskutiert. Wir meinen, ein Land von der Größe der Bundesrepublik kann und muß auch heute noch die Grundlagenforschung in ihrer ganzen Breite fördern. Dies steht nicht in Widerspruch zur Auswahl von Schwerpunkten für die staatliche Förderung von Forschung und Entwicklung, die wegen der begrenzten Mittel unerläßlich ist. Ein wichtiges Ziel der Bundesregierung ist, Methoden des politischen Entscheidungsprozesses über Forschungsprioritäten zu entwickeln, die heute kaum in den Anfängen vorhanden sind.

Die Bundesregierung beabsichtigt, verstärkt Haushaltsmittel für die Förderung der Informatik und der Entwicklung von Computer-Sprachen einzusetzen. Diese Seite der Datenverarbeitung ist besonders umfangreich und erfordert mehr Mittel als die Entwicklung der eigentlichen Rechenmaschinen. Man übertreibt nicht, wenn man der Computertechnik eine katalytische Wirkung nicht allein für die gesamte wissenschaftlich-technische Entwicklung zuspricht, sondern weit darüber hinaus auch für die industrielle Produktion, die Verwaltung und andere Bereiche.

Wir sind uns bewußt, daß moderne Forschungsvorhaben weltweit miteinander verflochten sind. Wir werden jede internationale, vor allem europäische Arbeitsteilung auf diesem Gebiet fördern. Meine Damen und Herren, in Europa gibt es eine Gemeinschaft der Wissenschaftler, die in ihrer Leistungsfähigkeit hinter der amerikanischen und sowjetrussischen dann nicht zurückzustehen braucht, wenn sie es lernt, ihre Kräfte zu vereinigen.

Meine Damen und Herren, die Bundesregierung wird stärker als bisher eine wachstumsorientierte Strukturpolitik betreiben. Durch die Auflösung des Bundesschatzministeriums und die Übernahme des ERP-Vermögens in das Bundeswirtschaftsministerium können die strukturpolitischen Maßnahmen in der Regional-, Sektoral- und Unternehmensgrößenpolitik besser koordiniert und intensiviert werden. Eine „Strukturpolitik aus einem Guß" wird möglich.

Unter Erhaltung der Priorität Berlins und des Zonenrandgebiets bleibt die Stärkung der Leistungskraft ländlicher Gebiete ein strukturpolitischer Schwerpunkt. Die Konzentration der Mittel auf entwicklungsfähige Standorte sichert die höchste Effizienz. Die Gemeinschaftsaufgabe der Verbesserung der regionalen Wirtschaftsstruktur verlangt dabei neue Formen der Zusammenarbeit von Bund und Ländern. Ich sage noch einmal: eine große strukturpolitische Aufgabe ist die Modernisierung unserer Landwirtschaft.

Die Industriewirtschaft ist auf ein stetiges und billiges Angebot von Energie und Rohstoffen angewiesen. Wir werden die Politik der Gesundung des Steinkohlenbergbaus, der Sicherung der Mineralölerzeugung, der Öffnung der Märkte für neue Energieträger und der Verbesserung des Wettbewerbs in der Elektrizitätswirtschaft ausbauen. Die Vorsorge für Krisensituationen erfordert auch einen ausreichenden Vorrat an lebenswichtigen Importwaren.

Umwelt und Lebensverhältnisse werden sich in den 70er Jahren immer rascher verändern. Besonders auf den Gebieten der Raumordnung, des Städtebaus und des Wohnungsbaus werden daher systematische Vorausschau und Planung immer wichtiger. Als erster Schritt muß ein Städtebauförderungsgesetz zügig verabschiedet werden. Dieses Gesetz soll eine Reform des Bodenrechts einleiten, die den Gemeinden eine sachgerechte Durchführung ihrer Planungen ermöglicht und die Bodenspekulation verhindert. Dabei dürfen und wollen wir nicht aus dem Auge verlieren, daß es die breite Streuung privaten Eigentums zu fördern und den bäuerlichen Bodenbesitz zu wahren gilt.

Wir werden ein langfristiges Programm des sozialen Wohnungsbaus aufstellen und mit den Ländern abstimmen. Es wird sich am Bedarf orientieren.

Neben diesen Aufgaben steht gleichberechtigt die Verbesserung des Wohngeldgesetzes.

Die Zielvorstellungen für die räumliche Entwicklung der Bundesrepublik sollen in einem Bundesraumordnungsprogramm entwickelt werden. Maßnahmen der Strukturpolitik, der regionalen Wirtschaftsförderung und des Städte- und Wohnungsbaus werden sich hier sinnvoll einfügen. Die Bundesregierung bietet Ländern und Gemeinden an, Vorstellungen für einen langfristig angelegten Städtebau zu entwickeln. Sie wird diese in einem zweiten Städtebaubericht konkretisieren.

Meine Damen und Herren, die Bundesregierung ist mit vielen draußen im Lande und sicher auch mit vielen in diesem Hause der Überzeugung, daß dem Schutz der Natur, von Erholungsgebieten, auch dem Schutz der Tiere, mehr Aufmerksamkeit geschenkt werden muß.

Die Verbesserung der Struktur unserer Wirtschaft erfordert ein leistungsfähiges Verkehrswesen. Mit Nachdruck wird die Bundesregierung die in der letzten Legislaturperiode eingeleiteten Reformen fortsetzen. Moderne Verkehrspolitik bedarf einer umfassenden Planung, zu der die Verkehrswissenschaft noch mehr als bisher heranzuziehen ist. Die Bundesregierung wird als Voraussetzung für eine von ihr angestrebte liberalere Verkehrswirtschaft ihre Bemühungen verstärken, gleiche Wettbewerbsbedingungen für die Verkehrsträger zu schaffen.

Die Deutsche Bundesbahn hat in den letzten Jahren in erfreulicher Weise begonnen, sich auf die Verkehrsbedürfnisse der Zukunft auszurichten. Weitere Reformen in Organisation und Verwaltung sind notwendig, damit sie — einem Wirtschaftsunternehmen vergleichbar — nach modernen kaufmännischen Grundsätzen handeln kann. Es ist auch an der Zeit, daß der Bund als Eigentümer der Bundesbahn die durch den Wiederaufbau nach dem Krieg bei ihr entstandene Schuldenlast abnimmt. Die Zusammenarbeit zwischen den Verkehrsträgern im kombinierten Verkehr wird die Bundesregierung weiter fördern.

Das Autobahn- und Bundesstraßennetz wird in einem Fünfjahresplan als Teil eines Planes für die Jahre 1971 bis 1985 verstärkt ausgebaut werden. Ein Schwerpunkt wird die Chancenverbesserung strukturell schwacher Gebiete sein. Im Jahre 1970 wird außerdem der Entwurf der neuen Straßenverkehrsordnung vorgelegt.

Die Bundesregierung wird die Vorarbeiten für ein Schnellverkehrssystem mit einer Reisegeschwindigkeit von über 200 km in der Stunde, das in ein mitteleuropäisches Schnellverkehrssystem einzubetten ist, vorantreiben.

Meine Damen und Herren, die Bundesregierung ist dem sozialen Rechtsstaat verpflichtet. Sie wird zur Verwirklichung dieses Verfassungsauftrages das unübersichtlich gewordene Arbeitsrecht in einem Arbeitsgesetzbuch zusammenfassen. Sie wird auch mit den Arbeiten für ein den Anforderungen der Zeit entsprechendes Sozialgesetzbuch beginnen. Zur besseren Überschaubarkeit der Sozialleistungen wird die Bundesregierung das

Sozialbudget zu einer Grundlage sozial- und wirtschaftspolitischer Entscheidungen ausbauen.

Auf der Grundlage der in der letzten Legislaturperiode eingebrachten Gesetzentwürfe wird eine Reform des Betriebsverfassungsgesetzes und des Personalvertretungsgesetzes durchgeführt. Im Rahmen der Reform des Personalvertretungsgesetzes wird eine materielle und formelle Ausweitung der Mitwirkung der Personalvertretung vorgeschlagen. Unabhängig davon wird die Bundesregierung in ihrem eigenen Bereich schon jetzt Wert darauf legen, daß die Personalräte auch in sozialen Sachfragen gehört werden, die nach geltendem Recht noch nicht zu deren Zuständigkeitsbereich gehören.

Der in der vergangenen Legislaturperiode angeforderte Bericht der Mitbestimmungskommission wird geprüft und erörtert werden. Wir wollen die demokratische Gesellschaft, zu der alle mit ihren Gedanken zu einer erweiterten Mitverantwortung und Mitbestimmung beitragen sollen.

Meine Damen und Herren, dem Schutz der Menschen vor den Risiken für die Gesundheit, die durch die technisierte und automatisierte Umwelt entstehen, dienen umfassende, aufeinander abgestimmte Maßnahmen in Wissenschaft und Forschung, in der Gesundheitsgesetzgebung, in der Gesundheitsvorsorge und in der gesundheitlichen Aufklärung. Die Bundesregierung wird ein Institut für Sozialmedizin einrichten, das ausreichende Grundlagen für breit angelegte, gezielte Vorsorgeuntersuchungen und für die Frühdiagnose der großen Krankheiten unserer Zeit schafft. Dem weiteren Ausbau der Krebsforschung und Krebsvorsorge messen wir besondere Bedeutung bei. Zum ausreichenden Schutz vor Luft- und Wasserverunreinigung und vor Lärmbelästigung werden entsprechende Gesetze vorgelegt.

Um kranken Menschen die besten Chancen zur Wiederherstellung ihrer Gesundheit und Leistungsfähigkeit zu geben, wird die Bundesregierung einmal 1970 ein Gesetz zur wirtschaftlichen Sicherung eines bedarfsgerecht gegliederten Systems leistungsfähiger Krankenhäuser vorlegen, zum anderen die ärztliche Ausbildung reformieren und modernisieren. Die entsprechende Verordnung soll im Frühjahr 1970 verabschiedet werden.

Die Bundesregierung bekennt sich zum Grundsatz der freien Arztwahl und der freien Berufsausübung der Heilberufe. Abgestimmt auf die europäische Entwicklung wird sie dafür sorgen, daß im Arzneimittelwesen Staat und Hersteller verantwortlich zusammenwirken, um ein Maximum an Sicherheit zu gewährleisten.

Im Zuge der Lebensmittelrechtsreform wird 1970 dem Deutschen Bundestag ein umfassender Gesetzentwurf zugeleitet. Hier geht es um den bestmöglichen Verbraucherschutz, um Klarheit und Wahrheit in Werbung und Deklaration.

Meine Damen und Herren, Kindergeld, Steuerbegünstigungen und andere materielle Hilfen für die Familien müssen aufeinander abgestimmt und zugleich mit dem weiteren Ausbau der Ausbildungsförderung verbunden werden. Die weithin unzureichenden personalen Hilfen vor allem für berufstätige Mütter sind zu verbessern. Über die Erhöhung des Kindergeldes soll im Jahre 1970 entschieden werden.

Für die gesellschaftspolitischen Reformen und die moderne Gestaltung unseres demokratischen Industriestaates will und braucht jede Bundesregierung eine starke Mitwirkung der Frauen. Die Frauenenquete wird beschleunigt fortgeführt. Die notwendigen Konsequenzen werden gezogen werden, um den Frauen mehr als bisher zu helfen, ihre gleichberechtigte Rolle in Familie, Beruf, Politik und Gesellschaft zu erfüllen.

Die Bundesregierung wird darauf achten, daß Rationalisierung und Automatisierung nicht zu Lasten der Erwerbstätigen gehen, sondern den sozialen Fortschritt fördern. Wirtschafts-, Arbeitsmarkt- und Bildungspolitik werden auch bei notwendigen Umstrukturierungen sichere Arbeitsplätze gewährleisten. Wir wollen alle entsprechenden Bestrebungen der Tarifparteien unterstützen.

Technischer Fortschritt und wirtschaftliche Entwicklung stellen ständig neue Anforderungen an die Mobilität aller Erwerbstätigen. Darum halten wir die Einführung eines Bildungsurlaubs für eine wichtige Aufgabe.

Zur Humanisierung des Arbeitslebens haben Gesetzgeber und Tarifparteien den Schutz der Arbeitnehmer am Arbeitsplatz zu garantieren. Die Arbeitssicherheit und die gesundheitliche Betreuung am Arbeitsplatz werden ausgebaut.

Die Bundesregierung bekennt sich zur Bewahrung und Stärkung der Tarifautonomie.

Wir werden Errungenes sichern und besonders für die Mitbürger sorgen, die trotz Hochkonjunktur und Vollbeschäftigung im Schatten leben müssen, die durch Alter, durch Krankheit oder durch strukturelle Veränderungen gefährdet sind. Die Bundesregierung wird um verstärkte Maßnahmen bemüht sein, die den Benachteiligten und Behinderten in Beruf und Gesellschaft, wo immer dies möglich ist, Chancen eröffnen.

Vom 1. Januar 1970 an werden die Kriegsopferrenten erhöht. Sie werden alljährlich an die wirtschaftliche Entwicklung angepaßt. Auch strukturelle Verbesserungen sind vorgesehen.

Damit jeder Bürger klar erkennen kann, auf welche Sozialleistungen er Anspruch hat, wird eine Rentenberechnung nach Punkten eingeführt werden, um Übersicht und Anschaulichkeit der Sozialleistungen zu erhöhen. Die Bundesregierung wird im Laufe der Legislaturperiode den schrittweisen Abbau der festen Altersgrenze prüfen und sich bemühen, sie durch ein Gesetz über die flexible Altersgrenze zu ersetzen. Die gesetzliche Alterssicherung soll für weitere Gesellschaftsgruppen geöffnet werden.

Zur Weiterentwicklung der Krankenversicherung wird die Bundesregierung ein Sachverständigengremium einsetzen. Dieses soll eine gründliche Bestandsaufnahme und Vorschläge für eine moderne Gesetzgebung erarbeiten.

Die Krankenversicherungspflichtgrenze für Angestellte wird überprüft und dynamisiert. Oberhalb der Versicherungspflichtgrenze wird auch für alle Angestellten der Arbeitgeberbeitrag eingeführt werden. Die Auswirkungen der vom 1. Januar 1970 an in Kraft tretenden Beitragsrückgewähr werden einer ständigen Überprüfung unterzogen.

Zur Vorbereitung der Reformen der Jugendgesetzgebung und des Bundesjugendplans werden wir die Jugend selbst einschalten.

Die Bundesregierung wünscht, ein europäisches Jugendwerk zu schaffen. Nach unseren Vorstellungen soll sich die Jugend osteuropäischer Länder daran beteiligen können.

Der Förderung des Sports werden wir unsere besondere Aufmerksamkeit widmen, ohne von dem Grundsatz abzulassen, daß der Sport von staatlicher Bevormundung freibleiben muß. Der Höhepunkt der sportlich bedeutsamen Ereignisse in unserem Land werden die XX. Olympischen Sommerspiele in München und Kiel sein. Wir haben damit die Chance, der Weltöffentlichkeit das moderne Deutschland vorzustellen.

Die Bundesregierung befürwortet, so wie es mit den Vertretern der drei Fraktionen schon im vorigen Bundestag besprochen worden war, die Bildung einer Deutschen Sport-Konferenz. Sie würde aus Vertretern des Deutschen Sportbundes, des Bundes, der Länder und der Gremien zusammengesetzt sein und die Koordinierung aller Sportmaßnahmen ermöglichen.

Meine Damen und Herren, die Bundesregierung wird im kommenden Jahr, dem ersten des neuen Jahrzehnts, in Ergänzung dieser Erklärung ihre Pläne und Vorhaben auf dem Gebiet der inneren Reform unseres Landes dem Parlament und der Öffentlichkeit in Einzelberichten unterbreiten. Sie wird im Januar 1970 den Bericht zur Lage der Nation erstatten, im Februar den Jahreswirtschaftsbericht zur Diskussion stellen. Im März wird die Bundesregierung den Bericht über die Lage der Landwirtschaft, im April den Sozialbericht vertreten. Im Mai wird die Bildungs- und Wissenschaftspolitik der Bundesregierung, im Juni das Weißbuch zur Verteidigungspolitik vorgetragen werden. Nach den Parlamentsferien werden Berichte über die Verkehrspolitik und die Gesundheitspolitik, über Raumordnung und Städtebau, über die Vermögensbildung und über die Steuerreform folgen. Damit werden das Parlament und die Öffentlichkeit im ersten der 70er Jahre ein umfassendes Bild der Reformpolitik dieser Regierung gewinnen können.

Bei alledem dürfen wir nicht vergessen: Nur der Friede macht unsere Welt sicher; nur auf der Grundlage der Sicherheit kann der Friede sich ausbreiten. Diese Erkenntnis teilen wir mit den meisten Völkern dieser Erde. Die Bundesregierung ist entschlossen, dazu den deutschen Anteil zu leisten im Bewußtsein ihrer besonderen Verantwortung in Europa und nach besten Kräften, die wir aber nicht überschätzen.

Wir werden die Initiative des Herrn Bundespräsidenten aufgreifen und die Friedensforschung — im Wissen um die begrenzte Zahl der dafür gegenwärtig zur Verfügung stehenden Kräfte — koordinieren, ohne die Unabhängigkeit dieser Arbeit zu beeinträchtigen. Wir wollen auch damit einen deutschen Beitrag für die Befriedung der von Krisen und Kriegen zerrissenen Welt leisten. Es liegt im nationalen Interesse, die internationale Zusammenarbeit zu verstärken, damit die Völker ihre Umwelt besser verstehen. Professor Carl Friedrich von Weizsäcker hat sich bereit erklärt, der Bundesregierung auf diesem Gebiet beratend zur Seite zu stehen.

Zur notwendigen internationalen Zusammenarbeit gehört der Austausch geistiger Leistungen. Die Darstellung der deutschen Kultur im Ausland wird sich künftig stärker darauf richten, anderen Völkern neben den unvergänglichen Leistungen der Vergangenheit ein Bild dessen zu vermitteln, was in dieser Zeit des Überganges auch in Deutschland an geistiger Auseinandersetzung und fruchtbarer Unruhe tägliche Wirklichkeit ist.

Die Bundesrepublik Deutschland wird ihre Zusammenarbeit mit den Ländern Afrikas, Lateinamerikas und Asiens im Geiste der Partnerschaft ausbauen.

Am Vorabend der zweiten Entwicklungsdekade erklärt sie: Wir werden zu einer gemeinsamen Strategie der Entwicklung beitragen und Anregungen aus dem Bericht der Pearson-Kommission in Betracht ziehen. Die Bundesregierung wird sich bemühen, das dort vorgesehene Ziel für die öffentlichen Leistungen an der Entwicklungshilfe durch eine Steigerungsrate von durchschnittlich 11 % im Jahr zu erreichen. Wir werden Wege suchen, um Rückflüsse aus Mitteln der öffentlichen Kapitalhilfe wieder voll für Zwecke der Entwicklungshilfe zu verwenden. Die Zahl der deutschen Entwicklungsexperten und Entwicklungshelfer wird erhöht mit dem Ziel, sie bis zur Mitte der 70er Jahre zu verdoppeln. Die Bundesregierung wird fortfahren, die Qualität der deutschen Hilfe zu verbessern. Dazu wird sie Planung und Durchführung der Entwicklungshilfe vereinfachen und straffen. Partnerschaft mit den Ländern der Dritten Welt ist nicht allein Sache des Staates. Daher wird die Bundesregierung auch alle nichtstaatlichen Initiativen fördern, die den Entwicklungsprozeß in diesen Ländern beschleunigen können.

Die Welt kann von einem wirtschaftlich starken Lande wie dem unsrigen eine liberale, den Handel aller Länder fördernde Außenwirtschaftspolitik erwarten. Dazu tragen wir durch unsere eigenen Bemühungen und durch unsere Beteiligung in allen mit dem Welthandel befaßten Organisationen bei. Ebenso wollen wir den Handel der Entwicklungsländer fördern; ich nenne hier nur die universellen Präferenzen für Waren aus den Entwicklungsländern.

Meine Damen und Herren, die Außenpolitik dieser Bundesregierung knüpft an die Friedensnote vom März 1966 und die Regierungserklärung vom Dezember 1966 an. Die in diesen Dokumenten niedergelegte Politik hat damals die Zustimmung aller Fraktionen dieses Hauses erhalten. Der Wille zu Kontinuität und konsequenter Weiterentwicklung gestattet es, auf manche Wiederholung zu verzichten. Die Bundesregierung beabsichtigt, in den Vereinten Nationen, in ihren Sonderorganisationen und in anderen internationalen Organisationen verstärkt mitzuarbeiten. Dies gilt auch für weltweite Abkommen der Abrüstung und Rüstungsbegrenzung, die zunehmend Bedeutung gewinnen. Die Bundesregierung wird dabei die Politik fortsetzen, die ich als Außenminister am 3. September 1968 auf der Konferenz der Nichtnuklearmächte in Genf entwickelt habe.

Wir unterstreichen die grundsätzliche Bereitschaft, mit allen Staaten der Welt, die unseren Wunsch nach friedlicher Zusammenarbeit teilen, diplomatische Beziehungen zu unterhalten und die bestehenden Handelsbeziehungen zu verstärken. Die Bundesregierung lehnt jede Form von Diskriminierung, Unterdrückung und fremder Beherrschung ab, die das friedliche Zusammenleben der Völker auch in unseren Tagen immer von neuem gefährdet.

Meine Damen und Herren, das nordatlantische Bündnis, das sich in den 20 Jahren seiner Existenz bewährt hat, gewährleistet auch in Zukunft unsere Sicherheit. Sein fester Zusammenhalt ist die Voraussetzung für das solidarische Bemühen, zu einer Entspannung in Europa zu kommen. Welche der beiden Seiten der Sicherheitspolitik wir auch betrachten, ob es sich um unseren ernsten und nachhaltigen Versuch zur gleichzeitigen und gleichwertigen Rüstungsbegrenzung und Rüstungskontrolle handelt oder um die Gewährleistung ausreichender Verteidigung der Bundesrepublik Deutschland: unter beiden Aspekten begreift die Bundesregierung ihre Sicherheitspolitik als Politik des Gleichgewichts und der Friedenssicherung. Und ebenso versteht sie unter beiden Aspekten die äußere Sicherheit unseres Staates als eine Funktion des Bündnisses, dem wir angehören und als dessen Teil wir zum Gleichgewicht der Kräfte zwischen West und Ost beitragen.

Wir brauchen zu unserer Sicherheit Freunde und Verbündete, so wie sie zu ihrer Sicherheit uns und unseren Beitrag brauchen. Ohne gegenseitiges Vertrauen in die politische Stabilität dieser Einsicht sind weder Bündnis noch Sicherheit aufrechtzuerhalten. Wir werden deshalb in und gegenüber dem Bündnis die bisherige Politik fortsetzen und erwarten dies auch von unseren Bündnispartnern und von ihren Beiträgen zur gemeinsamen Sicherheitspolitik und zu den vereinbarten gemeinsamen Sicherheitsanstrengungen.

So wie das westliche Bündnis defensiv ist, so ist auch unser eigener Beitrag dazu defensiv. Die Bundeswehr ist weder nach ihrer Erziehung und Struktur noch nach ihrer Bewaffnung und Ausrüstung für eine offensive Strategie geeignet. Die Bundesregierung wird an dem ihrer Verteidigungspolitik zugrunde liegenden Defensivprinzip keinen Zweifel lassen.

Meine Damen und Herren, die engen Bindungen zwischen uns und den Vereinigten Staaten von Amerika schließen für die Bundesregierung jeden Zweifel an der Verbindlichkeit der Verpflichtungen aus, die von den USA nach Vertrag und Überzeugung für Europa, für die Bundesrepublik und für Berlin übernommen worden sind. Unsere gemeinsamen Interessen bedürfen weder zusätzlicher Versicherungen noch sich wiederholender Erklärungen. Sie sind tragfähig für eine selbständigere deutsche Politik in einer aktiveren Partnerschaft.

Die Bundesregierung wird sich gemeinsam mit ihren Verbündeten konsequent für den Abbau der militärischen Konfrontation in Europa einsetzen. Sie wird zusammen mit ihnen auf gleichzeitige und ausgewogene Rüstungsbeschränkung und Truppenreduzierung in Ost und West hinwirken.

Zur Thematik einer Konferenz, die der europäischen Sicherheit dienen soll, bekräftigt die Bundesregierung die Haltung, die in dem am 12. September dieses Jahres in Helsinki übergebenen Memorandum eingenommen worden ist. Eine derartige Konferenz kann nach sorgfältiger Vorbereitung eine wichtige Etappe auf dem Wege zu größerer Sicherheit bei geringerer Rüstung und zu Fortschritten zwischen den Partnern Ost- und Westeuropas werden.

Unter den gegenwärtigen Spannungsherden ist der Konflikt im Nahen Osten besonders besorgniserregend. Die Bundesregierung meint, daß es im Interesse der betroffenen Völker läge, eine Lösung zu finden, wie sie in der Entschließung des Sicherheitsrates der Vereinten Nationen vom 22. November 1967 angeboten wurde. Wir wünschen gute Beziehungen zu allen Staaten dieser Region und bestätigen zugleich die Entschlossenheit, keine Waffen in Spannungsgebiete zu liefern.

Wir vereinigen uns mit allen Staaten und nicht zuletzt mit den gequälten, betroffenen Menschen in dem Wunsch, daß der Krieg in Vietnam endlich beendet wird durch eine politische Lösung, die von allen Beteiligten gebilligt werden kann. Wir bekräftigen unsere Bereitschaft, dann, wenn es soweit ist, am Wiederaufbau beider zerstörter Landesteile mitzuwirken.

Meine Damen und Herren, der bevorstehenden Konferenz der Sechs in Den Haag kommt eine besondere Bedeutung zu. Diese Konferenz der Sechs kann darüber entscheiden, ob Europa in den sachlichen miteinander verknüpften Themen des inneren Ausbaus, der Vertiefung und der Erweiterung der Gemeinschaft entweder einen mutigen Schritt nach vorn tut oder aber in eine gefährliche Krise gerät. Die Völker Europas warten und drängen darauf, daß die Staatsmänner der Logik der Geschichte den Willen zum Erfolg an die Seite stellen. Der deutsch-französische Gleichklang kann dabei ausschlaggebend sein. Die Bundesregierung ist bereit, den engen vertraglichen Bindungen jene Unverbrüchlichkeit zu verleihen, dic beispielgebend sein sollte für die Art der Beziehungen, die zwischen europäischen Partnern heute hergestellt werden können.

Meine Damen und Herren, die Erweiterung der Europäischen Gemeinschaft muß kommen. Sie, die Gemeinschaft, braucht Großbritannien ebenso wie die anderen beitrittswilligen Länder. Im Zusammenklang der europäischen Stimmen darf die britische keineswegs fehlen, wenn Europa sich nicht selbst schaden will. Wir haben mit Befriedigung verfolgt, daß für die ausschlaggebenden Kräfte der britischen Politik weiterhin die Überzeugung gilt, Großbritannien brauche seinerseits Europa. Es ist an der Zeit, so meinen wir, den sicher schwierigen und vermutlich auch zeitraubenden Prozeß einzuleiten, an dessen Ende die Gemeinschaft auf einer breiteren Grundlage stehen wird.

Im Zusammenhang damit wird die Bundesregierung darauf hinwirken, daß die Gemeinschaft neue Formen der wirtschaftlichen Zusammenarbeit mit den Staaten Europas entwickelt, die ihr nicht beitreten können oder wollen.

Die Bundesregierung wird die Entwicklung einer engeren politischen Zusammenarbeit in Europa mit dem Ziel fördern, eine gemeinsame Haltung dieser Staaten in weltpolitischen Fragen Schritt für Schritt aufzubauen. Wir wissen uns darin auch besonders einig mit Italien und den Benelux-Staaten.

Unser nationales Interesse erlaubt es nicht, zwischen dem Westen und dem Osten zu stehen. Unser Land braucht die Zusammenarbeit und Abstimmung mit dem Westen und die Verständigung mit dem Osten.

Aber auf diesem Hintergrund sage ich mit starker Betonung, daß das deutsche Volk Frieden braucht — den Frieden im vollen Sinne dieses Wortes — auch mit den Völkern der Sowjetunion und allen Völkern des europäischen Ostens. Zu einem ehrlichen Versuch sind wir bereit, damit die Folgen des Unheils überwunden werden können, das eine verbrecherische Clique über Europa gebracht hat.

Dabei geben wir uns keinen trügerischen Hoffnungen hin: Interessen, Machtverhältnisse und gesellschaftliche Unterschiede sind weder dialektisch aufzulösen, noch dürfen sie vernebelt werden. Aber unsere Gesprächspartner müssen auch dies wissen: Das Recht auf Selbstbestimmung, wie es in der Charta der Vereinten Nationen niedergelegt ist, gilt auch für das deutsche Volk. Dieses Recht und der Wille, es zu behaupten, können kein Verhandlungsgegenstand sein.

Wir sind frei von der Illusion, zu glauben, das Werk der Versöhnung sei leicht oder schnell zu vollenden. Es handelt sich um einen Prozeß; aber es ist an der Zeit, diesen Prozeß voranzubringen.

In Fortsetzung der Politik ihrer Vorgängerin erstrebt die Bundesregierung gleichmäßig verbindliche Abkommen über den gegenseitigen Verzicht auf Anwendung von oder Drohung mit Gewalt. Die Bereitschaft dazu gilt — ich darf es wiederholen — auch gegenüber der DDR. Ebenso unmißverständlich will ich sagen, daß wir gegenüber der uns unmittelbar benachbarten Tschechoslowakei zu den Abmachungen bereit sind, die über die Vergangenheit hinausführen.

Die Politik des Gewaltverzichts, die die territoriale Integrität des jeweiligen Partners berücksichtigt, ist nach der festen Überzeugung der Bundesregierung ein entscheidender Beitrag zu einer Entspannung in Europa. Gewaltverzichte würden eine Atmosphäre schaffen, die weitere Schritte möglich macht.

Diesem Zweck dienen auch gemeinsame Bemühungen, um den Handel, die technische Kooperation und den kulturellen Austausch zu fördern.

Die Bundesregierung verzichtet heute bewußt darauf, über den in dieser Erklärung gesetzten Rahmen hinaus Festlegungen vorzunehmen oder Formeln vorzutragen, welche die von ihr erstrebten Verhandlungen erschweren könnten. Sie ist sich bewußt, daß es Fortschritte nur geben kann, wenn es neben unserer Bereitschaft auch eine kooperative Haltung in den Hauptstädten der Staaten des Warschauer Vertrages gibt.

Meine Damen und Herren, kurzfristig wird die Bundesregierung eine Reihe von Entscheidungen treffen, die ihren Willen zur kontinuierlichen und konsequenten Weiterführung der bisherigen Politik beispielhaft deutlich machen:

Erstens. Die Bundesregierung wird auf der Konferenz in Den Haag darauf hinwirken, daß wirksame Maßnahmen zur Vertiefung und Erweiterung der Gemeinschaft und zur verstärkten politischen Zusammenarbeit eingeleitet werden.

Zweitens. Sie wird das Angebot der Vereinigten Staaten von Amerika aufgreifen, die deutsche industrielle Leistungskraft auf begrenzten Gebieten der Weltraumforschung zu beteiligen.

Drittens. Sie wird sich aktiv an den Arbeiten des vom Rat der Nordatlantikpaktorganisation eingesetzten Ausschusses für die Probleme der modernen Gesellschaft beteiligen.

Viertens. Sie wird demnächst das sowjetische Aide-mémoire zum Thema Gewaltverzicht beantworten und einen Termin für die von der Sowjetunion angeregten Verhandlungen in Moskau vorschlagen.

Fünftens. Sie wird der Regierung der Volksrepublik Polen einen Vorschlag zur Aufnahme von Gesprächen zugehen lassen, mit dem sie die Ausführungen Wladislaw Gomulkas vom 17. Mai dieses Jahres beantwortet.

Sechstens. Sie wird den Vertrag über die Nichtverbreitung von Atomwaffen unterzeichnen, sobald — entsprechend den Beschlüssen der letzten Bundesregierung — die noch ausstehenden Klärungen herbeigeführt sind.

Meine Damen und Herren! Diese Regierung redet niemandem nach dem Mund. Sie fordert viel, nicht nur von anderen, sondern auch von sich selbst. Sie setzt konkrete Ziele. Diese Ziele sind nur zu erreichen, wenn sich manches im Verhältnis des Bürgers zu seinem Staat und seiner Regierung ändert.

Die Regierung kann in der Demokratie nur erfolgreich wirken, wenn sie getragen wird vom demokratischen Engagement der Bürger. Wir haben so wenig Bedarf an blinder Zustimmung, wie unser Volk Bedarf hat an gespreizter Würde und hoheitsvoller Distanz. Wir suchen keine Bewunderer; wir brauchen Menschen, die kritisch mitdenken, mitentscheiden und mitverantworten.

Das Selbstbewußtsein dieser Regierung wird sich als Toleranz zu erkennen geben. Sie wird daher auch jene Solidarität zu schätzen wissen, die sich in Kritik äußert. Wir sind keine Erwählten; wir sind Gewählte. Deshalb suchen wir das Gespräch mit allen, die sich um diese Demokratie mühen.

Meine Damen und Herren, in den letzten Jahren haben manche in diesem Land befürchtet, die zweite deutsche Demokratie werde den Weg der ersten gehen. Ich habe dies nie geglaubt. Ich glaube dies heute weniger denn je.

Nein: Wir stehen nicht am Ende unserer Demokratie, wir fangen erst richtig an. Wir wollen ein Volk der guten Nachbarn sein und werden im Inneren und nach außen.

Regierungserklärung vom 18. Januar 1973

Bundeskanzler Brandt

Frau Präsidentin! Meine Damen und Herren! Das Regierungsprogramm, das ich heute darlege, ist die präzise Konsequenz dessen, was Sozialdemokraten und Freie Demokraten in der Regierungserklärung vom Oktober 1969 gemeinsam vertreten haben. Die politischen Ziele von damals gelten, und wir können auf das Geleistete bauen. Das Programm, das wir uns setzten, haben wir trotz der Verkürzung der Legislaturperiode in seinen wesentlichen Punkten erfüllt.

Die neue Bundesregierung, die sich auf einen klaren Auftrag der Wähler stützen kann, hat ihre Arbeit mit der kurzen Erklärung aufgenommen, die ich hier am 15. Dezember 1972 abgegeben habe. Unser Programm für diese Legislaturperiode leite ich mit dem Satz ein, mit dem ich am 28. Oktober 1969 schloß:

> Wir wollen ein Volk der guten Nachbarn sein ... im Innern und nach außen.

Darin sammelt sich das Vertrauen, auf das wir uns stützen. Darin erkennen wir auch die Summe der Pflichten, die uns an die Verantwortung für das Ganze des Volkes binden.

Meine Damen und Herren, das Wort von der guten Nachbarschaft zeigt unseren Willen zur Kontinuität an, den ich heute unterstreiche. Diese Kontinuität hat ihre eigene, unverwechselbare Prägung gewonnen. Sie ist bestimmt durch den Inhalt unserer Politik der aktiven Friedenssicherung und der gesellschaftlichen Reformen. Wir wissen auch, daß der Wille zur Erneuerung den klaren Blick dafür verlangt, wie das Notwendige möglich gemacht werden kann. Reformen in den Dimensionen, die wir für die Entwicklung in unserem Lande geöffnet haben, brauchen einen langen Atem.

Unseren Bürgern — so sehen wir es — geht es besser. Das System der sozialen Sicherung wurde gestärkt. Unsere Wirtschaft blüht, trotz der Sorgen um die Preise. Das ist die Ausgangslage. Es bleibt trotzdem viel zu tun, damit die Bundesrepublik Deutschland sich im friedlichen Wettbewerb gut behaupten und damit sie als demokratischer und sozialer Bundesstaat weiter ausgebaut werden kann.

Wir können feststellen: Der europäische Friede wurde gefestigt, auch durch unsere Arbeit. Dieser Friede ist heute wie gestern der klare Wille unseres Volkes und das Grundelement unserer Interessen. Man darf sogar sagen: Niemals lebte ein deutscher Staat in einer vergleichbar guten Übereinstimmung mit dem freien Geist seiner Bürger, mit seinen Nachbarn und den weltpolitischen Partnern.

Manche Beobachter meinen, die Nachkriegsepoche gehe zu Ende. Das darf uns nicht den Blick für Unfrieden, Gewalt und Leiden verschließen: Bürgerkriegsgleiche Spannungen im europäischen Umkreis, die Tag für Tag Menschenopfer fordern; Elend in weiten Teilen der Dritten Welt; in Südostasien ein schrecklicher Konflikt, der nun hoffentlich ein Ende findet. Die drängende Ungeduld, mit der die Menschen auch bei uns in Deutschland den Frieden für Vietnam erwarten, ist gut zu verstehen. Als Bundeskanzler habe ich es nicht für richtig gehalten, mich lautstarken Protesten anzuschließen, von denen manche auch einen falschen Klang hatten. Wir wählten andere Wege und andere Formen, um unseren Einfluß für Frieden und Menschlichkeit geltend zu machen.

Auf die Gefahr hin, von manchen noch immer mißverstanden zu werden, beschränke ich mich in diesem Augenblick auf eine Erklärung, die nach vorn gerichtet ist. Wir sind darauf vorbereitet, in beiden Teilen Vietnams humanitären Beistand zu leisten und gemeinsam mit anderen beim Aufbau dieses gequälten und verwüsteten Landes zu helfen, wenn endlich die Waffen schweigen.

Im nahen Osten, vor der Tür Europas also, schleppt sich noch immer ein Konflikt fort, der uns nicht gleichgültig läßt; auch deshalb nicht gleichgültig lassen kann, weil in diesem Monat Januar vor 40 Jahren begann, was sich Drittes Reich nannte. Gerade vor diesem Hintergrund ist für uns das Lebensrecht des Staates Israel unanfechtbar. In den arabischen Ländern wächst das Verständnis für unsere Haltung. In Kenntnis ihrer Probleme wünschen wir, die traditionelle Freundschaft zu allen arabischen Völkern zu pflegen.

Unsere Friedenspolitik in Europa hat sich als ein Faktor weltweiter Entspannung bewährt. Nicht nur Spannungen, auch Entspannungen übertragen sich. Nicht nur der Unfriede, auch der Friedenswille kann ansteckend sein. Wir wissen allerdings, daß die Entspannung auch ihre eigenen Probleme produziert.

Wir beobachten es täglich, auch bei der neuen Ordnung unserer Beziehungen mit der DDR, dem anderen deutschen Staat. Darüber sollte man nicht vergessen: Millionen unserer Landsleute haben in den vergangenen Wochen erfahren, daß Berlin-Abkommen, Verkehrsvertrag und Grundvertrag — über den wir hier erst noch zu beraten haben — insgesamt Ergebnisse einer Politik sind, die dem Menschen dienen will und die ihm auch konkret dient. Daß Familien und Freunde aus alten Tagen wieder zueinander finden, zählt viel für die Zusammengehörigkeit der Deutschen, die auch unter den Existenzbedingungen zweier entgegengesetzter Gesellschaftssysteme e i n Volk bleiben wollen.

Der Grundvertrag — ich sagte es soeben — ist noch nicht in Kraft. Aber wir wollen schon heute keinen Zweifel daran lassen, daß wir mit geduldiger Bestimmtheit für weitere Verbesserungen im Interesse der Menschen wirken werden.

Meine Damen und Herren, entscheidende Voraussetzungen für die Politik der Entspannung und der Reformen sind geschaffen; nun muß sie beharrlich und zielbewußt in die Wirklichkeit des Alltags übersetzt werden.

Alltag ist kein schlechtes Wort: Es schmeckt nach täglichem Brot; es hat mit der Qualität des Lebens zu tun, in der sich unsere Reformen erfüllen müssen. Sie ist das Ziel unserer Arbeit.

So unterstelle ich die Aufgaben meiner Regierung bewußt der Forderung nach der Bewährung im Alltag. Politik ist im Kern immer das Produkt geistiger und moralischer Entscheidungen. Das gilt im Innern und nach außen. In der täglichen

Arbeit soll die geistige Orientierung unseres Programms stets sichtbar bleiben.

Meine Damen und Herren, nach außen wird die Bundesregierung ihre Politik der guten Nachbarschaft konsequent fortsetzen. Ihre Außen- und Sicherheitspolitik dient ausschließlich dem Frieden.

An erster Stelle nenne ich das Ziel einer Europäischen Union, wie es die Pariser Gipfelkonferenz vom Herbst des vergangenen Jahres für dieses Jahrzehnt gesetzt hat. Die dort ins Auge gefaßte Europäische Union wird die Gesamtheit der Beziehungen zwischen den Mitgliedstaaten umfassen. Eine verstärkte und immer enger werdende politische Zusammenarbeit soll dazu entscheidende Impulse geben. Das umfassende Arbeitsprogramm, das auf der Gipfelkonferenz beschlossen wurde, muß — vor allem in der Wirtschafts- und Währungspolitik — verwirklicht werden.

Das Werk der europäischen Einigung kann sich nur durch freundschaftliche Verbundenheit der beteiligten Völker vollziehen. Ein lebendiges Beispiel dafür ist die deutsch-französische Partnerschaft, die ich die „Entente Élémentaire" genannt habe und die vor fast genau zehn Jahren in einen Vertrag gegossen wurde. Ich bin sicher, daß die gute Zusammenarbeit mit Großbritannien, Dänemark und Irland sich ebenso bewähren wird wie die mit den bisherigen Mitgliedstaaten der Gemeinschaft.

Die Bürger in Europa erwarten schon jetzt eine Stärkung der sozialen Komponente und des demokratischen Elements in der Gemeinschaft. Wir möchten die Befugnisse des Europäischen Parlaments erweitert sehen.

Die Europäische Gemeinschaft wird sich dann eindeutig bewährt haben, wenn sie vor der Welt ein Beispiel gibt für die Dynamik des Fortschritts in Freiheit und sozialer Gerechtigkeit.

Was die nordamerikanischen Staaten und Europa angeht, so gilt, daß sie weiterhin gemeinsame Sicherheitsinteressen haben. Sie tragen gemeinsam die Verantwortung für eine internationale Struktur des Friedens in Europa. Die Unterschiedlichkeiten auf diesem Gebiet ergeben sich aus der unumstößlichen Tatsache, daß sich unsere Interessen in erster Linie auf unseren Kontinent konzentrieren, während die amerikanischen Verpflichtungen weltweit sind.

Unterschiedlichkeit und Gemeinsamkeit der Interessen sind in aller Offenheit festzustellen. Sie gelten für lange Fristen. Aber wir sollten festlegen, wie wir uns bei der Lösung unserer Probleme gegenseitig helfen können.

Dabei ist nicht zu erkennen, daß die wirtschaftlichen Beziehungen der Vereinigten Staaten mit Europa, soweit es sich in der Europäischen Gemeinschaft organisiert hat, Schaden gelitten hätten. Das Gegenteil trifft zu. Dennoch kann ein konstruktiver Dialog, den ich nach wie vor für geboten halte, dabei helfen, daß aus möglichen wirtschaftlichen Spannungen keine unnötige politische Belastung wird.

Für den Ausgleich in Europa, zwischen Ost und West, sind mit den Verträgen von Moskau und Warschau, dem Berlin-Abkommen der Vier-Mächte, den dazu gehörenden Vereinbarungen auf der deutschen Ebene und dem Grundvertrag mit der DDR bessere Voraussetzungen geschaffen worden. Wir werden eine breite Zusammenarbeit auf wirtschaftlichem, wissenschaftlich-technischem und auf kulturellem Gebiet mit den Staaten Osteuropas suchen.

Die Bundesregierung wird sich gleichzeitig weiterhin um die Linderung humanitärer Probleme bemühen, die bei der Umsiedlung und Familienzusammenführung noch ungelöst sind, und sie wird jede Möglichkeit zur Verbesserung der menschlichen Kontakte nutzen.

Das Gefüge unserer bilateralen Verträge zum Gewaltverzicht, der mit der Sowjetunion zuerst vereinbart wurde, verlangt nach einem Abschluß mit der benachbarten Tschechoslowakischen Sozialistischen Republik. Die Bundesregierung hofft, in absehbarer Zeit eine Vereinbarung erreichen zu können, durch die das Münchener Abkommen aufhört, das Verhältnis der beiden Staaten zu belasten. Die Bundesregierung wird den politischen Dialog mit den Staaten des Warschauer Vertrages fortsetzen und hofft, Budapest und Sofia dabei einschließen zu können. Sie wird den Kontakt mit den bündnisfreien Staaten nicht vernachlässigen.

Meine Damen und Herren, mit der Vorbereitung der Konferenz über Sicherheit und Zusammenarbeit tritt die Entwicklung der Beziehungen zu Ost-Europa jetzt in eine multilaterale Phase. Der Bundesregierung kommt es dabei vor allem auf praktische Ergebnisse an, die für die Menschen in Europa — und damit auch in Deutschland — spürbar werden. Sie ist entschlossen, trotz der ideologischen Gegensätze geduldig und illusionslos mitzuwirken, daß sich auf unserem Kontinent, und sei es auch nur in begrenzten Bereichen, nach und nach ein gemeinsamer Wille herausbildet. Meine Damen und Herren, wenn ich „europäische Sicherheit und Zusammenarbeit" sage, so bin ich dabei heute davon überzeugt, daß substantielle Fortschritte möglich sind.

Wenn der Bundestag das Zustimmungsgesetz billigt, werden wir den Antrag auf Aufnahme in die Vereinten Nationen stellen. Die Politik der Bundesrepublik Deutschland wird damit eine neue Dimension gewinnen; wir werden bereit sein, mehr Mitverantwortung zu übernehmen, auch für die Minderung von Konflikten.

Zu den Staaten Asiens, nun auch zur Volksrepublik China, werden wir unsere Beziehungen ausbauen.

Die traditionelle Freundschaft mit den Ländern Lateinamerikas bedarf der Pflege.

Die Entwicklung der Partnerschaft mit den Staaten Afrikas soll der geographischen Nähe und der wirtschaftlichen Ergänzung entsprechen.

Öffentliche und private Leistungen für die Entwicklungshilfe werden wir — dem Vorgehen unserer europäischen Partner gemäß — zu steigern haben. Dabei wird die Bedeutung der multilateralen Organisationen wachsen. Durch die Zusammenfassung von technischer Hilfe und Kapitalhilfe wollen wir eine gebündelte Wirkung unserer Entwicklungshilfe erreichen.

Meine Damen und Herren, Grundlage unserer Sicherheit bleibt die Atlantische Allianz. Sie gibt uns auch den Rückhalt für unsere Politik der Entspannung nach Osten.

Die politische und militärische Präsenz der Vereinigten Staaten ist für die Bewahrung eines ausgeglichenen Kräfteverhältnisses in Europa unerläßlich. Die Bundesregierung wird gleichzeitig dafür wirken, daß der europäische Pfeiler des Bündnisses stärker wird; die „Euro-Gruppe" ist dafür der realistische Ausgangspunkt.

Die Freiheit, an Entspannung und Ausgleich mitzuwirken, wird uns nicht geschenkt. Wehrpflicht, Verteidigungshaushalt und Zivilverteidigung betrachten wir nicht nur als Notwendigkeiten, sondern als sinnvollen Dienst für die freie Gemeinschaft unserer Bürger; er hilft unserer Friedensarbeit. Präsenz und Kampfkraft der Bundeswehr müssen erhalten bleiben. Wir werden — auch unter Berücksichtigung des Berichts der Wehrstrukturkommission und nach Konsultation mit unseren Bündnispartnern — eine Wehrstruktur zu finden haben, mit der die Bundeswehr ihre Aufgaben auch künftig erfüllen kann.

Die Bundesregierung hat sich für eine ausgewogene beiderseitige Verminderung von Truppen und Rüstungen in Europa eingesetzt und wird schon an den Verhandlungen zu diesem Problem, die demnächst beginnen, teilnehmen. Der Zusammenhang mit der zweiten Runde der Verhandlungen zwischen den Vereinigten Staaten und der Sowjetunion über die Begrenzung der strategischen Waffensysteme ist in jeder Phase auf seine Auswirkungen für Europa zu prüfen.

Auch hier darf es keine Illusionen geben. Es ist nicht zu übersehen, daß die Rüstungsentwicklung im Warschauer Pakt das östliche Gesamtpotential steigerte. Die Bundesregierung zieht daraus keine vorschnellen Schlüsse, aber sie stellt fest, daß es eine parallele Tendenz in Westeuropa nicht gibt.

Die Bundesregierung will die Gefahr der Konfrontation in Europa durch kontrollierbare Maßnahmen mindern helfen. Dabei muß der Anspruch aller Beteiligten auf Sicherheit jeweils gewahrt sein. Es ist vernünftig und es ist an der Zeit, in Mitteleuropa durch mehr Vernunft mehr Vertrauen zu schaffen.

Meine Damen und Herren, ich denke, die in diesem Haus vertretenen Parteien werden — unabhängig von dem, was sonst trennt — der Feststellung zustimmen, die ich in der Regierungserklärung vom Oktober 1969 getroffen hatte, der Feststellung nämlich,

> daß die Fragen, die sich für das deutsche Volk aus dem zweiten Weltkrieg und aus dem nationalen Verrat durch das Hitlerregime ergeben haben, abschließend nur in einer europäischen Friedensordnung beantwortet werden können.

Ich fügte hinzu:

> Niemand kann uns jedoch ausreden, daß die Deutschen ein Recht auf Selbstbestimmung haben, wie alle anderen Völker auch.

Damals sagte ich weiter:

> Aufgabe der praktischen Politik in den jetzt vor uns liegenden Jahren ist es, die Einheit der Nation dadurch zu wahren, daß das Verhältnis zwischen den Teilen Deutschlands aus der gegenwärtigen Verkrampfung gelöst wird.

Ich möchte jetzt sagen: Wenn wir uns über Ziel und Aufgabe einig sind, wird der Streit um den besten Weg dorthin seine ätzende oder verletzende Schärfe verlieren.

Über das Berlin-Abkommen hinaus, das ohne unsere Mitwirkung nicht zustande gekommen wäre, und das nur vor dem Hintergrund der voraufgegangenen Krisen richtig beurteilt werden kann, beginnen sich Verbesserungen im Verhältnis zwischen den beiden Staaten abzuzeichnen. Auch die Regierung in Ost-Berlin will heute — ich zitiere — „über ein geregeltes Nebeneinander zu einem Miteinander kommen", wie wir das in der Regierungserklärung 1969 formuliert und im Frühjahr 1970 in den 20 Punkten von Kassel konkretisiert hatten. Was in den vergangenen drei Jahren schon möglich wurde, wird man nicht geringachten können.

Wir wissen aber, dieser Weg ist lang und steinig. Die Menschen und die Regierenden in den beiden deutschen Staaten haben nach vielen Jahren der Nicht-Beziehungen und der Feindseligkeit den Umgang miteinander zu erfahren und zu lernen. Schwierigkeiten und Reibungen werden uns nicht erspart bleiben. Die Bundesregierung ist entschlossen, den Vertrag, der für die Entwicklung der Beziehungen zur DDR die

Grundlagen legt, politisch und rechtlich konsequent durchzuführen und im Interesse der Menschen in beiden Staaten auszufüllen.

Meine Damen und Herren, wir wollen einen Zustand erreichen, in dem nicht mehr geschossen wird. Die Regelung der staatlichen Beziehungen muß bei der Lösung der menschlichen Probleme helfen, die ein bitteres Erbe der Teilung sind.

Die Bundesregierung betrachtet, wie alle anderen Beteiligten, das Viermächteabkommen über Berlin als einen bedeutenden internationalen Erfolg. Er besteht nicht zuletzt in der Festlegung, daß die Bindungen zwischen Berlin (West) oder, wie wir auch sagen, dem Land Berlin, und dem Bund erhalten und entwickelt werden können. Alle Beteiligten sollten daran interessiert sein, den Erfolg von 1971/72 nicht zu zerreden, sondern dafür zu sorgen, daß seine Wirkung für die Entspannung im Zentrum Europas in den kommenden Jahren voll genutzt wird. Unser Berlin soll in der Entspannung seine bedeutende und natürliche Funktion finden. Dabei wird die Bundesregierung den Senat weiterhin nach Kräften unterstützen.

Das Regierungs- und das Gesellschaftssystem der DDR haben wir immer abgelehnt und dabei bleibt es. Es ist auch nicht zu erwarten, daß sich an der Ablehnung unserer Verhältnisse durch die Regierung der DDR etwas ändern wird. Aber beide Regierungen haben durch Vertrag beschlossen, sich trotz dieser Gegensätze ihrer Verantwortung zu stellen und auf die Anwendung von Gewalt zu verzichten. Beide müssen den Frieden höher stellen als alle Differenzen. Das bedeutet für uns: die Erhaltung des Friedens rangiert noch vor der Frage der Nation. Dies ist ein Dienst, den das deutsche Volk den europäischen Völkern leistet.

Nur der lange und mühsame Weg vom Nebeneinander zum Miteinander der beiden Staaten bietet der Nation ihre Chance. Ein schriftlicher Bericht über „Die Entwicklung der Beziehungen zwischen der Bundesrepublik Deutschland und der Deutschen Demokratischen Republik“ wird im Zusammenhang mit der parlamentarischen Behandlung des Grundvertrages unterbreitet werden. Die Lage der Nation und das Verhältnis zwischen den beiden Staaten in Deutschland werden uns in diesem Haus auch künftig regelmäßig beschäftigen.

Meine Damen und Herren, im Zusammenhang mit dem Haushalt 1973 wird über manche Einzelheit unserer Politik im Innern zu sprechen sein, die ich heute nicht berühren kann Noch vor dem Haushalt wird der Jahreswirtschaftsbericht vorliegen.

Heute möchte ich besonders hervorheben, wie sehr wir das europäische Einigungswerk, über das ich im politischen Zusammenhang bereits gesprochen habe, als eine Grundbedingung gerade auch unseres wirtschaftspolitischen Handelns zu verstehen haben. Wir stellen uns dieser Herausforderung, ihren großen Chancen, aber auch ihren Risiken, und wir sind uns bewußt, daß dieses gemeinsame Europa mehr als bisher auch unsere innenpolitischen Entscheidungen bestimmen wird.

Fortschritte auf dem Weg zu einer europäischen Gemeinschaft der Stabalität, des Wohlstands und des sozialen Fortschritts können nur gelingen, wenn die nationalen Entscheidungen stärker als bisher aufeinander abgestimmt und gemeinschaftliche Befugnisse schrittweise ausgebaut werden. Der schwierige Prozeß des Hineinwachsens in den Gemeinsamen Markt hat — was nicht immer erkannt und anerkannt wird — den nationalen Entscheidungsraum schon jetzt erheblich eingeschränkt.

Wir sind uns bewußt, daß es nicht nur ein Europa der wirtschaftlichen Beziehungen zu schaffen gilt, sondern mit ihm ein Europa der arbeitenden Menschen, ihrer sozialen Sicherheit und Qualität des Lebens. Der Beschluß zum gesellschaftlichen, zum gesellschaftspolitischen Ausbau der Gemeinschaft, für den wir auf der Pariser Gipfelkonferenz die Initiative gaben, ist deshalb für die europäische Integration besonders wichtig.

Doch die drängendste Aufgabe, die wir mit den europäischen Partnerstaaten meistern müssen, ist es, wieder mehr Preisstabilität zu gewinnen. Sie ist eine Bewährungsprobe für die Gemeinschaft, die von allen Mitgliedstaaten ein hohes Maß an Einsicht und Solidarität verlangt. Wir selbst haben im Oktober in Übereinstimmung mit den europäischen Zielen, die in

Paris skizziert worden waren, unseren Beitrag in einem 15-Punkte-Programm vorgelegt.

An erster Stelle steht weiterhin die Geld- und Kreditpolitik. Dieses klassische Instrument zur Konjunktursteuerung war jahrelang kaum verwendbar, weil jede Verteuerung und Verknappung des Kredits durch Devisenzuflüsse wirkungslos gemacht wurde. Seit dem Sommer vergangenen Jahres hat sich die Situation verbessert, nicht zuletzt als Folge der damals von der Bundesregierung beschlossenen Maßnahmen.

Die weltweite explosionsartige Geldvermehrung der letzten Jahre hat die Notwendigkeit, das Weltwährungssystem neu zu ordnen, allen aufmerksamen Bürgern vor Augen geführt. Bei den wichtigen internationalen Verhandlungen, vor denen wir jetzt stehen, wird sich die Bundesregierung wie bisher für eine Währungsordnung einsetzen, die flexibel genug ist, Währungskrisen nach Möglichkeit zu vermeiden, und in der die Ausweitung der Liquidität unter Kontrolle bleibt.

Das zweite Element unserer nationalen Stabilitätspolitik ist die Gestaltung des öffentlichen Gesamthaushalts, über den der Bund — wie wir wissen — freilich nur zu einem Teil entscheiden kann. Außerdem wäre es wirklichkeitsfremd, so meine ich, den öffentlichen Ausgabeetats die Hauptlast aufbürden zu wollen, wenn die Bedürfnisse der Bürger nicht Schaden leiden sollen. Trotz dieser Begrenzung kommt der öffentlichen Finanzwirtschaft eine besondere Verantwortung für den Wirtschaftsablauf zu. Die Bundesregierung meint, daß man dabei nicht nur auf die Ausgabenseite, sondern in Zukunft auch mehr auf die Einnahmeseite sehen muß.

Drittens schließlich haben alle eine besondere Verantwortung, die in der Praxis über Preise und Kosten entscheiden, nämlich die Unternehmer, der Handel und die Tarifvertragsparteien. Die Bundesregierung steht zur Tarifautonomie. Sie erwartet, daß alle Beteiligten diese Freiheit verantwortungsbewußt nutzen. Im übrigen wird die Bundesregierung prüfen, welche gesetzlichen Maßnahmen notwendig sind, um das konjunkturpolitische Instrumentarium zu ergänzen und zu verfeinern.

Die Wirtschaft in unserer Bundesrepublik ist gegenwärtig in einer erfreulichen Aufwärtsentwicklung: Wir haben Vollbeschäftigung, das soziale Klima ist stabil, die Zahlungsbilanz ist ausgeglichen, die Einkommen der Arbeitnehmer und der Rentner, der Selbständigen — nun auch der Landwirte — sind nicht unerheblich gestiegen. Das sind alles keine Selbstverständlichkeiten, wie ein Blick über unsere Grenzen zeigt.

Ich hoffe jedoch, die meisten werden es richtig verstehen, wenn ich hier gleich etwas hinzufüge, nämlich dies: Wer nur neue Forderungen stellt, ohne zu neuen Leistungen bereit zu sein, wird der Lage, auch der eigenen Interessenlage, nicht gerecht; er kann nicht erwarten, ernst genommen zu werden. Wem es wirklich am Herzen liegt, daß die Gemeinschaftsaufgaben vorangebracht werden, und wer den soliden Fortschritt will, der muß im Zuwachs des persönlichen Verbrauchs auch einmal langsamer treten. Reformgerede, hinter dem sich nur Gehaltsforderungen tarnen, taugt wenig. Niemand soll glauben — und ich sage dies keineswegs nur an eine Adresse —, wir könnten mit selbstverständlicher Automatik mehr verdienen, wenn wir weniger leisten.

Meine Damen und Herren, bei der Vermögensbildung können wir uns auf gute Erfolge mit der Sparförderung stützen. Auch hieran darf ich erinnern: Bereits zwei Drittel aller Arbeitnehmer nehmen an den Vergünstigungen nach dem 624-DM-Gesetz teil.

Der Schutz des Eigentums, aber auch die Beachtung seiner Sozialbindung sind bei dieser Regierung in guten Händen.

Auf der Grundlage der Eckwertbeschlüsse vom Juni 1971 zur Steuerreform und zur Vermögensbildung wird die Bundesregierung einen Vorschlag ausarbeiten, durch den breitere Schichten der Bevölkerung am Zuwachs des Produktivvermögens der Großunternehmen beteiligt werden sollen. Außerdem werden wir den Erwerb von Wohneigentum im Rahmen des sozialen Wohnungsbauprogramms erleichtern.

Zu den dringenden Aufgaben dieser Legislaturperiode zählt die Sicherung eines funktionsfähigen Wettbewerbs. Dieser aber ist unerläßlich für die Produktivität der Wirtschaft und den sozialen Fortschritt. Die Verschärfung des Wettbewerbs dient dem Interesse der Bürger; wer den Wettbewerb einschränkt, braucht sich nicht zu wundern, wenn die marktwirtschaftlichen Prinzipien in Mißkredit geraten.

Wir begrüßen es, daß die Koalitionsfraktionen den Kartellgesetzentwurf unverzüglich im Bundestag wieder einbringen wollen. Die Bundesregierung wird daran mitwirken, daß der Entwurf in den Ausschußberatungen ausgebaut und verbessert wird. Wir müssen dabei auch die Probleme berücksichtigen, die sich aus „abgestimmten Verhaltensweisen", der Preisbindung und dem Mißbrauch von Preisempfehlungen ergeben. Fusionskontrolle und Mißbrauchsaufsicht dienen vor allem der Erhaltung des Wettbewerbs der Großunternehmen. Mit Erleichterungen für die Kooperation wird den kleinen und mittleren Unternehmen geholfen, ihre wichtige Funktion in unserer Wirtschaftsordnung zu erfüllen.

Die Stärkung und Sicherung des Wettbewerbs sollen durch einen wirksamen Schutz des Verbrauchers flankiert werden, mit dem auch seine Marktposition verbessert wird. Durch die Neuordnung des Lebensmittel- und Arzneimittelrechts soll er vor Gesundheitsschäden bewahrt, durch andere Maßnahmen vor Täuschungen geschützt werden.

Die Wirtschaft muß sich, so meinen wir, nicht nur auf die Notwendigkeiten des Tages, sondern mehr noch auf die Forderungen der Zukunft vorbereiten, auch auf die Integration der Entwicklungsländer in die Weltwirtschaft. Unsere Strukturpolitik will helfen, dies zu erleichtern. Die Leistungs- und Anpassungsfähigkeit der marktwirtschaftlichen Ordnung soll genutzt werden. Die Strukturpolitik soll sektorale und regionale Wandlungsprozesse einleiten und soziale Risiken vermindern, ohne die gesamtwirtschaftlich notwendigen Anpassungsvorgänge zu verhindern. Strukturelle Veränderungen, die rechtzeitig vorgenommen werden, verbessern auf längere Sicht auch die Voraussetzungen für die Stabilitätspolitik.

Die Bundesregierung wird sich — neben der Agrarpolitik, von der gleich noch zu reden sein wird — besonders der Energiepolitik annehmen. Wenn sich unsere Volkswirtschaft gesund weiterentwickeln soll, muß die Energieversorgung langfristig gesichert sein. Bei der Strukturanpassung werden wir dafür sorgen, daß die deutsche Steinkohle als wichtigste heimische Energiequelle eine angemessene Aufgabe in der Energieversorgung unseres Landes behält. Wir werden unsere Vorstellungen von einem energiepolitischen Gesamtkonzept beiden gesetzgebenden Körperschaften noch in diesem Jahr vorlegen.

Im März wird die Bundesregierung den Haushalt 1973 einbringen und die Fortschreibung der Finanzplanung bis zum Jahre 1976 vorlegen. Einem großen Teil unserer Bürger ist es klar, daß der Staat die Leistungen, die sie in wachsendem Maße von ihm erwarten, nicht mit weniger Einnahmen erbringen kann, sondern daß die finanzielle Leistungskraft der öffentlichen Hand gesichert und gestärkt werden muß. Dazu gehört der schrittweise Abbau nicht mehr gerechtfertigter Steuervergünstigungen und Subventionen.

Steigende Forderungen an die Erfüllung öffentlicher Aufgaben können — im Rahmen der stabilitätspolitisch gebotenen Grenzen — nur bei einer angemessenen Finanzausstattung von Bund, Ländern und Gemeinden erfüllt werden. Die Bundesregierung bejaht — ich möchte das hier ausdrücklich betonen — die g e s a m t staatliche Verantwortung für die Haushalte von Bund, Ländern und Gemeinden.

Die in der vergangenen Legislaturperiode begonnene Arbeit an der Steuerreform, die früher schon so oft angekündigt worden war, wird nach den Grundsätzen der sozialen Gerechtigkeit und der Vereinfachung des Steuersystems zügig fortgesetzt. Die Grundkonzeption ist in den Eckwertbeschlüssen vom Juni und Oktober 1971 festgelegt worden. Unter Beachtung der Ausgewogenheit soll das Ziel verfolgt werden, die Belastungs- und Entlastungswirkungen insgesamt zeitlich nicht auseinanderfallen zu lassen.

Im Zusammenhang mit der Steuerreform wird der Familienlastenausgleich neu geregelt werden. Die Bundesregierung strebt eine Lösung an, die alle Kinder berücksichtigt, die Entlastung der Familie gerechter regelt und eine einfache Verwaltung erlaubt.

Und auch dies noch, meine Damen und Herren: Zur Steuergerechtigkeit gehört natürlich auch: Von allen Bürgern muß erwartet werden, daß sie ihre Steuerpflicht erfüllen. Bürgergesinnung beweist sich auch in der Ehrlichkeit, mit der jeder nach seiner Fähigkeit seinen Beitrag für das Ganze leistet.

Meine Damen und Herren, ich hatte eben, als ich von den Schwerpunkten der Strukturpolitik sprach, die Landwirtschaft für einen Augenblick ausgegliedert und will deshalb hinzufügen: Im Gemeinsamen Markt und im nationalen Bereich wird die Bundesregierung ihre Agrar- und Ernährungspolitik, die erfolgreich war, konsequent fortsetzen.

Der Ausbau und die stärkere Betonung der Agrarsozialpolitik haben den Anpassungsprozeß der Landwirtschaft erleichtert und soziale Härten vermieden. Die Neuorientierung der Agrarstrukturpolitik war hier eine Hilfe. Sie gab die Richtung für die im vergangenen Jahr in Brüssel vom Ministerrat beschlossene Konzeption der landwirtschaftlichen Strukturpolitik in der Europäischen Gemeinschaft.

Unser Ziel wird es bleiben, die in der Landwirtschaft arbeitenden Menschen an der allgemeinen Wohlstandsentwicklung teilnehmen zu lassen. Die Landwirtschaft muß zu einem gleichrangigen Teil unserer modernen Volkswirtschaft werden.

Die Bundesregierung wird sich in der Europäischen Gemeinschaft im Interesse unserer Landwirte um bessere Wettbewerbsbedingungen bemühen. Fortschritte bei der Integration der Wirtschafts- und Währungspolitik sind dafür notwendig. Wir werden auch künftig Möglichkeiten für berufliche Alternativen und Einkommen aus anderen Tätigkeiten fördern. Die Sozialpolitik und die Strukturpolitik sollen in enger Verbindung mit der allgemeinen Regionalpolitik fortentwickelt werden.

Die Bundesregierung wird hier im Februar über ihre agrar- und ernährungspolitischen Maßnahmen berichten. Dabei wird natürlich auch die Kosten- und Preisentwicklung erneut zu prüfen sein. Lassen Sie mich jetzt nur hinzufügen: Agrarpolitik in unserer Zeit muß Politik für die Menschen im ländlichen Raum sein; sie muß sich auch an den Interessen der Verbraucher orientieren. Sie muß überdies Politik für die Menschen sein, die auf dem Lande Ruhe und Erholung suchen.

Meine Damen und Herren, ich möchte nun einige grundsätzliche Bemerkungen machen: Wirtschaftliches Wachstum und steigender Wohlstand haben seit dem Zweiten Weltkrieg den Lebensstandard unserer Bürger wesentlich verbessert. Mehr Produktion bedeutet aber noch nicht automatisch mehr Freiheit für den einzelnen. Lebensqualität ist mehr als Lebensstandard. Sie ist Bereicherung unseres Lebens über Einkommen und Konsum hinaus. Sie setzt ein neues Verständnis vom Allgemeininteresse voraus. Sie hängt immer mehr davon ab, wieviel gute Nachbarschaft es bei uns gibt und was die Gemeinschaftseinrichtungen zu leisten vermögen. Weder die einzelnen noch die Gemeinschaft können auf die Dauer auf Kosten der Natur leben. Sonst wird die Entwicklung unserer Umwelt inhuman, zumal dort, wo die Experten von „Verdichtungsräumen" sprechen.

Lärm, Luft- und Wasserverschmutzung und Störungen des Naturhaushaltes stellen in der Tat die Vorteile des wirtschaftlichen Wachstums in Frage. Doch ich warne zugleich vor dem gedanklichen Kurzschluß, den Ausweg etwa in einer generellen Einschränkung des Wachstums und der Produktivität zu sehen. Es geht vielmehr um die Frage des Wo, Wie und Wofür des wirtschaftlichen Wachstums — und um die Einsicht, daß Wachstum und ökonomisches Prinzip im Dienste des Menschen stehen müssen. Wenn die „Verhältnisse" nicht über uns herrschen sollen, sondern wenn wir sie beherrschen wollen, dann müssen wir ein wenig schärfer nachdenken, mitunter sogar härter arbeiten als bisher.

Umweltschutz, Raumordnung, Stadtentwicklung, Verkehrsausbau und damit die Verbesserung der Lebens-, Arbeits-, Freizeit- und Erholungsmöglichkeiten müssen in engem Zusammenhang gesehen werden. Wir werden unser Umweltprogramm verwirklichen und weiter entwickeln. Zunächst wollen wir die Gesetze, die wegen der Verkürzung der vergangenen Legislaturperiode nicht mehr verabschiedet wurden, wieder vorlegen.

Im Alltag muß durchgesetzt werden, daß die Verursacher von Umweltschäden die Kosten für die Beseitigung zu tragen haben. Und auch dies muß generelle Leitlinie sein: Schädigungen der Umwelt sind kein Kavaliersdelikt; sie müssen als kriminelles Unrecht bestraft werden. Wir dürfen uns — auch dies lassen Sie mich sagen — durch düstere, manchmal allzu düstere Prognosen nicht entmutigen lassen. Im Gegenteil, wir müssen sie als Herausforderung betrachten, mit den erkannten Gefahren fertig zu werden. In Zukunft kommt es stärker darauf an, eine Schädigung unserer Umwelt, wo immer es geht, zu vermeiden, sie nicht erst eintreten zu lassen. Wir brauchen umweltfreundliche Produkte und neue Technologien, aber auch Siedlungsstrukturen, die das notwendige Gleichgewicht des Naturhaushalts beachten und die Lebensbedingungen der Menschen verbessern. Die Menschen insgesamt haben ein elementares Recht auf eine menschenwürdige Umwelt, dem Verfassungsrang zukommen sollte.

Für unsere Gesellschaft ist manches lebenswichtig geworden, was uns einer natürlichen Existenz wieder näherbringen kann — auch Sport und Spiel. Die Olympischen Spiele 1972, über die am Schluß ein so tragischer Schatten fiel, haben dem Sport in unserem Lande neue Aufmerksamkeit verschafft. Wir wissen, daß gerade auch der Sport das Verlangen nach der Freude am Leben erfüllen kann. Das ist um so wichtiger, weil unsere tägliche Existenz eingepfercht ist in die Normen einer oft monotonen und überstrapaziösen Arbeitswelt. Bund und Länder müssen das ihre tun, um neben dem Spitzensport auch dem Breitensport Auftrieb zu geben. Das sollte mit dem weithin vernachlässigten Schulsport anfangen.

Für alle Bürger in unserem Bundesstaat müssen gleichwertige Lebenschancen geschaffen und gesichert werden. Dazu wird eine Konzeption für die räumliche Entwicklung des Bundesgebietes ausgearbeitet, eine bessere regionale Abstimmung der Bundesmaßnahmen vorgenommen werden. Städtische Verdichtungsräume und ländliche Gebiete müssen sich in ihren Funktionen gegenseitig ergänzen. Bund und Länder haben bereits in der vergangenen Legislaturperiode wesentliche Arbeiten am

Bundesraumordnungsprogramm geleistet. Die Bundesregierung wird auf einen raschen Abschluß drängen.

Die regionale Strukturpolitik, wie sie von Bund und Ländern — mit der Konzentration auf räumliche und sachliche Schwerpunkte — gemeinsam entwickelt worden ist, darf erfolgreich genannt werden. Auf diesem Wege wollen wir fortfahren. Das Zonenrandgebiet werden wir nicht vernachlässigen. Dem Ausbau der Infrastruktur geben wir Vorrang. Es liegt auf der Hand, daß in unseren Städten und Gemeinden — und zwar mit erheblichen Anstrengungen — Einrichtungen und Dienste geschaffen werden müssen, die bisher zu kurz gekommen sind.

Ich will im übrigen sagen, daß unsere Wohnungsbaupolitik, die individuelle Wohngeldhilfe und die Modernisierung der Bautätigkeit fortgeführt werden sollen. Die Befristung des Kündigungsschutzes im sozialen Mietrecht werden wir überprüfen.

Als einen Schwerpunkt unserer Arbeit nenne ich die Reform des Bodenrechts und des gemeindlichen Planungsrechts. Mit dem Städtebauförderungsgesetz verfügen die Gemeinden schon über bessere Möglichkeiten, im Zusammenwirken mit Eigentümern und Mietern die Innenstädte zu sanieren und Neubaugebiete so zu planen, daß sie dem Anspruch der Bürger auf eine menschenwürdige Umwelt besser dienen. Wir wollen diese Möglichkeiten in das allgemeine Baurecht übertragen. Die Steigerung im Kaufwert, die Grundstücken durch Planungen und Investitionen der öffentlichen Hand zufällt, soll zur Finanzierung herangezogen werden. Wir werden eine Bodenwertzuwachssteuer vorbereiten, die zur Bekämpfung des Preisanstiegs auf dem Bodenmarkt beiträgt und das Angebot an Bauland in städtischen Regionen größer werden läßt. Damit soll auch das Ärgernis der verantwortungslosen Bodenspekulation zurückgedrängt werden.

Um die Lebensbedingungen in den Städten zu verbessern, müssen zur Lösung der Probleme des Nahverkehrs neue Modelle erprobt werden. Der öffentliche Personennahverkehr hat Vorrang vor dem Individualverkehr. Dabei hat es gar keinen

Sinn, nicht gleich hinzuzufügen, daß die dafür erforderlichen Programme in dieser Legislaturperiode und über kommende Legislaturperioden hinweg sehr viel Geld kosten werden. Wir werden deshalb vorschlagen, die Verwendung des zweckgebundenen Anteils der Einnahmen aus der Mineralölsteuer auf weitere verkehrspolitische Ziele auszuweiten. Der Bau von Bundesfernstraßen wird selbstverständlich weitergehen.

Die Verkehrssicherheit verlangt unsere besondere Aufmerksamkeit. Ich appelliere an die Industrie und an die Forschung, sich darum mehr zu kümmern; aber auch an die Verkehrsteilnehmer selbst, denn sie sind schließlich auf ihre Weise dafür verantwortlich, daß man sich auf unseren Straßen sicher fühlen kann. Die erschreckende Zahl der Verkehrstoten und -verletzten macht es notwendig, daß wir ein noch leistungsfähigeres Rettungswesen aufbauen.

Meine Damen und Herren, die Bedeutung des Schienenverkehrs wird wieder zunehmen. Er ist besser für die Umwelt, volkswirtschaftlich leistungsfähig und für die Gemeinschaft unentbehrlich. Die betriebswirtschaftliche Lage der Bundesbahn ist jedoch schlecht. Die Schere zwischen den Kosten und Erträgen hat sich — vor allem immer noch wegen der Kriegsfolgen, aber auch wegen der Personalkosten — in den letzten 20 Jahren trotz Rationalisierung nicht schließen lassen, sondern immer weiter geöffnet. Darum müssen alle Möglichkeiten zur Verbesserung der Ertragslage genutzt werden. Doch wir müssen wissen, daß auch dann, wenn wir diese Möglichkeiten zur Besserung der Ertragslage nutzen, die Erträge die Kosten nicht voll werden decken können. Die Bundesregierung wird der Bahn deshalb vor allem beim Ausbau und bei der Modernisierung des Schienennetzes zu helfen haben.

Auch die wirtschaftliche Lage der Deutschen Bundespost ist unbefriedigend. Das internationale Niveau der Post- und Fernmeldegebühren setzt Grenzen für eine Erhöhung der Tarife. Die Post wird sich auf ein Dienstleistungsangebot konzentrieren müssen, das sich stärker am Markt und an den Kosten orientiert. Diese Aufgabe wird sie — wie wir überzeugt sind — nach Inkrafttreten des neuen Postverfassungsgesetzes mit größerer unternehmerischer Selbständigkeit leichter lösen können.

Meine Damen und Herren, die Qualität des Lebens — ich sprach davon schon — ist zu einem zentralen Begriff unserer politischen Arbeit geworden. Sie darf nicht zur abstrakten Formel gerinnen. Sie heißt für uns: Freiheit, auch Freiheit von Angst und Not, Sicherheit auch durch menschliche Solidarität. Für mich geht es mit um die alte Wahrheit, daß der Mensch nicht vom Brot allein lebt.

Diese technische Zivilisation, die der Mensch, auch aus der Freude an der Leistung geschaffen hat, soll er mit geistigen Werten durchdringen und damit menschlicher machen.

Bildung und Ausbildung, Wissenschaft und Forschung habe ich in meiner Regierungserklärung vom Oktober 1969 an die Spitze der notwendigen Reformen gestellt. Daran hat sich nichts geändert. Es war allerdings sehr schwierig, zwischen Ländern und Bund eine gemeinsame Grundlage zu finden. Wir müssen nun einen neuen Anlauf nehmen. Dazu ist eine größere Kooperation aller Länder erforderlich. Die Bundesregierung wird ihre Kompetenzen ganz nutzen, um die gesamtstaatliche Bildungsplanung mitzugestalten. Sie will das Ziel der Einheitlichkeit unseres Bildungswesens in der Reform sichern.

Die Bildungsreform ist — wie die meisten von uns wissen — ein langer und ein teurer Prozeß. Ihre Ziele, ihr Zeitverlauf und ihre Kosten sollten so schnell wie möglich in einem Gesamtplan und in einem Budget in diesem gemeinsamen Arbeitsprozeß von Bund und Ländern dargestellt werden, damit ein gemeinsames Gerüst für die Reform entsteht. Die Bürger sollen dadurch wissen können, bis wann welche Ziele erreicht sein können.

Zu oft wird Bildungsreform bei uns noch als bloße Verlängerung der Ausbildungsdauer verstanden. Chancengleichheit fördern wir jedoch nicht durch eine immer längere Ausbildung für wenige, sondern durch eine möglichst gute Ausbildung für viele, wenn nicht für alle, einschließlich der Förderung der besonders Begabten. Die Verkürzung der Jahre in der Oberstufe der Schule, also eine Schulzeit von insgesamt 12 Jahren, erscheint der Bundesregierung vernünftig und notwendig.

Die Chancengleichheit verlangt für die berufliche Bildung den gleichen Rang, wie ihn andere Bildungsbereiche haben. Diesem Ziel dient auch die Konzentration der Kompetenzen des Bundes an einer Stelle.

Berufliche und allgemeine schulische Bildung müssen stärker miteinander verflochten werden. Neben der Ausbildung für eine bestimmte berufliche Tätigkeit ist der Vermittlung allgemeiner Wissensgrundlagen größeres Gewicht zu geben.

Die Bundesregierung sucht bei der Reform der beruflichen Bildung die Zusammenarbeit mit allen Beteiligten, mit den Gewerkschaften und mit den Verbänden der Wirtschaft. Sie kennt die Bedeutung der Betriebe als Ausbildungsstätten. Aber sie will dafür sorgen, daß die berufliche und die gesellschaftliche Entwicklung des einzelnen nicht durch das besondere wirtschaftliche Interesse eines Betriebes beeinträchtigt werden kann. Deshalb sind ergänzende überbetriebliche Ausbildungsstätten notwendig.

Unsere Aufmerksamkeit gilt auch den Jugendlichen, die kein Ausbildungsverhältnis herkömmlicher Art eingehen. Das Berufsbildungsgesetz muß neu gefaßt werden.

Meine Damen und Herren, Bund und Länder haben in den vergangenen Jahren mehr Studienplätze geschaffen, sie haben den Ausbau und die Reform von Wissenschaft und Lehre an den Hochschulen gefördert. Das soll fortgesetzt werden. Durch die Hochschulrahmengesetzgebung wird die Bundesregierung darauf drängen, daß die Studienreform verwirklicht wird. Die Bundesregierung ist dafür, daß die Studienzeiten verkürzt, das Studienjahr eingeführt und der Numerus clausus abgebaut werden.

Die Vielfalt der Meinungen in Forschung und Lehre gehört zur Freiheit wissenschaftlicher Arbeit. Intoleranz schadet Wissenschaft und Lehre und auch dem Lernen. Die Stätten der Lehre und Forschung dürfen nicht in politische Kampfstätten umfunktioniert werden. Über Erkenntnisse und Wahrheit kann übrigens nicht mit Mehrheit beschlossen werden. Die Anerkennung dieser Prinzipien entscheidet, ob die Demokratisierung der Hochschulen gelingen wird und ob sich in den Universitäten die Kräfte der Reform behaupten können. Sie, die Kräfte der Reform, möchte ich von dieser Stelle aus bitten, sich nicht entmutigen zu lassen und sich nicht zu zersplittern.

Forschung und Technologie bestimmen die Zukunft unserer Gesellschaft entscheidend mit. Sie zu fördern ist eine gemeinsame Aufgabe von Staat und Wirtschaft. Die hohen Aufwendungen in diesen Bereichen zwingen zu klaren Prioritäten und erfordern eine Abstimmung aller Forschungszweige. Große Forschungszentren werden ihre Zielsetzung teilweise ändern und sich neuen Aufgaben öffnen müssen.

Die Bundesregierung wird sich darum bemühen, die internationale Zusammenarbeit in Forschung und Technologie, auch mit den Ländern des Ostens, auszuweiten. In der erweiterten Europäischen Gemeinschaft werden wir noch stärker auf das Konzept einer gemeinsamen Forschungs- und Technologiepolitik drängen.

Die Bundesregierung wird darauf achten, daß nicht nur die wissenschaftlich-technischen Entwicklungen, sondern auch der Bedarf für solche Entwicklungen und daß außerdem die sozialen und gesellschaftlichen Folgen in die Forschung einbezogen werden. Dazu gehört, daß den Problemen der Gesundheit, des Umweltschutzes, der Stadtforschung, darüber hinaus aber auch der gesellschaftswissenschaftlichen Grundlagenforschung größere Aufmerksamkeit gewidmet wird. Technische Großprojekte — wie in den Bereichen der Weltraumforschung, der Luftfahrt, der neuen Verkehrstechnologie, der Kerntechnik und der Datenverarbeitung — werden in Zukunft stärker daran zu messen sein, was sie zur Verbesserung der Lebensbedingungen der Menschen beitragen.

Neuerungen auf dem Gebiet der Informationsverarbeitung und Kommunikation beeinflussen mehr und mehr die technisch-wirtschaftliche Entwicklung, aber auch das Zusammenleben der Menschen. Für den Ausbau des technischen Kommunikationssystems wird die Bundesregierung zusammen mit den Ländern, der Wissenschaft und der Wirtschaft ihre Vorschläge entwickeln. Bei der Entwicklung der Nachrichtentechnologie fällt der Bundespost eine besondere Rolle zu.

Meine Damen und Herren! Aus der Sicht und Verantwortung des Bundeskanzlers will ich einige andere kulturpolitische Aufgaben, wenn auch nur sehr kurz, erwähnen.

Zunächst weise ich darauf hin, daß die umfassende Information des Bürgers und die Meinungsvielfalt in den Massenmedien für unsere Demokratie lebenswichtig sind. An der Meinungsfreiheit läßt die Bundesregierung nicht rütteln. Die Verfügungsgewalt einzelner über wichtige Kommunikationsmittel darf nicht dazu führen, daß nur e i n e Meinung zu Wort kommt. Das Wettbewerbsrecht wird auch eine Fusionskontrolle für Presse- und Medienunternehmen umfassen müssen. Zur Pressefreiheit und Medienfreiheit gehört die Freiheit i n der Presse und i n den Medien.

Die Arbeit am Entwurf des Presserechtsrahmengesetzes ist darum vordringlich. Eine einheitliche und klare Regelung soll das Zeugnisverweigerungsrecht in Presse und Funk garantieren. Der öffentlich-rechtliche Charakter des Rundfunkwesens darf nicht ausgehöhlt werden.

Auch für die Medien ist richtig, was für die Kunst, die Künste wahr ist: zu ihrem Wesen gehört Freiheit. Die Kunst ist jeder Bevormundung — auch der des guten Willens — entzogen. Trotzdem können wir helfen, ein Klima zu schaffen, in dem die Aufgeschlossenheit für die Künste wächst: Die bildende Kunst — um nur sie als Beispiel zu nennen — kann sehr wohl die Qualität unserer Umwelt stärker bestimmen. Dafür wollen wir das Interesse staatlicher und privater Bauherren wecken. Die Literatur ist uns eine kritische Begleiterin geworden, die wir nicht entbehren wollen. Für alle Kunst ist der Weg in die Politik kürzer geworden, und das ist gut so.

Es würden sich, wie ich meine, meine Damen und Herren, viele Träume erfüllen, wenn eines Tages öffentliche und private Anstrengungen zur Förderung der Künste in eine Deutsche Nationalstiftung münden könnten. Ansätze dazu böte die „Stiftung preußischer Kulturbesitz", an der neben dem Bund Bundesländer beteiligt sind. In einer Nationalstiftung könnte auch das lebendige Erbe ostdeutscher Kultur eine Heimat finden.

Die Welt hat im übrigen in den vergangenen Jahren beispielhafte Leistungen der jungen deutschen Künste, aber auch Wesentliches aus unserer kulturellen Tradition kennengelernt. Das soll intensiver geschehen.

Die Reform der auswärtigen Kulturpolitik wird fortgesetzt. Ich weiß, wie stark dieses Thema auch den vorigen Bundestag interessiert hat und diesen vermutlich interessieren wird. Die Reform unserer auswärtigen Kulturpolitik wird mit darüber entscheiden, ob unsere Sprache draußen lebt und welches Bild man sich künftig von unserer Gesellschaft machen wird.

Wenn ich die etwas scherzhafte Zwischenbemerkung einfügen darf: Der Wunsch, daß unsere Sprache draußen leben möge, sollte nicht dazu führen, sie im Innern verkümmern zu lassen. Ich sage das aus gegebenem Anlaß, nämlich aus der Beschäftigung mit Texten in den hinter mir liegenden Tagen.

Meine Damen und Herren! Moderne Sozialpolitik handelt nicht mehr nur davon, die Furcht vor materieller Not und sozialem Abstieg zu beseitigen. Sie strebt nach mehr Gerechtigkeit, und sie will bewirken, daß in unserer Gesellschaft mehr reale Freiheit herrscht.

In den hinter uns liegenden Jahren ist die soziale Sicherung in unserem Lande wesentlich ausgebaut worden. In dieser Legislaturperiode werden wir uns noch mehr *den* Menschen zuwenden, die durch persönliches Schicksal am Rande der Gesellschaft leben. Ich meine hier vor allem die Eingliederung der vielen Behinderten und Schwerbeschädigten.

Großer Einfallsreichtum ist nötig, wenn es um die Wiedereingliederung der Behinderten in den Arbeitsprozeß geht. Die Bundesregierung wird darauf hinwirken, daß einheitliche Leistungen für berufliche, schulische, medizinische und psychische Rehabilitation gewährt werden.

Wir denken hier, meine Damen und Herren, auch an die geistig Behinderten, vor allem an die Kinder. Es ist durch bewundernswerte und geduldige Arbeit bewiesen worden, wie viele von ihnen zur Rehabilitation fähig sind, wenn man sich ihrer nur annimmt. Diese Erfahrungen können auch Älteren zugute kommen. Aber vergessen wir nicht: Die unheilbar Kranken brauchen unsere tätige Barmherzigkeit mehr als alle anderen.

Ich bin besonders dankbar, daß die Kirchen sich hier helfend bewähren; gerade in dieser Arbeit geben sie ein Beispiel. Die sozialen Einrichtungen der karitativen Organisationen und der freien Wohlfahrtspflege sollen vom Staat nicht angetastet werden; denn die Gemeinschaft braucht sie.

Auch bei den älteren Mitbürgern geht es nicht allein um die Sicherung der materiellen Existenz, sondern gleichzeitig um die Hilfe zur menschlichen Selbstbehauptung. Gelingen kann sie nur, wenn staatliche und private Kräfte über ihre Pflichten hinaus für die ältere Generation zusammenarbeiten. Ich zögere nicht, hier unmittelbar an den Familiensinn zu appellieren, der hier und dort zu verkümmern droht. Man muß es wieder lernen, Solidarität gegenüber den Nächsten zu üben — es sind oft die Eltern, die Großeltern.

Die Geschichte unserer modernen Zivilisation ist auch die Geschichte eines oft dramatischen Kampfes gegen die Krankheit. Der medizinische Fortschritt muß allen unseren Bürgern gleichermaßen zugute kommen. Das gilt besonders für die ärztliche Versorgung auf dem Lande.

Wir werden die gesundheitliche Aufklärung verstärken und das Arzneimittelrecht neu ordnen. Für die Vorsorge und Früherkennung von Krankheiten muß — durch weiterentwickelte Krankenversicherung — mehr getan werden. Am Grundsatz der freien Arztwahl und einer freien Ausübung der Heilberufe wollen wir festhalten.

Vor allem müssen wir — und dies ist ein weiterer Schwerpunkt — den Mißbrauch von Rauschmitteln verhindern helfen. Unser Aktionsprogramm gibt dazu die Richtpunkte. Wir können, wir dürfen es nicht hinnehmen, daß viele unserer jungen Menschen durch die Profitinteressen weniger Rauschgifthändler in eine verhängnisvolle Abhängigkeit getrieben werden. Der Handel mit harten Drogen ist die Anstiftung zum Selbstmord auf Raten.

Nun zu einem anderen, aus unserer Sicht wichtigen Gegenstand: In unserer Mitte arbeiten fast zweieinhalb Millionen Menschen aus anderen Nationen; mit ihren Angehörigen bilden sie eine starke Minderheit in unserem Land. Wir wissen, daß es allzuoft die Not ist, die sie zu uns führt. Wir wissen aber auch, wie sehr sie mit ihrem Fleiß zu unser aller Wohlstand beitragen, und das sollten wir anerkennen.

Es ist aber, meine Damen und Herren, notwendig geworden, daß wir sehr sorgsam überlegen, wo die Aufnahmefähigkeit unserer Gesellschaft erschöpft ist und wo soziale Vernunft und Verantwortung Halt gebieten. Wir dürfen das Problem nicht dem Gesetz des augenblicklichen Vorteils allein überlassen. Also wird es auch gelten, diese Dinge im Zusammenhang darzustellen und Lösungsvorschläge daraus abzuleiten.

Dies ist eine riesenhafte und komplexe Aufgabe für alle, vom Bund bis zu den Unternehmensleitungen. Sie verlangt den solidarischen Geist, den die Arbeitnehmer und ihre Gewerkschaften vielfach schon bewiesen haben. Für alle Bürger wird die gute Nachbarschaft mit diesen Minderheiten die tägliche Toleranzprobe, eine Reifeprüfung ihres demokratischen Bewußtseins sein.

Weitere wichtige Aufgaben kann ich, bei aller Bedeutung, heute nur noch stichwortartig erwähnen: Ausgestaltung des Arbeitsrechts und des Arbeitsschutzes, vor allem auch Schutz der Jugendlichen am Arbeitsplatz. Weiter: Überschaubare und verständliche Zusammenfassung des Arbeits- und des Sozialrechts.

Den Ausbau der Mitbestimmung sehen wir als eine unserer Hauptaufgaben. Mitbestimmung gehört zur Substanz des Demokratisierungsprozesses unserer Gesellschaft. In ihr erkennen wir die geschichtliche Voraussetzung für jene Reformen, die in ihrer Summe den freiheitlichen Sozialstaat möglich machen. Mitbestimmung — als Ordnungselement im Arbeitsleben, aber nicht nur dort — heißt natürlich auch: Mitverantwortung tragen; beides gehört zusammen.

Wir werden das Unternehmensrecht im Sinne der Mitbestimmung der Arbeitnehmer in dieser Legislaturperiode weiterentwickeln. Jedermann weiß — und es ist keine Schande, dies einzugestehen —, daß es zwischen den Regierungsparteien unterschiedliche Auffassungen gibt; aber genauso, wie wir uns beim Betriebsverfassungsgesetz verständigt haben, werden wir auch hier eine gemeinsame Lösung finden. Dabei gehen wir schon jetzt aus vom Grundsatz der Gleichberechtigung und Gleichgewichtigkeit von Arbeitnehmern und Anteilseignern.

Die Mitbestimmung der Arbeitnehmer wird uns auch in der Europäischen Gemeinschaft mehr als bisher beschäftigen.

Nach der Reform des Betriebsverfassungsgesetzes muß in Kürze das Personalvertretungsgesetz verabschiedet werden, das die Mitbestimmung der Angehörigen des öffentlichen Dienstes in personellen, sozialen und sachlichen Angelegenheiten erweitert.

Außerdem wird die Bundesregierung in engem Kontakt mit den beteiligten Gruppen erörtern, ob und wieweit es sinnvoll ist, die Konzertierte Aktion und die Sozialpolitische Gesprächsrunde zu einem gemeinsamen Konsultativorgan weiterzuentwickeln.

Auch die jugendlichen Arbeitnehmer haben mit dem Betriebsverfassungsgesetz mehr Mitwirkung und Mitbestimmung erhalten. Nachdem wir die 18jährigen an der Verantwortung für Staat und Gesellschaft beteiligt haben, können und sollen sie mehr eigene Verantwortung auch im persönlichen Bereich durch volle Geschäftsfähigkeit und Ehemündigkeit bekommen.

Weiter soll das bisherige Jugendwohlfahrtsrecht durch ein partnerschaftliches Jugendhilferecht ersetzt werden.

Ich will aber auch bewußt an die Pflichten der jungen Menschen gegenüber dem Staat erinnern. Wir haben — um ein Beispiel zu nennen — die allgemeine Wehrpflicht; sie gilt es gerecht durchzusetzen. Dazu braucht es auch eine ausreichende Zahl von Ersatzdienstplätzen. Das ist nicht nur ein Gebot der Wehrgerechtigkeit. Das liegt auch im eigenen Interesse der Wehrdienstverweigerer aus Gewissensgründen, weil so der Anreiz geringer wird, ein Grundrecht durch Mißbrauch abzuwerten. Die Reform des Ersatzdienstes, den wir in einen Zivildienst umwandeln wollen, sollte vom Bundestag möglichst rasch wieder behandelt werden.

Was nun die Verwirklichung der im Grundgesetz verbürgten Gleichberechtigung der Frau in Staat und Gesellschaft angeht, so meinen wir, sie könne nicht allein durch den Abbau rechtlicher Benachteiligungen geschehen. Wir müssen das gesellschaftliche Klima in unserem Land verbessern — wie wir wohl auch noch aus der Vorbereitung der Bundestagswahlen und den Nominierungen wissen —, damit das neue Selbstbewußtsein und das politische Engagement der Frauen wirksamer werden können. Die Bundesregierung möchte mithelfen, Vorurteile abzutragen, um damit einem der großen Wandlungsprozesse unserer Zeit besser als bisher gerecht zu werden.

Zu unseren Aufgaben gehört die weitere Arbeit am neuen Ehe- und Familienrecht. Auch das Recht des Kindes ist neu und besser zu ordnen. Weiter beschäftigt uns, allerdings als langfristige Aufgabe, wie ich ausdrücklich hinzufüge, eine eigenständige soziale Sicherung für alle Frauen. Die Öffnung der Rentenversicherung und die Berücksichtigung von Ausfallzeiten sind Schritte, wenn auch bescheidene Schritte in diese Richtung.

Neben einem Abbau kinderfeindlicher Tendenzen und dem Ausbau der Familienplanung bedarf es, so meinen wir, in dieser Legislaturperiode einer Reform des § 218. Die Bundesregierung geht nach ihren Gesprächen mit den Koalitionsfraktionen davon aus, daß diese Reform auf Grund von Vorschlägen aus der Mitte des Parlaments beraten und verabschiedet werden kann.

Meine Damen und Herren, der Staat braucht das lebendige Gespräch mit seinen Bürgern. Er kann nicht und soll nicht alles tun wollen. Deshalb begrüßen wir die Bereitschaft von Bürgerinitiativen — die sich nicht nur zu Wahlzeiten regen —, in der sozialen Landschaft der Städte und Dörfer gemeinsame Probleme selbst aufzugreifen, statt nur nach dem Staat zu rufen.

Die Wahlen haben unserer Meinung nach im übrigen bewiesen, daß der eigentliche politische Extremismus bei uns keine Chance hat. Aber wir bleiben wachsam, und die Feinde der Verfassung sind gut beraten, wenn sie heute wie morgen mit unserer entschlossenen Abwehr rechnen.

Ein Gegensatz zwischen unserer freiheitlich-demokratischen Grundordnung und dem berechtigten Bedürfnis der Menschen nach Sicherheit darf nicht entstehen, denn Demokratie und innere Sicherheit gehören zusammen. 1972 haben wir notwendige Gesetze zur wirksameren Verbrechensbekämpfung und -verhütung verabschiedet. Auf der Grundlage des Programms, das von der Konferenz der Innenminister des Bundes und der Länder für die innere Sicherheit ausgearbeitet wurde, werden wir die zuständigen Organe, soweit der Bund für sie verantwortlich ist, weiter stärken.

Neue Formen des Verbrechens und des Terrors — nicht zuletzt die Luftpiraterie — verlangen internationale Zusammenarbeit, um die wir uns energisch bemühen.

Die Justizreform wird fortgesetzt. Die Entschädigung der Opfer von Gewalttaten soll gesetzlich geregelt werden. Die Strafrechtsreform wird weitergeführt. Der Strafvollzug soll zum ersten Male auf eine einheitliche gesetzliche Grundlage gestellt werden.

Die Wirtschaftskriminalität wird oft nicht ernst genug genommen. Wir betrachten die alarmierend wachsenden Wirtschaftsdelikte nicht als Sport wenig ehrenwerter Herren. Der Wirtschaftsverbrecher hat keinen Anspruch auf Nachsicht.

Damit der Staat die wachsenden Aufgaben im Interesse seiner Bürger erfüllen kann, müssen wir die Leistungsfähigkeit der öffentlichen Verwaltung mit Blick auf die langfristigen Notwendigkeiten verbessern. Bei uns im Bund sollen die Programme der Ressorts noch wirksamer miteinander abgestimmt werden; Fachplanung und Finanzplanung werden dadurch besser miteinander verknüpft.

In der vergangenen Legislaturperiode haben wir begonnen, die verschiedenen Laufbahnen des öffentlichen Dienstes stärker nach der Leistung auszurichten und sie durchlässiger zu machen. Die Leistung muß gesteigert und nicht gerechtfertigte Differenzierungen im Status müssen abgebaut werden. Sicherlich müssen wir uns auch der Gefahren bewußt sein, die von der Bürokratisierung ausgehen. Unsere Mitarbeiter in der Verwaltung sollen sich als Bürger unter Bürgern verstehen.

Das Bund-Länder-Verhältnis wird die Bundesregierung im Rahmen unseres Grundgesetzes und an der Praxis orientiert weiterentwickeln. Auch den Fragen der Verfassungsreform wird sie ihre Aufmerksamkeit widmen. Sie sieht jedoch nach wie vor keinen Anlaß zu einer Gesamtrevision des bewährten grundgesetzlichen Rahmens für unser staatliches Leben.

Zur Neugliederung des Bundesgebietes wird in Kürze das Gutachten der Sachverständigen-Kommission vorliegen. Die Bundesregierung wird nach sorgfältiger Prüfung ihre Vorschläge dazu formulieren.

Gestützt auf eine wertvolle Erörterung im neuen Kabinett will ich noch dies sagen: Wir wissen sehr wohl, daß es einer engen Kooperation von Stadt, Land und Bund bedarf, damit Bonn seine Funktion als Bundeshauptstadt gut erfüllen kann.

Meine Damen und Herren, der Staat, der den Menschen in den Verwaltungen der Städte und Gemeinden, der Länder und des Bundes begegnet, soll den Forderungen nach der guten Nachbarschaft und der Qualität des Lebens unterworfen sein; denn ihre Wirklichkeit ist entscheidend von ihm bestimmt. In unserer Geschichte stand jedoch, wie wir alle wissen, der Staat dem Volk allzulang wie eine fremde Macht gegenüber.

Seit der Zeit der Gewaltherrschaft hat sich ein gewandelter Bürgertypus gebildet, der seine Freiheit auch im Geflecht der sozialen und wirtschaftlichen Abhängigkeiten behaupten will. In diesem Prozeß, der in die Tiefen unserer sozialen Existenz reicht, sammelt sich, neben anderem, die produktive Unruhe aus den Reihen der Jungen und die Einsicht der Älteren. Ihr politischer Wille strömt ein in das, was sich uns als die neue Mitte darstellt: die soziale und die liberale Mitte.

Wir brauchen Menschen, die kritisch mitdenken, mitentscheiden und mitverantworten; das sage ich heute wie 1969. Manches, was sich uns verzerrt zuweilen als „Polarisierung“ anzeigte, ist oft genug nur — richtig verstanden — eine Schärfung des politischen Bewußtseins, die man begrüßen kann. Es ist der unpolitische Bürger, der dazu neigt, sich der Obrigkeit zu beugen. Wir wollen den Bürger, nicht den Bourgeois. Wir sind dem angelsächsischen Citizen, dem französischen Citoyen geistig nähergerückt. Und vielleicht kann man sagen, die Bundesrepublik sei insofern „wesentlicher" geworden — sogar in einer Zeit, die unter dem Zeichen der sogenannten „Ostpolitik" stand.

Es geht uns darum, daß die vielen einzelnen ihre Heimat in dem Staat finden, den eine schmale Schicht von Mächtigen früher und lange wie ihren Besitz behandelt hat. Wir wollen den Staat zum Besitz aller machen.

Aus der neuen, demokratischen Identität zwischen Bürger und Staat ergeben sich Forderungen. Der Bürgerstaat ist nicht bequem. Demokratie — ich sage es in dieser Regierungserklärung zum wiederholten Male — braucht Leistung. Unsere Aufgaben sind ohne harte Arbeit nicht zu erfüllen. Auch nicht ohne den Mut, unangenehme, manchmal sogar erschreckende Wahrheit zu akzeptieren. Dieser Mut hat sich in der Deutschlandpolitik bewiesen. Auch in anderen Bereichen unserer Existenz werden wir es lernen müssen, neue Realitäten zur Kenntnis zu nehmen und uns durch sie nicht beugen zu lassen.

Unser Staat kann dem einzelnen nicht wirklicher Besitz sein, wenn er seine Heimat nicht in der Geschichte wiedererkennt, die ihm durch die Katastrophen des Jahrhunderts ferngerückt ist. Denn in dieser Geschichte ist die Zusammengehörigkeit des deutschen Volkes verwurzelt. In ihr — wie in der unzerstörbaren Gemeinsamkeit der Sprache, der Kunst, der Kultur des Alltags und des geistigen Erbes — lebt die Nation fort, auch in der Trennung. Der Sinn einer leidvollen Geschichte mündete für viele von uns nach dem Krieg darin ein, daß wir die nationale Identität nicht preisgeben, aber den Willen zu einem Europa entwickeln, in dem es für die Menschen ein neues Zuhause gibt und zunehmend geben soll.

Der vitale Bürgergeist, der in dem Bereich zu Hause ist, den ich die neue Mitte nenne, verfügt über eine exakte Witterung für die Notwendigkeit der Bewahrung von Grundwerten des Lebens. Er ist sensibel genug, die neuen Schnittlinien progressiver und bewahrender Interessen zu erkennen. Er fordert, daß in unserer Gesellschaft die Aufmerksamkeit für die Not des Nächsten nicht verkümmert. Die moralische Kraft eines Volkes beweist sich nicht so sehr in einer hohen Programmatik von Parteien, einer politischen Führung, einer geistigen Elite oder dem, was sich dafür hält, sondern in seiner Bereitschaft zum Mitleiden — in seiner Fähigkeit, denen zu helfen, die Hilfe brauchen — und in seiner Toleranz gegenüber dem anderen. Frieden ist, so verstanden, kein Zustand, sondern eine Lebenshaltung.

Das Gespräch mit den Kirchen, das in den vergangenen Jahren fruchtbar geführt wurde, ist gerade auf diesem Hintergrund sehr wichtig. Wir betrachten sie nicht als eine Gruppe unter den vielen der pluralistischen Gesellschaft und wollen ihren Repräsentanten darum auch nicht als Vertretern bloßer Gruppeninteressen begegnen. Wir meinen im Gegenteil, daß die Kirchen in ihrer notwendigen geistigen Wirkung um so stärker sind, je unabhängiger sie sich von überkommenen sozialen oder parteilichen Bindungen machen. Im Zeichen deutlicher Freiheit wünschen wir die Partnerschaft.

Unsere Bürger suchen trotz des Streits der Interessen eine Heimat in der Gesellschaft, die allerdings nie mehr ein Idyll sein wird — wenn sie es je war —. Das Recht auf Geborgenheit und das Recht, frei atmen zu können, muß sich gegen die Maßlosigkeit der technischen Entwicklung behaupten, die unserer Kontrolle zu entgleiten droht.

Es geht — um das Wort aufzugreifen — um die Freiheit im Alltag. Dort fängt jene Selbstbestimmung des einzelnen an, die sich in der freien Existenz des Bürgers erfüllt und unter den Pflichten und den Rechten der Nachbarschaft steht. In ihr soll der Bürger seine soziale und seine geistige Heimat finden.

Der Wille zur guten Nachbarschaft muß in der Konkurrenz geistiger Kräfte und bei allen realen Konflikten spürbar bleiben. Er sollte auch in den Auseinandersetzungen und in der Koexistenz der großen gesellschaftlichen Gruppen wirksam sein, zumal in der Verantwortungsbereitschaft der Gewerkschaften und der Unternehmer. Die modernen deutschen Einheitsgewerkschaften sind eine Institution, um die uns die Welt beneidet. Die Bundesregierung bittet um ihre kritische und konstruktive Mitarbeit wie um die der Unternehmer, die am fairen Dialog interessiert sind.

Das gilt für die Organisationen, in denen sich politischer Wille ausdrückt. Es gilt vor allem für die Partner, mit denen wir die Verantwortung für den Staat teilen: für die Vertreter der Länder und für die Städte und Gemeinden. Die Zusammenarbeit mit dem Bundesrat muß jenseits aller parteipolitischen Differenzen durch Sachlichkeit und Sachverstand geprägt und von Vertrauen getragen sein.

Die Arbeit der Parteien aber mündet unmittelbar in dieses Haus. Hier soll sie fruchtbar werden. Das gilt für die Fraktionen der Koalition wie für die Opposition. Mein Angebot vom 15. Dezember 1972 gilt: „Ich will gern Brücken des Zueinander und des Miteinander betreten, wo immer dies sachlich möglich ist und im Interesse unseres Volkes Erfolg verspricht."

Regierung und Opposition haben gegenüber dem Staat und seinen Bürgern eine gemeinsame Verantwortung. Ihr müssen wir gerecht werden, jeder auf seinem Platz. Machen wir uns an die Arbeit, tun wir unsere Pflicht.

Register

Aktuelle Dokumente

Herausgegeben von Professor Dr. Ingo von Münch

Regierungserklärungen 1949-1973

Zusammengestellt von

Peter Pulte

1973

Walter de Gruyter · Berlin · New York

ISBN 3 11 004505 2

Printed in Germany.

Satz und Druck: Druckerei Chmielorz, 1 Berlin 44